lingüística y teoría literaria

EL PROYECTO INCONCLUSO: LA VIGENCIA DEL MODERNISMO

por

IVAN A. SCHULMAN

siglo
veintiuno
editores

siglo veintiuno editores, s.a. de c.v.
CERRO DEL AGUA 248, DELEGACIÓN COYOACÁN, 04310, MÉXICO, D.F.

siglo xxi editores argentina, s.a.
LAVALLE 1634, 11 A, C1048AAN, BUENOS AIRES, ARGENTINA

portada de marina garone
primera edición, 2002

en coedición con el instituto de
investigaciones filológicas de la unam
isbn 968-23-2373-8

ÍNDICE

ADVERTENCIA AL LECTOR

En los ensayos de este volumen, escritos en momentos distintos de años recientes, el lector encontrará varios conceptos básicos, fundacionales, repetidos. Esta repetición se vincula a un proceso consciente de "revisionisimo": a la necesidad de tomar en cuenta las revaloraciones en torno al modernismo y la modernidad, y las relaciones entre modernismo, modernidad y postmodernismo.

I. A. S.
San Agustín, noviembre de 2001

A mis amigos mexicanos;
a Belem Clark, Fernando Curiel Defossé
y Jorge Ruedas de la Serna
que tanto empeño pusieran
en que este proyecto viera la luz.

1. VIGENCIA DEL MODERNISMO HISPANOAMERICANO: CONCEPTO EN MOVIMIENTO

EL MODERNISMO: CONCEPTO EN MOVIMIENTO

La lejanía remedia las imperfecciones de perspectiva. Nuestra separación en el tiempo del momento en que brotaron las primigenias manifestaciones modernistas —alrededor de 1875— nos ofrece una perspectiva histórica más clara y fidedigna con respecto a su desarrollo, su naturaleza, su relación con las profundas transformaciones nacionales coetáneas y las de las culturas occidentales. La distancia temporal nos permite rectificar la práctica crítica que ha predominado hasta nuestros días de percibir el modernismo exclusivamente como una manifestación literaria y social del ambiente hispánico decimonónico. Pero relecturas contemporáneas han ampliado y ajustado nuestra óptica, han sugerido la idoneidad del estudio de los vínculos entre el discurso literario y social del siglo XIX en que se generó el modernismo hispanoamericano y la cultura occidental, no sólo del siglo XIX, sino, en formas evolucionadas, del mundo posmoderno. Otra consecuencia del proceso revisionista ha sido la liberación del modernismo hispanoamericano de una restringida conceptualización y en su lugar la idea de un modernismo hispánico que pertenece a un *proceso de alcance occidental*, a "una crisis universal de las letras y del espíritu" producto de la "disolución del siglo XIX y que se había de manifestar en *el arte, la ciencia, la religión, la política* y gradualmente en *los demás aspectos de la vida* entera" (Onís, 176; énfasis del autor). Y, una vez admitida esta tesis, hay que visionar el modernismo hispánico como un proteico discurso de liberación cuyas raíces fluyen de la revolución en las ideas producidas originalmente en el Renacimiento, ideas que impulsaron al hombre a explorar los espacios espirituales de su existencia individual como eje del mundo en lugar de los espacios de un mundo preordenado y jerárquico. Se trata de una búsqueda angustiada, persistente y prolongada de regiones desconocidas de la experiencia, de la pugna dilatada por rechazar moldes prehechos impuestos por religiones organizadas o por prácticas sociales jerárquicas, de la lucha por crear narraciones contrahegemónicas que marcarán la producción humana en el camino sinuoso que va desde el esencialismo hacia el existencialismo, que desemboca en la cultura fragmentada y caótica de la (post)modernidad.

Las manifestaciones del modernismo hispanoamericano son múltiples, heterológicas. Por consiguiente, el discurso crítico contemporáneo sobre el modernismo necesita evadir la práctica tradicional de reducir el concepto a una serie de generalizaciones fundamentalmente esencialistas. A raíz de los más recientes y autorizados estudios revisionistas sobre el modernismo hispánico, es indispensable acentuar la diversidad, apertura, e inestabilidad de sus textualizaciones literarias y la conectividad entre éstas y las metamórficas instituciones sociopolíticas del mundo moderno. De hecho en la labor de re-basar el concepto del modernismo se ha propuesto, y, me parece, con base racional y probatoria, la idea de su pluralidad, es decir, el concepto de varios "modernismos" que dejaron sus huellas no sólo en las producciones de una literatura elitista sino en espacios diversos de la cultura popular: el baile, los campos de entrenamiento físico, el circo, y las mascaradas (Paz, 12).

Las primigenias manifestaciones del modernismo pertenecen a la que podría denominarse la primera etapa de un arco de desarrollo cultural que abarca el fin del siglo XIX y los primeros decenios del XX. Es un periodo de incipiente modernización en que los países del continente americano iniciaron el proceso de incorporarse a la civilización industrial de la burguesía decimonónica occidental. Con el advenimiento de un nuevo orden económico —proceso lento y disímil entre las naciones hispanoamericanas— se sentaron las bases de una cultura materialista que impuso el concepto de mercado como el elemento rector de todas las actividades humanas, inclusive las literarias. Como consecuencia, decayó el sistema de mecenazgo artístico que predominó a partir de la época virreinal y se comercializó la labor creativa en nuevas estructuras económicas precapitalistas;

se produjo la marginalización del escritor y su desplazamiento eventual de la vida nacional en que a partir de la Independencia había gozado de un relevante papel en la política. Otros factores de esta profunda transformación social aumentaron el sentido de desarraigo y angustia del escritor modernista: el desmoronamiento del sistema ideológico colonial de las sociedades agropecuarias virreinales cuyos códigos filosóficos, religiosos, sociales y económicos sobrevivieron el colapso de la Colonia, el creciente utilitarismo, la crisis de la fe religiosa, la comercialización de la cultura, y la marginalización en ella del escritor. Sin que se avistaran claramente los nuevos "altares", como decía Martí, los artistas del modernismo experimentaron una agonía espiritual y una duda filosófica, sentimientos que generaron una variedad de estrategias experimentales cuya finalidad fue la reconstrucción de su universo individual y nacional.

Las vertiginosas y radicales metamorfosis socioculturales de la época se refractaron en nuevos códigos lingüísticos. Emergieron dos discursos en pugna —ambos emblemáticos de la modernización de la vida. En uno, los escritores inscribieron los signos del poder burgués, es decir, los valores hegemónicos de signo mercantilista e industrial del incipiente proceso modernizador; en el otro, los valores en oposición, es decir, los de anhelo autosuficiente —una tentativa de liberación del peso del discurso dominante cuyos iconos de lujo y de refinamiento, no obstante, se colaron en este pretendido contradiscurso. En resumidas cuentas, el contradiscurso cultural modernista, afiliado con una larga tradición de búsqueda cultural americana y de "otredad expresiva", no logró abrogar en forma absoluta los registros materialistas del discurso dominante; su objeto de borrar la voz del nuevo poder burgués resultó un proyecto fallido en los textos de la mayoría de los artistas modernistas, muchos de los cuales no captaron de modo consciente la naturaleza conflictiva de sus propios discursos literarios. Reflejaron una indeterminación en las prácticas de significación —nota general de la literatura poscolonial— la cual, en el caso de la modernista se evidenció en la continuación de una tradición de formación textual y cultural iniciada en la Colonia:[1] es decir,

[1] Sobre este proceso véanse los conceptos expresados por Gayatri Chakravorty Spivak en torno al concepto de *othering*, es decir, la apropiación de la voz autoritaria del

un discurso bifurcado, anfibológico, que privilegió los valores sincréticos y los registros contraculturales. A estas características los modernistas agregaron códigos estilísticos revolucionarios que marcaron sus textos y los separaron de las rutinarias expresiones académicas anteriores.

El arte sincrético modernista asumió diversas formas. Pero una de sus manifestaciones más obvias fue la apropiación de los objetos de lujo y las materias "nobles y duras" de la cultura europea y de las oligarquías dominantes locales, incorporando los productos y materias asociados con el discurso mercantil contemporáneo. Dicho de otra manera, la madurez cultural, social y económica de las sociedades americanas finiseculares fue mediatizada por un proceso contradictorio, el de la incorporación de códigos del discurso exógeno, y, a la vez, de un proceso de abrogación literaria e ideológica que solía expresarse en textos de imaginería subversiva, con frecuencia irónica. La presencia, sin embargo, de un discurso eminentemente híbrido que refractaba los objetos y las voces de la ideología y cultura de las nuevas clases dominantes, no obviaba la operación simultánea de otro proceso: el de la apropiación en los intersticios del discurso de estos escritores de una "otredad" —americanista— que puntualizaba las diferencias culturales vis a vis el centro, y revelaba el (re)sentimiento de marginalización característica de culturas periféricas y de clases marginadas. De ahí la necesidad de rechazar la idea de que el modernismo fue un movimiento exclusivamente especular —exclusivamente literario o estético— de modelos foráneos, sin auténtica base americana. Al contrario, su innato sincretismo confirma la presencia de una identidad americana, y, a la vez, señala la continuación, en una etapa de madurez —la primera— de las letras americanas, de un proyecto sociocultural poscolonial:[2] el de la disconformidad que se evidencia ya en los registros contrahegemónicos de textos coloniales del siglo XVI.

---

centro de poder por medio del instrumento verbal y su empleo para re-formular o rescribir los mitos y signos culturales canónicos ("The Rani of Sirmur" en *Europe and its Others*, Colchester, 1: 128-151, 1985).

[2] Seguimos la terminología de B. Ashcroft, G. Griffiths y H. Tiffen para cubrir toda la cultura afectada por el proceso imperial desde el momento de la colonización hasta hoy (*The Empire Writes Back...* 2).

En la expresión literaria americana las voces del centro, de raíz europea, no desaparecieron con la Independencia. Se manifestaron, primero, en el romanticismo del decenio de los 30, pero, a pesar de la incorporación en él del paisaje americano, el romanticismo criollo produjo un discurso culturalmente tan contradictorio como el modernista, con signos heterogéneos y a menudo paradójicos. Y como otros estilos americanos, el romántico se prolongó desmesuradamente, tanto que la novela prototípica del romanticismo apareció en 1867 (*María* de Jorge Isaacs) cuando ya se gestaban los primeros textos modernistas. Establecido el modernismo, Rubén Darío hablará del romanticismo como una pervivencia ineludible: "¿Quién que es no es romántico?" Pero, tanto en el caso del romanticismo, como en el del modernismo, las huellas del sincretismo eran tan marcadas que José Martí, el analista más perspicaz de la escena americana contemporánea, observó que los hispanoamericanos del XIX estaban hechizados por la cultura del Otro. "Éramos —lamentó— una máscara, con los calzones de Inglaterra, el chaleco parisiense, el chaquetón de Norteamérica y la montera de España... Éramos charreteras y togas, en países que venían al mundo con la alpargata en los pies y la vincha en la cabeza" (T, 19: 17-18)*.

Con estos "factores descompuestos" (T, 19: 11) y opuestos, los países americanos, a partir del tercer decenio del XIX, redoblaron los esfuerzos por definirse en términos conscientemente autóctonos, tanto en sus textos sociopolíticos como en los literarios. Su liberación de España constituyó una fecha clave que marcó su entrada a la Edad Moderna[3] —acto que impulsó la labor de re-pensar y de re-plantear la discusión de la descolonización y, eventualmente, de la modernización de estos pueblos. En el proceso, el mundo marginado (el de la periferia) se enfrentó consigo mismo, y en una empresa revisionista de doble filo, desconstruyó el antiguo universo jerarquizado impuesto por la Metrópoli. Y, al abordar la

* En todos los ensayos se utilizan varias ediciones de las obras martianas, las cuales son: E= *Epistolario*; T=*Trópico*; N=*Nacional*; EMS=*Nuevas cartas de Nueva York*; LJ=*Lucía Jerez*.

[3] Véase el libro de P. Johnson que fecha la iniciación de lo moderno entre 1815 y 1830, y entre los signos de la modernidad señala la pérdida de las colonias españolas en América y el comienzo de la vida caótica de los países hispanoamericanos (*The Birth of the Modern: World Society*, 1815-1830, Nueva York, Harper Collins, 1991).

tarea de crear otro espacio, de-centró las bases de su epistemología, acto que aproximó estos países al borde de las entrañas del vacío.[4] La "nueva vida" que nació de este proceso de ruptura, la modernista, reveló características caóticas, pluralísticas y precarias. La novedad se impuso como símbolo social y credo cultural, a tal grado que Darío, leyendo los desconcertantes signos de las subversiones sociales de la segunda mitad del siglo XIX, los orquestó serialmente en tono festivo:

> ¿Qué hay de nuevo?... Tiembla la tierra.
> En La Haya incuba la guerra.
> ....
> En la iglesia el diablo se esconde.
> Ha parido una monja... (¿En dónde?...)
> Barcelona ya no está bona
> sino cuando la bomba sona...
> China se corta la coleta.
> Henry Rothschild es poeta ("Agencia").

Es nuestro propósito argüir que el desmonte decimonónico de los valores de un universo supuestamente "estable" captado por Darío es la prolongación de una dinámica cuyas raíces se encuentran en la experiencia prolongada de los pueblos hispanoamericanos colonizados, los cuales, en una tentativa de autoafirmación emprendieron la labor de marcar las diferencias entre su autenticidad colectiva e individual y la percepción de su ser desde la perspectiva de la ortodoxia del centro. Dicho proceso maduró en el siglo XVIII y floreció como código rector a partir de la época modernista. Al sentar esta conceptualización no estamos guiados por el empeño de ampliar las fronteras de la génesis del modernismo hispanoamericano. Nos interesa más bien demostrar que en el proyecto transgresivo del modernismo y en el de la modernidad hay un arco de continuidad engendrado por el poscolonialismo, el cual se manifiesta en la predisposición hacia la subversión

---

[4] Las palabras son de Vicente Huidobro. Se utilizaron en el título del libro sobre la modernidad hispanoamericana de E.P. Garfield e I.A. Schulman, *"Las entrañas del vacío": ensayos sobre la modernidad hispanoamericana*, México, Cuadernos Americanos, 1984.

y el creciente manejo (in/sub)consciente del lenguaje como forma de poder desarmador. Con el fin de afirmar la alteridad que anhela el pueblo americano, surge con las ideas innovadoras de la Independencia, y luego con el romanticismo, un proyecto urgente de desarticular la autoridad del universo impuesto de modo violento por el sujeto colonizador. Operando desde la ribera de la marginalización, y asediados por el deseo de crear textos alternativos,[5] llegan los modernistas a explorar y valorar lo que el centro reputaba *in*auténtico.

Ante el desmoronamiento del discurso dominante, apolíneo, con el advenimiento del proyecto modernista/moderno se produce otro, dionisíaco, caracterizado por un tenaz cuestionamiento de conceptos sacrosantos, el experimentalismo estilístico, y el replanteamiento de percepciones de la naturaleza y de la realidad social e individual. Los signos de estas transformaciones se han identificado a menudo con el preciosismo, la distorsión lingüística, la fuga y el exotismo cultural. Esto, sobre todo en los textos que la crítica ha asociado en forma monolítica o estigmática con el "estilo modernista", o sea, con las creaciones estéticas "prototípicas", influidas, vía una transculturación simbiótica, por el parnasismo, el simbolismo, o el impresionismo europeos.

¿Cómo definir (o mejor dicho, redefinir) el modernismo literario hispanoamericano desde la perspectiva de nuestra cultura posmoderna? Y, ¿cuál es la relación entre *modernismo* y *modernidad*?

El primer paso hacia la formulación de un concepto adecuado es, a nuestro juicio, la admisión del principio enunciado hace años por Federico de Onís: "Nuestro error [en la valoración del modernismo hispanoamericano] está en la implicación de que haya diferencia entre 'modernismo' y 'modernidad' porque modernismo es esencialmente, como adivinaron los que le pusieron ese nombre, la busca de modernidad" (625). Es, además, como nos dice Ángel Rama,

> ...el conjunto de formas literarias que traducen diferentes maneras de la incorporación de América Latina a la *modernidad*, concepción sociocul-

[5] Es posible que nuestro planteamiento teórico parezca descabellado a aquellos críticos que prefieran ver la historiografía literaria de América en forma esquematizada

> tural generada por la civilización industrial de la burguesía del XIX, a la que fue asociada rápida y violentamente nuestra América en el último tercio del siglo pasado por la expansión económica y política de los imperios europeos a la que se suman los Estados Unidos (129).

Enfrentado con el "infinito tenebroso e incognoscible" de la modernización burguesa[6] y con los "fragmentos y escombros de religiones muertas"[7] del universo poscolonial, el modernista, mediante el poder lingüístico, intentó una labor de autoafirmación individual en una multiplicidad de espacios artísticos o históricos —cualquiera que ofreciera la posibilidad de reconstruir la sociedad mercantil contemporánea. Era cuestión de redefinir las fronteras de la realidad artística —pero sin cortar los nexos con la realidad social. Se trataba, como Cintio Vitier ha dicho, de "replantear la batalla en otro terreno",[8] proyecto lingüístico e ideológico que a la postre se insertó en un registro discursivo de repudio. "Amador de la lectura clásica —escribió Rubén— me he nutrido de ella, *mas siguiendo el paso de mis días*" ("Dilucidaciones"; el énfasis es del autor). Y como el nicaragüense, los demás artistas del modernismo hispanoamericano ampliaron los códigos de su discurso para abarcar el legado de culturas diversas, tanto occidentales como orientales, tanto antiguos como contemporáneos, pues según ellos "el arte no...[era]un conjunto de reglas, sino una armonía de caprichos" ("Dilucidaciones").

De la cultura y el discurso dominante de la burguesía de mediados del siglo XIX los modernistas apropiaron los productos de la

---

según los patrones de la historiografía europea. Compárese, sin embargo, lo que afirman los autores de *The Empire Writes Back...* respecto a un fenómeno paralelo en la literatura norteamericana: "More recently American critics have seen the possibility of rereading American literature as *a metonymic of a continual process of subversion and appropriation which predates the concerns of modernism and postmodernism* and which may well be centred in their post-coloniality" (163; el énfasis es del autor). Compárese la afirmación de Martí en "Nuestra América": "La colonia siguió viviendo en la república" (T, 19: 16).

[6] M. Calinescu señala la existencia de dos modernidades, una burguesa y otra antiburguesa, ligada al concepto de la vanguardia y a ideas revolucionarias estéticas en *Faces of Modernity: Avant-Garde, Decadence, Kitsch,* Bloomington (Indiana), 1977, pp. 41-46.

[7] Las palabras son de J. Valera en su Carta-Prólogo a *Azul...*, Madrid, 1968, p. 16.

[8] También observa que "ocultarse no es huir", *Lo cubano en la poesía* (297).

expansión ultramarina del capitalismo en curso; en su léxico aparecieron los productos de lujo o de curiosidad antropológica no sólo de Europa, sino de África y del Oriente. La presencia de estos nuevos artefactos representaba una ruptura con el discurso académico, rechazo que se refleja en las imágenes "exóticas" (inclusive las chinerías y las japonerías) de textos de José Asunción Silva, Julián del Casal, José Juan Tablada, Amado Nervo o José Martí (particularmente en *Lucía Jerez*).

En una estrategia inversa, supercodificaron los objetos de otras culturas, creando, en un nivel lingüístico, una abrogación de la cultura dominante o la del sujeto colonizado. Urgía ubicarse histórica y culturalmente. Cada uno de los modernistas, reaccionando individualmente al desmoronamiento de los valores tradicionales del pasado, asumió en el presente el complejo y aterrador proyecto de rehacer su universo mediante apropiaciones personales.[9] Le tocaba, decía Martí, "a cada hombre reconstruir su vida: a poco que mire en sí, la reconstruye" ("El poema del Niágara"). En una época de vida "suspensa" ("El poema del Niágara") e inestable los modernistas entendieron que el ser humano necesitaba asumir su destino individualmente. El espacio tradicional se disolvía y en el reconstituido mundo edificado por cada uno de ellos leían los signos de la simbiosis de la historia y la escritura. En el acto de abordar la problemática generacional del lenguaje el modernista ponía "en tela de juicio la Literatura en sí...", o sea, las formas privilegiadas de la literatura institucionalizada, autorizando el concepto de la autonomía creadora. Las nuevas estructuras lingüísticas le ofrecieron una "pluralidad de formas de escribir... [y una solución a los problemas del] callejón sin salida" (Barthes, 61) del mundo moderno. Asediado, el escritor se convirtió en un testigo visionario y, a la vez, en el historiador de desconocidas experiencias. Sus textos cobraron características novadoras: la autodefensa agresiva, el sondeo síquico, la inclinación hacia la profecía, y la exploración del acomplejado estigma de alienación producido por la marginalización de la experiencia poscolonial.

---

[9] Octavio Paz dice al respecto que el arte moderno fue decadente y bárbaro, fue "...una pluralidad de tiempos históricos, lo más antiguo y lo más nuevo, lo más cercano y lo más distante, una totalidad de presencias que la conciencia puede asir en un momento único..." (*Los hijos del limo*, 21).

Hay en los textos modernistas una adjetivación e imaginería exquisitas, una preocupación por la transgresión lingüística basada en el uso de la sinestesia, los colores, la luz, las figuras mitológicas, los neologismos, y un metaforismo que refracta la tecnología y la ciencia médica. Hay textos en que aparecen la princesa azul, los gnomos, Venus, la Nirvana, o en que se describen con deleite objetos de orfebrería de oro, bronce, cristal o porcelana. Pero, estas plasmaciones sólo constituyen *una* de las facetas del modernismo y no los únicos registros de su estilo. Abundan composiciones en que ocupan el primer plano las preocupaciones ideológicas y filosóficas nacidas del caos creado por el proceso de la modernización, textos de sondeo sociocultural, o de comentario político y económico. Pero, todos los textos son *políticos*, inclusive los que a primera vista parecen eludir el contexto histórico; los llamados textos exóticos contienen subtextos narrativos de crítica contracultural, e identidad nacional o continental.

Entre los modernistas, pese al proyecto de redefinición de la época, hay elementos de un lenguaje y vocabulario comunes. Las innovaciones léxicas no produjeron, sino entre los artistas menos aptos, lo que se ha llamado la manía *del estilismo*. Al contrario. Los experimentos lingüísticos con frecuencia subvirtieron los valores simbólicos del discurso dominante en un acto de apropiación, como es el caso de las siguientes metaforizaciones martianas que captan —con imágenes de la creciente cultura materialista de la burguesía contemporánea— la dolorosa experiencia humana de aquellas calendas:

> Se mete las manos en el corazón sajado y caído, y cuando las retira, con un dolor que da *luz*, llenas de su sangre propia, sonríe deliciosamente, complacido en su valor; y para beneficio de los hombres, las manos cuentan lo que han visto; o con el verde de la hiel hacen *esmeraldas*, y con el rojo de la sangre hacen *rubíes*, y con sus lágrimas *diamantes*, que montan en firmes estrofas, *como un joyero sus piedras*, y ofrecen a los hombres curiosos, que no saben qué gemidos saldrían, si se rompiesen, de aquellas *joyas* finas (T, 31: 78; el énfasis es del autor).

En el caso de la literatura modernista como en la de la modernidad hay que acostumbrarse a la presencia de estructuras textuales, tanto ideológicas como estilísticas, conflictivas, antitéticas, o de signo velado. Las epistemes de este estilo responden al vacío espiritual que los modernistas leían en los textos sociales de su época. Son heterogéneos los registros del discurso dominante rechazado, y en trance de formación el nuevo; pero por debajo de las texturas de la superficie se descubre en ellos los hilos de un diálogo interiorizado de anhelada liberación, de crítica, y de protesta frente a las injustas, inhumanas e inaceptables convenciones impuestas por la modernización burguesa. Estas voces constituyen una aguda nota de alarma y de alienación en textos como "El rey burgués; cuento alegre" de Darío, las "Crónicas norteamericanas" de Martí, o "La sociedad de La Habana" de Casal. En ellos los artistas, víctimas marginadas de la sociedad comercial e industrial de su época, seres arrinconados por las instituciones burguesas, expresaron su disconformidad con las estructuras sociales, políticas o económicas de la "vida nueva".

VIGENCIA DEL MODERNISMO

Al arribar al segundo milenio, ¿es lícito defender el concepto de la persistencia en el siglo que comienza del legado modernista? ¿Y del turbulento periodo de transformaciones vertiginosas iniciadas a mediados del siglo pasado, del proceso de la modernización económica y cultural, de las re-voluciones y de-voluciones del siglo XIX, queda una presencia que marca y define la cultura de nuestros días?

En años recientes la crítica revisionista ha rescatado la idea del modernismo visto por los modernistas con el fin de reconstruir el mapa social y literario de su espacio creador. Ha reconsiderado los pronunciamientos de Juan Ramón Jiménez quien, a mediados del siglo XX, formuló la idea de la existencia de un siglo modernista; ha rectificado concepciones cronológicas tergiversadas, dándole la razón a Federico de Onís y su idea del modernismo como época de crisis. También se ha revisionado el modernismo como un discurso de liberación, retomando la idea rubeniana del modernismo como "un movimiento de libertad"; y se ha replanteado el "fenómeno modernista" en términos de una organización textual generada en la Época Moderna cuyas modalidades se insertan en el flujo vacilante de narraciones de signo estético, estilístico, socioeconómico, anticolonial y antimperialista de la modernidad y de la posmodernidad. Y, cuanto más exploramos las dimensiones inéditas de la literatura y la cultura modernas, en especial los nexos entre la literatura y la política, tanto más entendemos que existen paralelismos y vínculos entre las promesas del liberalismo económico del novecientos —las que están refractadas en textos rescatados de varios de los modernistas— y la "globalización" económica y cultural que caracteriza el fin de siglo y que muchos consideran una etapa nefasta del capitalismo postindustrial.

Volviendo a nuestra interrogación inicial —la pervivencia del imaginario modernista—, estas y otras exploraciones nos inducen a concluir que no es aventurada la noción de un novecientos vigente y perdurable —sobre todo si se piensa en el discurso del XIX—, el de los modernismos, el de las vanguardias, el de la prosa y verso contemporáneos —como un discurso dinámico, de carácter metamórfico. ¿No se trata de la operación del principio de la ruptura descrita por Octavio Paz en el prólogo a *¿Poesía en movimiento?*, principio que Jaime Giordano asocia en relación con la literatura contemporánea con un proceso de alejamiento del realismo.

La escritura contemporánea —observa— ...vive de la degradación de esa escritura lógico-gramatical [del naturalismo] que entendió como meramente convencional. Desde toda la retórica de degradación (que se inicia —según Giordano— con Arlt, Borges, Yáñez, Asturias, Carpentier, Rojas, etc.) se pasa a la búsqueda de una autonomía del signo respecto a su referente. De allí a terminar en una mera sacralización del poder significativo del lenguaje, habrá sólo un paso: Fuentes, García Márquez, Lihn, Cabrera Infante y otros recorren todas estas etapas abiertas por el cataclismo de las estructuras convencionales que habían encontrado su culminación y colmo en la vanidad ontológica del naturalismo (251).

Pero antes del otro fin de siglo, fue José Martí con su perenne clarividencia quien describió el principio de la ruptura y la metamorfosis culturales e históricas en su "Prólogo al Poema del Niágara". Y, después de él, entre los creadores del modernismo fue José Enrique Rodó quien discernió la naturaleza esencialmente transformista y constante del principio dinámico de la vida. ¿Anticipación de la inestabilidad ideológica posmoderna, de su cambiante paisaje discursivo, de la imposibilidad de formular conceptos fijos o esencialistas? Y si nuestra preferencia es no dar crédito a las proyecciones y anticipaciones del pasado en el presente, estas "irrupciones" paralelas, lezamianas, del diecinueve y del veinte, sin embargo, sugieren la idoneidad de concebir los discursos del pasado como discursos de "origen", como narraciones que se proyectarán hacia el futuro en el cual florecerán con un perfil distinto pero ligado a sus orígenes de rompimiento.

Pero si aceptamos el principio de la continuidad cultural, si en el dintel del siglo que se inicia pensamos en las concebibles relaciones entre el modernismo, la modernidad y el posmodernismo, entonces no sería aventurado concluir con L. Hutcheon que existe un impulso metafictivo en la literatura contemporánea que se evidencia a menudo en la presencia del pasado en los intersticios y los intertextos del presente. En la evolución del discurso moderno, ¿no fue Darío quien en el poema inicial de los *Cantos de vida y esperanza* (I) anticipó este proceso que identificamos como signo de la cultura contemporánea al describir su persona como "*...muy siglo diez y ocho, y muy antiguo/y muy moderno*; audaz, cosmopolita; con Hugo fuerte y con Verlaine ambiguo/*y una sed de ilusiones infinita*" (énfasis del autor)? En las novelas paratextuales de la posmodernidad Hutcheon descubre que se formulan dos preguntas claves, análogas a las de la literatura modernista de autorreflexión y exploración del mundo interior del sujeto: "¿cómo llegamos a saber el pasado?, y "¿qué sabemos del pasado?".

En pleno periodo modernista Martí, el más perspicaz teórico entre los escritores finiseculares, contestó por adelantado estas interrogaciones recurriendo a la práctica evolutiva de la historia ideológica: "Ésta —escribió— es en todas partes época de reenquiciamiento y de remolde. El siglo pasado aventó... los elementos de la vida vieja. Estorbado en su paso por las ruinas, que a cada instante, con vida galvánica amenazan y se animan, este siglo, que es de detalle y preparación, acumula los elementos durables de la vida nueva". Pero, la mayoría de los artistas del siglo pasado, frente a las aceleradas transformaciones de la modernización, pese a que percibieron —o intuyeron— la necesidad de un reajuste ontológico, intentaron construir universos alternativos, fundamentalmente esencialistas. Y, en el proceso revelaron su consternación ante los cambios sociopolíticos y la irritante reubicación del sujeto literario en el mercado económico del capitalismo incipiente. Todo lo cual se manifestó en las expresiones de angustia existencial y una inseguridad ideológica entre los primeros creadores modernistas. "Doctor —se quejó Silva ("El mal del siglo")—, un desaliento de la vida/en lo íntimo de mí se arraiga y nace,/el mal del siglo..."; o Casal: "haz ¡oh Dios! que no vean mis ojos/la horrible Realidad...". Y lo que entre estos modernistas primigenios se traduce, siguiendo el esquema de McHale (58-60) en signo epistemológico ("¿qué podemos saber?", "¿quién sabe?", "¿cuáles son los límites del saber?") se va evolucionando, lo mismo que los estilos literarios y el imaginario social, hasta llegar a nuestros días a las preocupaciones posmodernistas, o sea, ontológicas ("¿qué es el mundo?", "¿cómo está constituido?"). Pero, las fronteras del mapa en que se podría localizar lo ontológico y lo espistemológico (o, si se quiere, los límites del modernismo y el posmodernismo) son borrosas, pues si forzamos las cuestiones epistemológicas terminan en el territorio de lo ontológico —y viceversa (McHale, 60).

Obviamente, estos planteamientos heterodoxos presagian una de las categorías y las nomenclaturas "tradicionales", las que impiden la delimitación de las propiedades y corrientes de la cultura finisecular del novecientos y la del siglo XX, cuyo universo opera con movimientos circulares y reversibles —los ya sugeridos de un patrón metamórfico— con las resonancias, los paralelismos o las "irrupciones" reincidentes a través del tiempo y el espacio del universo moderno. Se trata de la persistencia de un poder generativo cuyo signo fundamental es la metamorfosis, frente a la cual el sujeto unitario y autónomo formula narraciones emancipadoras y revolucionarias. De ahí que, a partir del momento de la modernización burguesa —la que coincide con el desarrollo del estilo moderno/modernista— las creaciones se producen sin patrón o norma fijos —"mi literatura es mía en mí", insistió Darío (*Prosas profanas*, "Palabras liminares")—; el imaginario es multifacético, dialógico; los textos abiertos y con frecuencia inestables o fragmentarios, sobre todo a medida que el modernismo del siglo XX va perfilando su voz autárquica en las etapas vanguardistas y posmodernas de la cultura moderna/contemporánea.

Se destacan dos narraciones generadas en los textos que vieron la luz en América a partir de 1870, las que se perpetúan y perviven en formas evolucionadas hoy en día: el de una sexualidad expresada en formas abiertas y atrevidas, y el anticolonialista ligado a una crítica de las prácticas de la modernización burguesa finisecular. Ambas narraciones modernistas confluyeron para expresar lo que Iris Zavala tilda un proyecto moderno que forma parte de la meta dominante de una labor liberada, concebida ésta como una forma de deseo y de satisfacción, como una metaforización de lo que trasciende la vida y es inalcanzable (p. 89). Y ambas textualizaciones recalcan el discurso de crítica que constituye la piedra angular de la re-volución modernista. A la vez reflejan una busca por re-definir el papel del ser humano y del creador en un mundo de valores y estructuras fluctuantes, de explorar los intersticios de un nuevo y aterrador universo —la cárcel de la existencia. "Hijo: —exclamó Martí— espantado de todo, me refugio en ti" (*Ismaelillo*); y Darío: "Huele a podrido en todo el mundo" (*El canto errante*, "Agencia"). Pero, entre los modernistas se espera descifrar los incógnitos de la experiencia humana, a veces vía el reino de los signos eróticos. (Darío: "¡amar la inmensidad que es de amor encendida/y arder en la fusión de nuestros pechos mismos!" (*Cantos de vida y esperanza*, "Amo, amas"). Otras veces, vía la apropiación y reorganización de mitologías clásicas. Al principio del proceso de la modernización la noción de simulacros posmodernistas de la realidad no formaron parte de las narraciones modernistas. Sin embargo, el concepto contemporáneo de la futilidad de las indagaciones ontológicas sí se evidenció: "La tierra, como siempre, displicente y callada,/al gran poeta lírico no le contestó nada" (Silva, "La respuesta de la tierra").

Si revisionamos el modernismo para incluir no sólo los textos más leídos —principalmente los de la poesía— sino las crónicas, los ensayos, las cartas, los cuadernos de trabajo, y la novelística, ampliamos la óptica de esta literatura emancipadora; entenderemos mejor que se trata de un proceso de leer el mundo moderno desde la perspectiva individual del sujeto, proceso iniciado en la segunda mitad del siglo XIX que continúa hasta nuestros días con calas de ajustes y transformaciones culturales y literarias. Leeremos los textos de los modernismos, las vanguardias y los posmodernismos como textos abiertos, reversibles, o sin acabar, textos que se caracterizan por el elemento experimental, lúdico, textos de estilo y léxico innovadores, textos que proyectan narraciones contrahegemónicas, anticapitalistas, y hasta antimodernas (es decir, contra los paradigmas norteamericanos o europeos), textos que apropian el almacén cultural de Occidente y de Oriente con el fin de afirmar su identidad en términos de una otredad. Es, en fin, una literatura que tiene sus raíces literarias en el modernismo de Martí, de Darío, de Casal, de Silva, de otros que vienen después al fin del siglo XIX y a principios del XX. El pasado irrumpe y se proyecta en formas diversas, imperecederas, inesperadas. En medio de la incertidumbre de nuestro apocalíptico mundo moderno, del universo contemporáneo borroso y el futuro precario, nos aferramos al pasado; lo reinventamos, razón por la cual Faulkner afirmó una vez que "el pasado nunca muere; tampoco *es* el pasado". En él podemos escuchar las voces que constituyen una aguda nota de alarma y de alienación en textos como "El rey burgués; cuento alegre" de Darío, las "Crónicas norteamericanas" de Martí, o "La sociedad de La Habana" de Casal. En sus textos estos artistas, víctimas marginadas de la sociedad comercial e industrial de su época, seres arrinconados por las instituciones burguesas, expresaron su disconformidad con las estructuras sociales, políticas o económicas de la "vida nueva" como veremos en los capítulos de este libro.

OBRAS CITADAS*

Ashcroft. B, G. Griffins y H. Tiffen, *The Empires Writes Back: Theory and Practice in Post-Colonial Literatures*, Londres, Routledge, 1989.

Barthes, Roland, *Writing Degree Zero*, Nueva York, 1968.

Giordano, Jaime, *La edad de la náusea*, Santiago de Chile, Universidad Profesional del Pacífico, 1985.

Hutcheon, Linda. "Postmodern Paratextuality and History", *Texte*, 5-6, 1986-1987, pp. 301-312.

Martí, José. *Obras de Martí*, La Habana, Trópico, 74 vols., 1936-1953.

McHale, Brian, "Change of Dominant from Modernist to Postmodernist Writing", *Postmodern Fiction in Europe and the Americas*, Amsterdam, Rodopi, 1988, pp. 53-79.

* Con la excepción de los textos martianos, tan difíciles de localizar en su vasta obra, el autor no cita de ediciones específicas de los escritores modernistas hispanoamericanos.

Onís, Federico de, *España en América*, Madrid, Ediciones de la Universidad de Puerto Rico, 1955.

Paz, Octavio, *Cuadrivio*, México, J. Mortiz, 1965.

________, *Los hijos del limo: del romanticismo a la vanguardia.* Barcelona, Seix Barral, 1974.

Rama, Ángel, "La dialéctica de la modernidad en José Martí", *Estudios Martianos*, San Juan, Universidad de Puerto Rico, 1974, pp. 129-174.

Vitier, Cintio, *Lo cubano en la poesía*, La Habana, Instituto del Libro, 1970.

Zavala, Iris M., *Colonialism and Culture; Hispanic Modernism and the Social Imaginary*, Bloomington, Indiana University Press, 1992.

2. MODERNISMO/MODERNIDAD Y EL PROYECTO DE ALZAR LA NACIÓN

Es fuerza convidar a las letras
a que vengan a andar la vía patriótica...

José Martí[1]

PERSPECTIVAS Y REAJUSTES

A mediados del siglo XIX el concepto de la modernidad que impulsó la formación de los textos del modernismo hispanoamericano generó un proyecto de autoexamen y autoconstitución cuyas enunciaciones cuestionaron los valores y las percepciones establecidas y reorganizaron el universo semántico finisecular. Los escritores fundacionales de la época no crearon una escuela; más bien instalaron la idea moderna de la anarquía, la metamorfosis, las visiones fragmentadas, y los simulacros de la realidad, textualizaciones literarias que siguen asediando nuestra imaginación en el mundo posmoderno. Las creaciones modernistas, además de refractar los "ecos y maneras" arqueológicos que Darío releyó en el acervo cultural del pasado, anticiparon la ascendencia del yo en su búsqueda cultural y la localización del sujeto en el proceso histórico de fines del primer milenio. Por consiguiente, si pensamos por un momento en la producción novelística de nuestra inestable era contemporánea de transiciones, lo que notamos, entre otras muchas textualizaciones literarias, es el predominio de una narrativa de *agotamiento,* de *autoabsorción* y de *contemplación ingenua* (*naive gazing*)[2] —proyecciones y

[1] Palabras que pertenecen a "El carácter de la *Revista Venezolana*", (Martí, 1963-73:7 210). Citamos, a menos que se indique lo contrario, de las *Obras completas.*

[2] En esta comparación del modernismo con la cultura de fines del milenio, utilizamos las observaciones de Edward M. Gómez en su crónica sobre la bienal de artes plásticas en La Habana, aparecida en *The New York Times,* 25 de mayo de 1997, sección 2:30.

continuidad del imaginario de las transformaciones rápidas y violentas del modernismo primigenio.[3]

Los creadores del modernismo, el cual identificamos con la primera etapa de la producción cultural de la modernidad,[4] captaron la verdadera naturaleza de su renovadora labor, la que uno de ellos[5] caracterizó con un metaforismo lúdico como "la cabellera de Valle-Inclán, [...] los cuplés del Salón Rouge, [...] los cigarrillos turcos, y [...] los muebles de Lisárraga" (Gullón, 129). Los críticos del XIX y de principios del XX, en cambio, confrontados con la naturaleza elusiva, polémica y multidimensional de esta literatura, condenaron sus innovaciones y se mofaron de la imaginería lírica de sus textos; favorecieron los códigos tradicionales del arte académico y gris, y aplicaron a las creaciones originales de los modernistas términos como *escuela, movimiento, preciosismo, arte escapista,* o *literatura derivativa.* No tomaron en cuenta su imaginario social, su carácter persistente en el mundo moderno, sus replanteamientos ideológicos, sus narraciones contrahegemónicas y los nexos de su escritura con los profundos cambios políticos y económicos que iniciaron las innovaciones estructurales e institucionales en el Occidente y en el mundo hispánico a partir de la segunda mitad del siglo XIX, innovaciones que dieron forma a las textualizaciones sociales y culturales del modernismo y de la modernidad.

En el discurso crítico ha predominado —desgraciadamente— la práctica de visionar el modernismo exclusivamente como arte literario, y sólo como un fenómeno perteneciente a la historiografía hispánica. Es nuestra intención contribuir a un reajuste crítico vía la exploración del anverso del medallón, o sea, lo que podría llamarse

---

[3] Sin adoptar el punto de vista de James M. Mellard (*The exploded form: the modernist novel in America,* Urbana, The University of Illinois Press, 1980), o el de Frank Kermode (*Continuities,* London, Routledge and Kegan Paul, 1968), quienes niegan la existencia del posmodernismo como fenómeno independiente, prefiriendo verlo como un desarrollo dentro del modernismo, defendemos la idea de una serie de nexos y de continuidades que unen al modernismo con la literatura contemporánea de nuestro mundo (post)moderno.

[4] Para una discusión detallada de esta cuestión, véanse los capítulos 1-3 de Evelyn Picon Garfield e Ivan A. Schulman, *Las entrañas del vacío, ensayos sobre la modernidad hispanoamericana,* México, Cuadernos Americanos, 1984.

[5] Manuel Machado.

la otra dimensión del modernismo —su imaginario social, conceptualizado éste a la luz de la crisis universal que hace años, Federico de Onís, al intentar la definición del modernismo, describió como la "disolución del siglo XIX" que afectó "el arte, la ciencia, la religión, la política y gradualmente... los demás aspectos de la vida entera" (XV). Nuestro argumento principal girará en torno a la idea de la futilidad de formular una teoría del modernismo o de la modernidad sin fusionar sus proyectos sociales y estéticos, sin concebir éstos como una sola expresión del sujeto, y, por último, sin entender que existe una estrategia discursiva doble —*a doubleness of writing*— que marca la literatura moderna/modernista concebida como discursos de emancipación y narraciones de la nación y de la cultura nacional.[6] Además, en la construcción de la literatura ligada a la "ciudad modernizada" se genera "un discurso sobre la formación, composición y definición de la nación" (Rama, 91).

EL DISCURSO DEL DESEO Y EL TEXTO SOCIAL

Con las primigenias producciones modernistas se evidencia un "discurso del deseo"[7] referido al concepto de una comunidad nacional sin realizar, de un país del futuro. Se manifiesta este anhelo colectivo a partir de 1870, o sea, desde el momento en que los países del continente americano iniciaron el proceso de incorporarse a la civilización industrial de la burguesía decimonónica. Con el advenimiento de una nueva orden económica —proceso lento y disímil entre las naciones hispanoamericanas— se sentaron las bases de una cultura materialista que impuso el concepto de mercado como el elemento rector de las actividades humanas, inclusive las literarias. Como consecuencia decayó el sistema de mecenazgo artístico que predominó a partir de la época virreinal, se comercializó la labor creativa con nuevas estruc-

---

[6] Se puede pensar este asunto como Iris Zavala, quien afirma que "the use of the term 'modernismo' was established in connection with other phenomena: the emergence of nationalities and more 'modern' states..." ("On the (mis-)uses of the post-modern: Hispanic modernism revisited", T. D. Haen and E. Bertens [eds.], *Postmodern: fiction international*, Amsterdam, Rodopi, 89, 1988)

[7] Utilizamos el término "discurso del deseo" en el sentido martiano y con el fin de refractar los registros éticos y morales de su discurso sobre la modernidad y la construcción de la nación.

turas económicas precapitalistas, y se produjo la marginalización del escritor y su desplazamiento eventual de la vida nacional en que desde la Independencia había gozado de un relevante papel en la política o la administración nacionales. El escritor experimentó un sentido de desarraigo causado por estos cambios y por el desmoronamiento del sistema ideológico colonial de sociedades virreinales agropecuarias cuyos códigos filosóficos, religiosos, sociales y económicos sobrevivieron el hundimiento de la Colonia. Sin el soporte de este claudicado sistema ideológico, y sin que se avistaran claramente los nuevos "altares", como decía Martí, los modernistas experimentaron ansias existenciales, teleológicas o epistemológicas condicionadas por la desesperación emotiva o por la intuición, a menudo vaga, de los signos de un universo en vías de desconstrucción. Vertiginosas y radicales metamorfosis socio-culturales se refractaron en los nuevos códigos lingüísticos que se formularon en los textos modernistas: emergieron dos discursos culturales en pugna —ambos emblemáticos de la modernización de la vida. En uno, los escritores inscribieron los signos del nuevo poder burgués, es decir, de los valores hegemónicos de la cultura mercantilista e industrial del incipiente proceso modernizador; en el otro, los valores en oposición, es decir, los de la aspiración autosuficiente, expresivos de una tentativa de liberación del peso del discurso dominante cuyos iconos de lujo y de refinamiento, no obstante, se colaron en este pretendido contradiscurso —signo del carácter doble de esta escritura. El "discurso del deseo" generado por este imaginario, un deseo de reestructuración, retextualizó los códigos pertenecientes a una larga tradición de búsqueda, crítica y replanteamiento de la historia cultural americana desde la Colonia hasta la Independencia. Se acentuó la dimensión de la "otredad americana" cuyos subtextos y registros disfrazados descubrimos en obras virreinales y pre-modernistas, y se generaron enunciados contramodernos frente a la modernidad burguesa decimonónica. Y es en este contradictorio discurso de filiación cultural americana que la ensoñada visión de la nación de los escritores modernistas se insertó.

UN CONCEPTO MOVIBLE

Partimos, en nuestra exploración de la nación modernista, de la idea de un espacio sociopolítico perpetuamente renegociado y reimaginado. Leer la nación en los textos prototípicos del modernismo es leer un imaginario político, práctica que para muchos parecerá incompatible con la persistente noción de un modernismo de extravagancias semánticas, de metaforismo experimental, de trasposiciones pictóricas, de versos rítmicos y cromáticos, en fin, con la llamada manía modernista del estilismo, o el *high Modernist style* de Donald Shaw.[8] Decir modernismo es recordar los cuentos de *Azul...* o "Era un aire suave" de Rubén Darío; "De blanco" de Manuel Gutiérrez Nájera; los sonetos de "Mi museo ideal" de Julián del Casal, o "Solo verde-amarillo para flauta. Llave de U" de Julio Herrera y Reissig. Pero ha llegado el momento de extender las fronteras del modernismo y ajustar nuestra óptica para incluir escritos que retextualizan o desconstruyen obras fundacionales en torno a la nacionalidad.

Entre estas obras volvemos a menudo a los textos de Bolívar, a su discurso de Angostura (1819), para meditar sobre las raíces del pensamiento "constructivista" (Shumway, 62) de naturaleza sombría sobre la nación/estado de Hispanoamérica, y en particular a las palabras:

> Nosotros ni aún conservamos los vestigios de lo que fue en otro tiempo: no somos Europeos, no somos Indios, sino una especie media entre los Aborígenes y los Españoles. Americanos por nacimiento y Europeos por derechos, nos hallamos en el conflicto de disputar a los naturales los títulos de posesión y de mantenernos en el país que nos vio nacer, contra la oposición de los invasores. Así nuestro caso es el más extraordinario y complicado (Bolívar, 84).

No menos complicado es nuestro proyecto revisionista cuya intención es leer e insertar en el discurso modernista textos como "La dictadura" de Herrera y Reissig, a quien asociamos más a menudo con la "Tertulia lunática" que con "La dictadura", con versos como "En el túmulo de oro vago, cataléptico fakir/se dio el tramonto a dormir/la unción de un Nirvana vago [...]/" ("Vesperas"), y casi nunca la censura de un caudillo: "Tu razón fue una horca para el justo,/fue tu en-

[8] Véase de Donald L. Shaw, "A propos of modernista prose style in fiction", *Iberoramania*, 1:328-34, 1969.

gendro la guerra fratricida/y tu oscuro estandarte el retroceso" ("La dictadura").[9]

Frente a estas conjunciones discursivas, debemos preguntarnos si el discurso modernista no se caracteriza, como ha sugerido Zavala, por una inversión anatrópica (2), la que amplía y modifica los parámetros de su escritura y la aproxima a las categorías sociales de la modernidad. ¿No es el modernismo, lo mismo que la modernidad, una manera de expresar nuevas perspectivas, distintas de las tradicionales, y por consiguiente, un discurso que reorganiza la experiencia interior del sujeto en un mundo caótico, hostil, y metamórfico? ¿Y este remolde discursivo no produce textos dialógicos, polémicos y críticos que comprenden la narratividad del sujeto, la revisión de la identidad cultural, y la busca de un auténtico nacionalismo cultural? (Zavala, 2-3)

Volvemos forzosamente a nuestro planteamiento inicial respecto a la nación modernista, es decir, el del espacio perpetuamente *renegociado* y *reimaginado. Reimaginado* frente a los engaños y las decepciones iniciados en el período de la Independencia con sus propuestas de nacionalidad, mayormente inauténticas y en cierto modo perversas de fundadores como Sarmiento o Alberdi; *renegociado* en narraciones —prosa y verso— de la modernidad alusivas al devastador e incipiente imperialismo que se infiltraba en el continente y de la lucha anticolonial organizada en su contra. En un ensayo prototípico alusivo a estos temas de la cultura finisecular, Darío, por ejemplo, reflexiona sobre el mundo moderno y con melancolía e irritación observa que

> ...el mundo anda muy mal. La sociedad se desquicia. ¿El pez grande come al chico? Sea; pero pronto tendremos el desquite ...el trabajador lleva sobre sus hombros la montaña de una maldición... Yo quisiera una tempestad de sangre; yo quisiera que sonara ya la hora de rehabilitación, de la justicia social (35).

Éste es un texto de liberación, de justicia social; texto contestatario, texto, en fin, modernista y moderno. Pero éste y otros textos de

[9] A menos que se indique otra fuente los versos citados en el texto de nuestro ensayo proceden de Ivan A. Schulman y Evelyn Picon Garfield (eds.) *Poesía modernista hispanoamericana y española*, Madrid, Taurus, 1986.

Darío, de Martí, de Rodó o de Casal son los que han sido marginados u omitidos del canon modernista.

DISCURSOS DE LA NACIÓN

Entendemos el concepto de la nación en términos de un artefacto cultural que se construye en la inteligencia humana con el perfil de una comunidad imaginada.[10] Y, como tal, la nación viene a ser la expresión social y cultural de un proceso continuo por medio del cual un pueblo se redime y se expresa en forma reproductiva y repetitiva. En sus orígenes, nos dice Bhabha, "las naciones son como las narraciones: se pierden en los mitos del tiempo y solamente en el ojo de la mente logran realizar sus horizontes con plenitud" (1; la traducción es del autor). Concebidas como entidades imaginadas, las naciones inspiran amor y veneración, a tal punto que aún en el caso de pueblos colonizados, individuos victimizados por la opresión e injusticia de las autoridades imperiales son capaces de confesar su amor a "la nación" que los victimiza. Anderson, en apoyo de esta veneración sin límites, trae a colación el caso del escritor filipino, José Rizal, ejecutado por el gobierno colonial, pero quien en su "Último adiós" declara: "Adiós, Patria adorada, región del sol querida" (141-45).

La experiencia de Rizal es la del sujeto colonizado, la que caracteriza la cultura virreinal americana en cuyos textos abundan los registros de crítica y de ruptura. En ellos descubrimos las primeras enunciaciones americanas de un discurso contrahegemónico que con el pasar del tiempo se retextualizarán en las producciones modernistas del sujeto neocolonizado. La exploración de los espacios espirituales de la existencia individual, iniciada en el Renacimiento, se afinará en la Edad Moderna; y, con el crecimiento en ella de las culturas y sociedades capitalistas, se acentuará el registro de las regiones interiores y desconocidas de la experiencia humana, la pugna dilatada por rechazar moldes prehechos impuestos por religiones organizadas, por prácticas sociales, por

[10] Véase el excelente estudio de Benedict Anderson sobre el carácter "imaginado" del concepto de la nación.

el colonialismo o el neocolonialismo mentales, o por las estructuras políticas y económicas de administraciones ultramarinas —el caso principalmente de Cuba, Puerto Rico y las Filipinas en el siglo XIX. Por consiguiente, si acudimos a textos como *El lazarillo de ciegos caminantes* de Alonso Carrió de la Vandera o el *Espejo de paciencia* de Silvestre de Balboa, descubriremos en ellos un discurso doble —similar al modernista— conflictivo, y contracultural que transmite la voz americana, la del deseo que busca desarticular la voz autoritaria y establecer la otredad de una identidad cultural y nacional. Esta apasionada búsqueda que se instaura muy temprano en la experiencia continental no amaina con la Independencia. Observadores perspicaces como José Martí en fecha distante de la de la Independencia —1881— sentían la obligación de aludir a la persistente herencia colonial que asediaba la realidad continental y nacional finisecular, la cual el cubano evocó en su apasionado lenguaje metafórico: "[...] se tallan —escribió en la *Revista Venezolana*— sobre las ásperas y calientes ruinas de la época pasada"; "perdidos los antiguos quicios, andamos como a tientas en busca de los nuevos" (7: 208-9). Renegociaciones y reajustes expresados desde la orilla de la vida marginada y agónica de un escritor modernista que también era un activista político.

Pero en la labor revisionista que proponemos, no debemos limitar nuestras lecturas a la literatura ensayística o los escritos instrumentales. Achugar en una indagación en curso, afirma que en las antologías poéticas publicadas entre 1830 y 1890, o sea desde la Independencia hasta fines de la primera etapa del modernismo, el "parnaso y [la] nación iban de la mano: el parnaso era la nación y la nación era el parnaso" (18). Los poetas de América plantearon la cuestión de una definición nacional más allá de la jurídica formulada en las constituciones y códigos legales de los estados recién creados. Es indiscutible que muchos de estos poetas expresaron el imaginario de las nuevas élites, de los recién instaurados grupos hegemónicos de las repúblicas independientes. La nacionalidad que éstos formularon solía excluir de la nueva nacionalidad la voz de las mujeres, de los indios, de los gauchos o de otros sectores minoritarios de la sociedad (Achugar, 21-2). Sin embargo, no fue el caso de *todos* los escritores decimonónicos en quienes, al menos hasta el advenimiento de la época modernista, era posible distinguir un papel triple: "el del hombre de profesión, el hombre de letras, y el hombre de estado".[11] Pero, a partir de la primera etapa modernista el escritor perdió su función pública; por consiguiente, el imaginario nacional de los creadores partía desde el sujeto atrapado en el mercado capitalista, luchando por sobrevivir en un ambiente hostil cuyas instituciones socioeconómicas no daban cabida al escritor.[12] Y el concepto de la nación se transforma: no se identifica con las nuevas élites sino con los elementos marginados e híbridos de la nacionalidad. La "noble criatura", por ejemplo, de la novela martiana, *Lucía Jerez*, vislumbra una nación más justa con una comunidad que incluye "la miseria de los infelices" y las "poblaciones cuantiosas de indios míseros" (67).[13]

NACIÓN, HOGAR, NEOCOLONIALISMO

Ha sido tradicional privilegiar los valores inmanentes del discurso modernista, sobre todo porque sus enunciados son con frecuencia diálogos —a menudo monólogos— en que la voz del atribulado y descentrado narrador critica, condena, cuestiona o rechaza su situación personal en el contorno social. La voz individual, en lugar de la colectiva, suele ocupar el primer plano, y no sólo en la producción en verso. En la novela que normalmente presenta una cosmovisión más amplia y compleja que el poema, abundan los ejemplos de narraciones subjetivas en forma de diario: *De sobremesa*, de José Asunción Silva; o narraciones estructuradas en base a las observaciones del narrador/autor sobre un viaje: *La ilusión* de Ángel de Estrada.

---

[11] Véase el estudio de Emilio Carilla quien cita la idea de Pedro Henríquez-Ureña alusiva a esta cuestión: (1975) *El romanticismo en la América Hispánica*, Madrid, Gredos, 1975. Margarita Alegría de la Colina, en relación al México del siglo XIX señala "el lazo indisoluble entre actividad política y quehacer literario de nuestros escritores en el siglo XIX", 1996, pp. 72-3.

[12] Véase el estudio de Ángel Rama sobre esta cuestión: *El escritor modernista en el mercado económico*, Montevideo, Universidad de la República, Facultad de Humanidades y Ciencias, 1967.

[13] Hay excepciones: la del violento, ambicioso y autoritario "superhombre" de la novela de Silva, *De sobremesa*.

Pero el anverso del medallón —la narración moderna de ruptura y crítica sociocultural, o la del "discurso del deseo" en torno a la nación, la nacionalidad, la problemática política y económica de los países americanos, o la identidad nacional y continental también abunda e informa la producción de modernistas como Rodó, Darío o Martí, para mencionar sólo tres figuras destacadas. De los tres el que con más devoción exploró las dimensiones sociales del universo modernista fue Martí cuyo ensayo de 1891, "Nuestra América", es el documento más clarividente sobre el tema de la nación americana. Los registros sociopolíticos y económicos de la obra martiana son múltiples: sus parámetros abarcan la narración de la nación de Cuba, Puerto Rico, Estados Unidos,[14] Europa e Hispanoamérica. En la mayoría de sus crónicas se plantea la constitución de una familia de naciones, la de los países americanos. Pero no es la de Martí la visión de Bolívar, la de crear una sola nación, sino la de un revolucionario que busca re-basar —es decir colocar sobre una nueva y más sólida base— las sociedades hispanomericanas, reconociendo la diversidad de sus aspiraciones, sus recursos individuales, y, a la vez, los obstáculos a su modernización creados por el pensamiento colonial:

> De factores tan descompuestos —observó—, jamás en menos tiempo histórico, se han creado naciones tan adelantadas y compactas... La incapacidad no está en el país naciente, que pide formas que se le acomoden y grandeza útil, sino en los que quieren regir pueblos originales, de composición singular y violenta, con leyes heredadas de cuatro siglos de práctica libre en los Estados Unidos, de diecinueve siglos de monarquía en Francia (6: 16-17).

En la composición de la nación, Martí, a diferencia de otros pensadores y estadistas de la modernidad americana, reconoció y aplaudió el principio de la hibridación cultural —la de pueblos originales y singulares, como él decía. Y con optimismo habló de la necesidad de crear y salvar la nacionalidad vía el alineamiento con los grupos más

---

[14] Sobre el tema de la narrativización doble de Estados Unidos y Cuba, véase Ivan A. Schulman, *Relecturas martianas: narración y nación*, Amsterdam, Rodopi, especialmente los capítulos IV y V, pp. 44-82, 1994.

rancios y marginados. "La colonia —insistió— continuó viviendo en la república" (6: 19); de ahí que urgía hacer rodar las instituciones y costumbres creadas durante los tres siglos de su vida. "Una nación pujante y envidiable [había] que alzar, a ser sustrato y pasmo de hombres" (7: 209). Por lo tanto, la revolución, a su modo de ver, apenas estaba "en su período de iniciación. Hay que cumplirlo. Se ha hecho la revolución intelectual de la clase alta [...] Y de esto han venido más males que bienes" (21: 178).

La idea martiana de la nación encierra conceptos socioeconómicos, culturales y morales. Para Cuba, Puerto Rico y las naciones "azules" como él llamaba a las de América, la labor era de elaboración constante, pero con base en la realidad nacional y continental: "El gobierno ha de nacer del país. El espíritu del gobierno ha de ser el del país. La forma del gobierno ha de avenirse a la constitución propia del país. El gobierno no es más que el equilibrio de los elementos naturales del país" (6: 17). Lo que genera la narración martiana de la nación es un imaginario de ruptura, el concepto de emancipación y de remolde, textualizados en un discurso de la modernidad que toma en cuenta el hecho de que "Nuestra América ha entrado en la era industrial" (8: 21). Pero ni en el caso de la conceptualización de la nación para América, ni para Cuba, prima un imaginario de praxis. Se trata más bien de un discurso del deseo, un discurso que propone la revolución necesaria, sin ser instrumental ni pragmático, sin formular los detalles de un programa de acción.

Tampoco es de índole instrumental el imaginario social de Darío. Pero, en el caso del nicaragüense, lo que hemos descubierto recientemente al rastrear los registros alternativos de sus escritos es que hay un asiduo y comprometido lector de la escena contemporánea, atento a los ritmos del proceso de la modernización americana. Y es en estos textos que se desmiente la falsa imagen tradicional de un artista "desarraigado, e[n]vasivo (sic) y apolítico" (Valle-Castillo, ix). Hay en la obra de Darío una estrategia cuya intencionalidad es incorporar los signos de la otredad eurocéntrica y estructurar con ellos un sistema ideológico expresivo de una oposición sistemática a la burguesía y a la cultura de los poderes metropolitanos. Por medio de este discurso de la ruptura establece una identidad independiente, ya sea personal, nacional o continental. Son conocidos, aunque leídos como "excepciones" mundonovistas, poemas como "A Colón", "A Roosevelt" o "Salutación al águila". Menos conocidos, otros como "Agencia" o "Aviso al porvenir" que revelan la lúcida conciencia del poeta de la problemática de la modernización económica y la creciente penetración imperialista de Estados Unidos en los asuntos hispanoamericanos:

> La sociedad se desquicia —observa en una de sus crónicas. El siglo que viene verá la mayor de las revoluciones que han ensangrentado la tierra [...] El pauperismo reina, y el trabajador lleva sobre sus hombros la montaña de una maldición. Nada vale ya sino el oro miserable. La gente desheredada es el rebaño eterno para el eterno matadero (Darío, 35).

La visión de la nación dariana se erige —igual que en el caso de Martí— en torno a la problemática del imperialismo y el incipiente capitalismo. El imaginario refleja un defecto en las instituciones de las naciones americanas, es decir, "...la ubicación subordinada y dependiente que ocupan en la red de relaciones en que quedan engarzadas, dentro del sistema capitalista mundial [...]"; y tampoco falta la conciencia de que la "estructura económica y social...basada en el latifundio y en la producción para la exportación, estorba el desarrollo interno de una producción nacional para un mercado nacional y genera constantemente, subordinación" (Armas y Rodríguez, 387).[15]

Además de las enunciaciones metonímicas de la prosa política de Darío o de los ensayos sociopolíticos y culturales de Martí, de prosa metafórica, hay textualizaciones de la modernidad nacional discernibles en los registros "evasionistas" cuyas caras discursivas hemos aprendido a leer de dos formas: la primera involucra la estrategia de oponer la estética de la exquisitez, o el culto del arte por el arte, a la crasa vulgaridad del nuevo burgués y las instituciones por él creadas; la segunda, la superación del provincialismo, la explotación económica o la represión política mediante desplazamientos geográficos y culturales hacia "otros climas" o culturas occidentales y orientales. En la formulación de los códigos de la modernidad los modernistas amplían

---

[15] Véase respecto de estas ideas la sección de prosa política en Jaeger y Solares-Larrave, pp. 171-219.

la nota de disconformidad expresada en los códigos del intimismo sentimental hasta comunicarla con el discurso social y político. El proyecto de forjar un destino alternativo, de crear un discurso de liberación —signo fundamental del arte modernista— produce textos en que se funden los conceptos de narración y nación. En la poesía de José Asunción Silva, específicamente en su poema "Al pie de la estatua", la lectura de la función de los héroes en la sociedad se contextualiza con la de "Claustros de mármol" de Martí o "Esperad" de Juana Borrero. La voz misteriosa que narra el poema de Silva no quiere que se celebren pasadas hazañas gloriosas de la nación, sino el "sueño más grande hecho pedazos" o "el misterioso panorama oscuro". Afirmando conceptos formulados por Martí en su prólogo a "El poema del Niágara" en torno al intimismo ineludible del poeta moderno, el narrador de "Al pie de la estatua" evoca las "tristezas profundas" del héroe nacional y propone que se haga un poema de registros y estilo distintos: con "misteriosas armonías", pero con el léxico del universo semántico modernista, es decir, con el "teclado sonoro" y "nota melódica". Se identifica con el héroe cuya vida perdura, en comparación con las vidas "triviales" del momento, y al afirmarlo propone el narrador una conceptualización sociopolítica idealista reforzada en un plano metafórico por la naturaleza abundante al pie de la figura heroica donde gritan "las rizosas cabecitas blondas" que rodean el zócalo (233-44). Diríase, como en el caso de Juana Borrero, que la asfixia del limitado recinto patrio se distiende y se inserta en un discurso de aspiración colectiva. La independencia del ser y la libertad creadora se suman a la historia patria/nacional evocada con el metaforismo perteneciente a las enunciaciones intimistas: en el caso de Silva, la niñez , la juventud y la inocencia. El perfume del subjetivismo poético, el amor como patria, se entrelaza con la narración de la nación, se empalma con las narraciones emancipadoras de los poetas modernistas visionados por Martí, "de pie sobre la tierra, apretados los labios, desnudo el pecho bravo y vuelto el puño al cielo, demandando" —en vano— a "la vida su secreto" (7: 238).

EL SUJETO/LA NACIÓN/EL UNIVERSO

El proyecto modernista y moderno cuestiona y retextualiza los valores culturales colectivos desde la perspectiva del sujeto que busca situarse en el presente, pero con miras hacia el futuro. Su discurso es contestatario; aspira, como en el caso de "Nuestra América" de Martí, a aunar identidades híbridas para asegurar el futuro y anhelado re/nacimiento de una "nación" (Zavala, 37-8), la de los pueblos hispanoamericanos o la de la patria individual. En vista de la confluencia de conceptos heterogéneos en el discurso modernista —*sujeto, identidad cultural, objetos de saber*— expresados en un lenguaje innovador, no debe ser motivo de asombro que el texto modernista, texto de renegociación cultural polifónica, reúna facetas múltiples: la narración emancipadora, la experimentación estilística, la novedad métrica, el proyecto de re-basar la nación, la agonía metafísica, la redefinición subjetiva y la visión de un mundo descolonizado. El modernismo, fue, como señala Zavala (37), parte de una lucha por definir la identidad, demoler el lenguaje y los sistemas cognoscitivos del imperio, construir nuevos sistemas internos de referencia y formar un núcleo de concepciones (i.e., políticas, económicas, morales), cuya operación discursiva reubicaría y crearía estados y culturas nacionales. Es, y debe verse, como una literatura de búsqueda continua, evolucionaria, de utopías y de realidades, de vueltas a las semillas históricas, a las de las auténticas instituciones nacionales, y a las raíces de la genuina experiencia cultural. Sus artistas textualizaron un anhelo de alcanzar o recobrar un más allá, un centro perdido, y de ese modo llenar una carencia, o una ausencia apremiante. Existe, por lo tanto, un nexo, una narrativización que une los versos de indagación metafísica de Silva, '¿Qué somos? ¿A do vamos? ¿Por qué hasta aquí vinimos?' ("La respuesta de la tierra") o los de Darío, '¡Y no saber adónde vamos,/ ni de donde venimos...!' ("Lo fatal"), y la reflexión política de filiación anticolonial de Julián del Casal:

> Cuando la patria cubana, mimada por la Fortuna, más que por la Libertad, abría su seno pletórico, de oro, a la codicia de los extranjeros y bienestar de los insulares; muchas de nuestras familias, ya por gozar de sus cuantiosos bienes, ya por temor a las persecuciones políticas, emprendieron viajes a países extranjeros (1: 56).

El conjunto de estos discursos en rotación trae a la memoria la idea de Lotman de la estética de la oposición y la estética de la identidad,[16] y subraya la relevancia de la función social de los textos literarios, sobre todo el hecho de que "literary texts may unsettle the reader's habitual way of seeing and interpreting the world, and question his fixed views and opinions" (Fokkema, 66). Al insistir sobre la consanguinidad de los textos sociales y estéticos de la modernidad en relación al proyecto de alzar la nación, nuestra intención ha sido defender la idea de la inclusión de los textos "sociales" en la formación de los códigos de la modernidad y del modernismo. Los registros estéticos, culturales y sociales, considerados en su conjunto, refractan la inherente diversidad del proyecto del sujeto moderno de localizarse en un restructurado universo frágil y metamórfico cuyo imaginario revolucionario constituye, entre otros, un discurso del deseo, el de alzar la nación.

OBRAS CITADAS

Achugar, Hugo. "Parnasos fundaciones: letra, nación y Estado en el siglo XIX", *Revista Iberoamericana,* 178-179:13-32, 1997.

Alegría de la Colina, Margarita. "El florecimiento de las letras: Pedro Santacilia", *Historiografía de la literatura mexicana,* México, UNAM, 1996, pp. 68-86.

Anderson, Benedict, *Imagined communities; reflections on the origin and spread of nationalism,* edición revisada, Londres, Verso, 1991.

Armas, Ramón de y Pedro Pablo Rodríguez, "El pensamiento de José Martí y la creación del Partido Revolucionario Cubano", *Historia de Cuba; las luchas por la independencia nacional y las transformaciones estructurales, 1868-1898,* La Habana, Editorial Política, 1996, pp. 380-429.

Bhabha, Homi K., *Nation and Narration,* Londres, Routledge, 1990.

Bolívar, Simón, "Discurso de Angostura", *De Moreno a Sarmiento: ensayistas de Nuestra América,* Buenos Aires, Losada, 1994, pp. 81-113.

[16] La estética de la oposición se basa en una reorganización de información; la estética de la identidad requiere una expansión o reajuste de la información. Véase Juri Lotman, *The structure of the artistic text,* Ann Arbor, University of Michigan Press, 1977.

Casal, Julián del, "La sociedad de La Habana", *Prosas*, La Habana, Consejo Nacional de Cultura, 1963, 1 24-71, .

Darío, Rubén, *Prosas políticas*, Managua, Ministerio de Cultura, 1983.

Fokkema, Douwe W., "A semiotic definition of aesthetic experience and the period code of Modernism", *Poetics Today*, 1982, 3:1: 61-79.

Gullón, Ricardo, *El modernismo visto por los modernistas*, Barcelona, Labor, 1980.

Jaeger, Frances y Francisco Solares-Larrave, *Rubén Darío y El correo de la tarde: 1890-1891*, Valencia, Instituto de Estudios Modernistas, 1996.

Martí, José, *Obras completas*, 28 vols., La Habana, Editorial Nacional, 1963-1973.

________, *Lucía Jerez*, Madrid, Gredos, 1969.

Onís, Federico, *España en América*, Madrid, Ediciones de la Universidad de Puerto Rico, 1955.

Rama, Ángel, *La ciudad letrada*, Hannover, Ediciones del Norte, 1984.

Shumway, Nicholas, "La nación hispanoamericana como proyecto racional y nostalgia mitológica: algunos ejemplos de la poesía", *Revista Iberoamericana*, 1997, 178-179:61-70.

Silva, José Asunción, *Obra poética*, Madrid, Hiperión, 1996.

Valle-Castillo, Julio, "Introducción", Rubén Darío, *Prosas políticas*, Managua, Ministerio de Cultura, XI-XXXV, 1983.

Zavala, Iris, *Colonialism and culture; hispanic modernisms and the social imaginary*, Bloomington, Indiana University Press, 1992.

3. TEXTUALIZACIONES SOCIALES Y CULTURALES DEL PROYECTO MODERNO MARTIANO:[1] LAS CRÓNICAS NORTEAMERICANAS

INSERCIÓN DEL CONCEPTO DE LA MODERNIDAD EN EL ESPACIO NORTEAMERICANO

En las crónicas que enviaba a *El Partido Liberal* de México o a la *Nación* de Buenos Aires, José Martí escribió la nación moderna recalcando la narración de sucesos diarios de su experiencia norteamericana o sea, fijando la visión en los detalles de la nacionalidad con "disclosures of... everyday life" (Bhabha, 294),[2] pero, al mismo tiempo, omitiendo aquello[3] cuya introducción juzgaba nocivo para los países hispanoamericanos. No obstante estas supresiones, en su labor cronística se evidencia la construcción consciente de la modernidad (y, a la vez, una contramodernidad o modernidad alternativa) en escritos que delimitan el territorio político, social y cultural de los Estados Unidos hacia fines del XIX.

---

[1] En la preparación de este ensayo hemos utilizado varias ediciones de las obras martianas. Dentro del texto indicamos la procedencia de las citas con siglas que corresponden a las siguientes ediciones:

E: *Epistolario.* T: Trópico. N: Nacional. EMS: *Nuevas cartas de Nueva York.* LJ: *Lucía Jerez*

[2] Todas las citas de Bhabha son de este ensayo a menos que se indique otra fuente en las notas.

[3] En una carta a Manuel Mercado le advierte que "en el mundo he aprendido... la justicia, y la belleza de la moderación... ni abiertamente, ni con disimulos hábiles, dejaré que esta pena mía afee mis comentarios [en el *Partido Liberal*] sobre los sucesos de esta tierra [Estados Unidos], que en lo que hace a nuestros países no presentaré de mi boca, ni para atizar odios, sino tales como ellos mismos se vayan presentando, y aun *omitiendo muchos,* porque habría razón para justa alarma si se dijesen todos (énfasis del autor; E, II: 73).

Su narración de la nacionalidad apropia y resemantiza los códigos de la modernidad observada en Estados Unidos; en sus registros, interiorizados y a menudo encubiertos, se revela la voz de un narrador de actitud ambivalente frente al proceso de la modernización económica: el cubano cuestiona la cultura del incipiente capitalismo; pone en tela de juicio la idoneidad de su proyecto; censura sus consecuencias sociales (pensando en el futuro de los pueblos hispanoamericanos), y somete a un examen ético los valores de una nación cuya operación observó durante los años críticos y dinámicos de la última etapa de su vida en Estados Unidos (1880-1895).[4] En fin, Martí cultiva un discurso ambivalente y hasta contradictorio—el discurso característico de las modernidades burguesa y estética;[5] narra los actos de progresión y de regresión que observa en Estados Unidos, incorpora los códigos de lo irracional y lo racional de la sociedad capitalista, y explora las dimensiones del "difícil engranaje de una moral crítica del capitalismo con el proyecto de la modernidad..." (Rojas, 12).

En los textos martianos que estudiamos *narrar* y *nación* son fenómenos que se funden y se fertilizan mutuamente; la dinámica es-

---

[4] Sobre la modernidad en relación con el discurso nacional, además del ensayo de Bhabha, véase Evelyn P. Garfield e Ivan A. Schulman, *"Las entrañas del vacío": ensayos sobre la modernidad hispanoamericana* (México, Cuadernos Americanos, 1984), Primera Parte; Francine Masiello, *Between Civilization and Barbarism: Women, Nation and Literary Culture in Modern Argentina* (Lincoln, University of Nebraska Press, 1992), 5-6; Julio Ramos, *Desencuentros de la modernidad en América Latina; Literatura y política en el siglo XIX*, (México, FCE, 1989); y Rafael Rojas, "Viaje a la semilla. Instituciones de la antimodernidad cubana", *Apuntes Posmodernos. Postmodern Notes,* otoño de 1993), pp. 3-20.

[5] Seguimos el esquema elaborado por Matei Calinescu, sobre las dos modernidades. Véase en particular la sección intitulada "The Two Modernities", *Five Faces of Modernity,* pp. 41-46. Calinescu define la modernidad burguesa de la manera siguiente: "The doctrine of progress, the confidence in the beneficial possibilites of science and technology, the concern with time..., the cult of reason, and the ideal of freedom defined within the framework of an abstract humanism, but also the orientation toward pragmatism and the cult of action and success". La estética: "...from its romantic beginnings [it was] inclined toward radical antibourgeois attitudes. It was disgusted with the middle-class scare of values and expressed its disgust through diverse means, ranging from rebellion, anarchy and apocalypticism, such as the loosely defined *l'art pour l'art*, or the later *décadentisme* and *symbolisme,* ...reactions against the expanding modernity of the middle-class, with its *terre-à-terre* outlook, utilitarian preconceptions, mediocre conformity, and baseness of taste".

tructuración conceptual que resulta de la simbiosis enriquece el diálogo sobre la modernidad (y su contrapartida), la nacionalidad, y la identidad cultural cubanas —y americanas— del siglo XIX. La tarea de construir la nación produce un desplazamiento espacial de carácter engañoso a primera vista. Nos referimos al hecho de que en estas narraciones hay una "dualidad escritural" (*doubleness of writing*)[6] referida a la captación de los procesos de la formación de la nación moderna a base del modelo norteamericano, operación que produce una bifurcación o fragmentación espacial (o geográfica) que descentra, desvía, y al mismo tiempo amplía el foco de la escritura. Como consecuencia, la narración de la experiencia diaria de la emergente modernidad burguesa (véase Calinescu, 41-46) cobra una categoría disyuntiva: en un nivel Martí narra en forma alegórica una visualización personal del espacio nacional norteamericano, pero, en otro, más profundo y velado, inserta el subtexto de una narración aleccionadora y ética, destinada a los lectores hispanoamericanos, sobre el presente político hispanoamericano —caótico, deficiente, y alarmante a su juicio— contrapesado por un discurso "liberal", enraizado en el de los fundadores de la ideología nacional hispanoamericana,[7] el cual, en la variante martiana, expresa el deseo de un futuro halagador de vida (trans)nacional, independiente y descolonizada.

LA INSCRIPCIÓN DE LA NACIÓN MODERNA

Los signos de la nación norteamericana enunciados en el discurso de las crónicas martianas son múltiples y heterogéneos; en ellos sondeamos el inmanente concepto de identificación social del cronista y leemos los objetos de una narración cultural.[8] Para Martí el proceso de narrativizar las dimensiones y fronteras de la cultura de Esta-

[6] Sobre este proceso antiesencialista Bhabha comenta: "...the space of the modern nation-people is never simply horizontal [no historicista]. Their metaphoric movement requires a kind of 'doubleness' in writing; a temporality of representation that moves between cultural formations and social processes without a 'centered' causal logic" (293).

[7] Pensamos en el discurso liberal de ensayistas como Esteban Echeverría, Domingo F. Sarmiento o Juan Bautista Alberdi.

[8] Véanse los comentarios de Bhabha sobre el tema de la construcción cultural (292).

dos Unidos involucra lo que Bhabha designa como una visión repleta de "gatherings of exiles and emigrés and refugees, gathering on the edge of 'foreign' cultures...[pero implica asimismo la construcción de] memories of underdevelopment of other worlds lived retroactively", (Bhabha, 291) —mundos del sujeto moderno inscritos en un subtexto americano, interiorizados en forma simbiótica junto con la apropiación de la cultura norteamericana. En otras instancias los espacios —los de "other worlds"— se insertan en una representación simbólica de consistencia especular. En la escritura martiana suele primar una dinámica movible, la que Bhabha encierra en su concepto de *temporalidad de la representación* (293), que en el discurso martiano perfila una sociedad en que el hombre asume una nueva función "mudable" e "imprevista" de valor introspectivo y de autoconstrucción: "Ése es el maravilloso ejército moderno —nos dice. Ésa la nueva casta sacerdotal. Ésos, en *el nuevo estado humano,* lo[s] que suceden y remplazan a los héroes" (énfasis del autor; T, 40: 101). En la insistencia de Martí sobre la novedad, sobre un nuevo comienzo, queda sentado el fundamento del proyecto martiano que luego se elabora en una oposición a la modernidad burguesa norteamericana.

La piedra angular de nuestra lectura es la exploración de las fuentes de autoridad de la sociedad y la cultura de Estados Unidos en su doble fase de modernidad burguesa y modernidad estética, tomando en cuenta el hecho de que la que refracta Martí es una representatividad multiforme y vacilante en lugar de una visión homogénea sin diferenciación social ni económica (Bhabha, 300). Es, al mismo tiempo, el discurso del sujeto moderno que proyecta la imagen, en primer término, de la cultura de Estados Unidos —*el discurso informativo*—,[9] y, simultáneamente, un concepto ideal de la cultura hispanoamericana —*el discurso del deseo.*[10]

---

9 Ramos acude al término "exteriores" para describir este aspecto de la crónica martiana: "[Martí]...tematiza los exteriores, ligados a la ciudad..." (91).

10 Hayden White utiliza el término *discourse of desire,* pero no en el sentido lacaniano, sino con el fin de distinguir entre el discurso de lo real y el discurso de lo imaginario. El histórico lo identifica con lo real, el imaginario o el del deseo, con el discurso literario, (23-24). El sentido martiano del término refleja los registros éticos y morales de su discurso sobre la modernidad y la construcción de la nación.

El discurso del deseo, término que derivamos del comentario martiano sobre la vida y los escritos del historiador norteamericano George Bancroft, expresa la aspiración de un revolucionario en busca constante, entre los espacios empíreos, del principio transformador de la experiencia humana: "Lo que a los hombres de letras —léase 'lo que a Martí'— suele suceder es que su amor y hábito mental de lo relativamente perfecto, les produce el dolor de no hallarlo en todo..." (T, 17: 24-5). Este pensamiento encierra dos caras de la conceptualización de la cultura norteamericana. Por un lado, los códigos morales y estéticos pertenecientes a una concepción ideológica contramoderna. Por otro, el imaginario social del creador modernista, o sea, "el enunciado vivo aparecido conscientemente como una proyección colectiva para crear nuevas narrativas y destinos históricos" (Zavala, *Sociocríticas*, 114) de intención novadora y emancipadora. La base de estas formulaciones ideológicas y estéticas, la desarrolla Martí en su ensayo sobre Walt Whitman en el cual aboga por el concepto moderno de escribir la realidad de la nación y articular sus objetos culturales guiado por el principio de la inestabilidad y el movimiento, el cual es para él un signo del espíritu creador moderno: "Cada estado social trae su expresión a la literatura, de tal modo que por las diversas fases de ella pudiera contarse la historia de los pueblos, con más verdad que por sus cronicones y sus décadas" (T, 15: 195).

En sus escenas norteamericanas Martí articula una dialéctica de *amo* y *esclavo* (Bhabha, 295);[11] es decir, una visión homocéntrica cuyo eje es la captación de la interacción de poderosos y subalternos. De modo dramático sus narraciones sitúan en primer término al ser humano desempeñando su papel social contra el trasfondo del medio social y cultural de los espacios hegemónicos. Concebidos de esta manera, sus escritos constituyen radiografías de una

[11] El punto de vista de Bhabha es el siguiente: "Two brilliant accounts of the emergence of national narratives support my suggestion. They represent the diametrically opposed world views of master and slave which between them account for the major historical and philosophical dialectic of modern times". Compárese el siguiente pensamiento martiano: "La Sociedad Literaria...no existe para promover intereses personales, ni para perpetuar los únicos rincones *esclavos* de América... (énfasis del autor; T 66: 82).

sociedad emergente vista desde la perspectiva del esclavo —en especial, la de los recién llegados inmigrantes—, obreros hambrientos, anarquistas violentos, exiliados políticos —y los conflictos étnicos, religiosos[12] y raciales creados con su presencia—, es decir los individuos o las colectividades manipulados o victimizados por un nuevo y metamórfico sistema socioeconómico cuyo poder los limitaba o los ahogaba.[13] Pero hay un doble foco de interés antagónico: el de los poderosos y con frecuencia corruptos políticos —"politicastros" los llamaba—, y el de los ciudadanos norteamericanos que en sus escritos o en su actuación pública revelaban un proyecto de inconformidad, figuras como Henry George, Walt Whitman o Bronson Alcott. En el caso de ambas perspectivas se trata de textos concebidos con una intencionalidad programática; dirigidos al presente, captan el futuro[14] de una sociedad percibida como problemática e inestable. Pero, pese a su carácter precario, y al mismo tiempo borroso, el cronista logra visualizar el futuro de esta sociedad en ciernes y concibe —reflejo de su imaginario social— la necesidad de *salvarla* mediante la lucha en contra de la "cultura de pobreza" que tiraniza a los "esclavos" del sistema. Es la de Martí, por lo tanto, una curiosa pero acuciosa resemantización del presente, el cual sirve para la contemplación del futuro: desde él se descubre el presente de los lectores del siglo XIX —ejemplo de la vuelta a los orígenes característica de la escritura modernista— y, a la vez, el presente nuestro —el de la actualidad— visualizado desde los parámetros del todavía inconcluso debate sobre la privación de los derechos de los pobres y marginados.

CONFLICTOS DE LA MODERNIDAD

Tiempos nuevos, tiempos "desquiciados", "desequilibrio, casi universal" (LJ, 110) son los términos que se le ocurren a Martí para descri-

---

[12] Véase sobre este tema el apasiando e iluminador ensayo sobre el cisma de los católicos en Nueva York, del 16 de enero de 1887 (N, 11: 138-50).

[13] Véase el capítulo IV, "Narrando la sociedad multicultural" de nuestro libro *Relecturas martianas: narración y nación,* para un estudio sobre las minorías étnicas y raciales en Estados Unidos.

[14] Pensamos en el valor futuro de los escritos martianos según el planteamiento de Cintio Vitier en "Martí futuro", pp. 121-40.

bir este desfase. Con enunciaciones antinómicas engloba las tensiones y contradicciones de la sociedad moderna. Entendió la dinámica de las múltiples facetas de la modernización en sus contextos históricos —diacrónicos y sincrónicos—: la experiencia prolongada de la Colonia, y las disfunciones socioeconómicas creadas en países periféricos por las aspiraciones eurocéntricas referidas a los modelos culturales y las estructuras socioeconómicas de las clases dominantes del distante centro de poder. Además, en el siglo XIX comprendió Martí el impacto de las homologías:[15] "somos —apuntó— en nuestros propios países", "cabezas hispanoamericanas, cargadas de ideas de Europa y Norteamérica" (LJ, 70).

En el ideario martiano campean las dos modernidades ya aludidas, distintas, antitéticas, y, sin embargo, relacionadas entre sí, *la burguesa* y *la estética* cuya interacción describe Calinescu:

> ...en algún momento durante la primera mitad del XIX —anota— se produjo una escisión irreversible entre la modernidad vista como una etapa de la historia de la civilización occidental —un producto del progreso científico y tecnológico, de la revolución industrial, de las profundas transformaciones económicas y sociales creadas por el capitalismo [o sea, la modernidad burguesa]— y la modernidad como un concepto estético [la práctica de los experimentos estilísticos que van en contra de la rutina de la tradición literaria y el mercantilismo de la modernización burguesa]. Desde entonces, las relaciones entre las dos modernidades han sido terminantemente hostiles, pero sin que esto impida que se estimulen y se influyan mientras que con encono han buscado destruirse una a la otra (Calinescu, 41; traducción del autor).

En los textos martianos y en los de otros modernistas la doctrina del progreso, los beneficios de la ciencia, la tecnología, el ideal de la libertad y el culto a la razón señalan la presencia de un discurso "liberal" y del proyecto de la modernidad burguesa. Pero, en algunas de las crónicas de *El Partido Liberal* la injusticia social que observa en torno suyo le hace revisionar "escenas de horror fecundo de la revolución francesa" (EMS, 67). ¿Habrá una guerra social en el país?, se pregunta el cronista. Decepcionado por las fallas de las instituciones

[15] Véase Gutiérrez Girardot, *Modernismo*, pp. 33-71.

sociales y culturales creadas por la modernización burguesa, duda del destino futuro de la libertad y la razón:

> ¿Será la libertad inútil? ¿No hay virtud de paz, fuerza de amor, adelanto del hombre en la libertad? ¿Produce la libertad los mismos resultados que el despotismo? ¿Un siglo entero de ejercicio pleno de la razón no labra siquiera alguna mejora en los métodos de progreso de nuestra naturaleza? ¿No hacen menos feroz y más inteligente al hombre los hábitos republicanos? (EMS, 72)

Aunque está fascinado por el progreso material y la praxis de algunas instituciones políticas de la sociedad moderna, Martí vislumbra la necesidad de un proyecto moderno alternativo, el de una contramodernidad regida por la virtud y el amor. Y de acuerdo con esta imperativa elabora una narración contracultural que modifica los componentes del discurso liberal y el del proyecto de la modernidad burguesa. La otra modernidad, la estética, también se transparenta en sus crónicas, y en ella campea una intencionalidad negativa frente a la burguesa. Su discurso de la (contra)modernidad patentiza una actitud crítica, ideológica y ética frente a los valores materialistas y espirituales degradados de la sociedad burguesa y, a la vez, la exaltación del idealismo humanístico, los códigos morales, el culto a la belleza, un sentido trascendente de la evolución histórica y la presencia de la tradición del pasado en la formación de nuevos patrones del presente, o sea, las "vueltas" históricas —conscientes o semiconscientes— de las formulaciones estéticas e ideológicas de un modernismo concebido como la primera etapa de la modernidad hispanoamericana. Ésta es la dualidad que encierra Rafael Rojas en las coordenadas de una exégesis que expresa las "tensiones diacrónicas entre un principio instrumental de asimilación de las instituciones modernas y un principio moral de rechazo a las mismas, que se dieron a lo largo de la historia política y discursiva de Cuba" (4), y en las cuales se inserta el proyecto moderno/antimoderno de Martí.

CONTEXTUALIZACIONES DIALÓGICAS

En la elaboración de este proyecto la contextualización de los parámetros culturales es de mayor significación que el perfil sistemático de la "disciplina del *cuerpo político* social (*social polity*) (Bhabha, 2). Es decir, el espacio nacional se define en términos de actuaciones, presencias o asociaciones humanas, en la representación de las cuales las reglas morales del discurso del deseo y las convenciones del comportamiento alternan con una visión contestataria. El cronista se fija en las "masas compactas" y quisiera retratarlas como "unidad" —*e pluribus unum.* Pero, en un discurso caracterizado por las antítesis y las contradicciones del proyecto moderno, revisiona el concepto de la homogeneidad del imaginario social generado por las ideas de la Ilustración y por la cultura dominante, y opta por organizar las tensiones generadas por el pasado, el presente y el futuro, en forma de un *continuum* de rupturas y metamorfosis socioculturales. Mediante retextualizaciones de esta índole, las voces colectivas se insertan en forma dialógica en escritos que construyen una heterogénea nacionalidad. La narración del discurso informativo es bifurcada, pero no la del deseo. Así es en su crónica inspirada por la celebración de las fiestas patrias de Estados Unidos (6 de julio de 1886) en la cual observa primero "los reflejos carmesíes y violetas de las últimas luces de Bengala", contra las cuales, luego, "pasaban cual fantásticas figuras los paseantes cansados de las playas y pueblos vecinos..." (EMS, 44). Se trata de figuras humanas que pertenecen a un cuadro moral que Martí elabora con motivo de una celebración patriótica, festejo que considera necesario, pues "los días patrios no han de ser descuidados. Están en ellos las artes y las letras, que levantan a los pueblos por sobre las sombras cuando se han podrido los huesos de sus hijos..." (EMS, 45). Pero, si por un lado predominan los registros del discurso del deseo al comienzo de la crónica, pues puntualiza la urgencia de la colectividad de "respirar juntos, al ruido marcial de los tambores y al reflejo de las banderas..." (EMS, 45), por otro, se evidencia el anverso del medallón. Irrumpen sentencias presididas de un principio moral que concretizan la disconformidad del sujeto: "en esta vida[...] el hombre no vive feliz ni cumple su deber si no en un altar..." (EMS, 45). Y, casi a continuación, la nota dislocadora asociada con la fragmentación e incoherencia de las sociedades modernas: "Aquí da miedo ver cómo se disgrega el espíritu público. La brega es muy grande por el pan de cada día. Es enorme el trabajo de abrirse paso por entre esta masa arrebatada, desbordante, ciega, que sólo en sí se ocupa, y en quitar su puesto al de adelante, y en cerrar el camino al que llega. Por cada hombre del país, cincuenta extranjeros" (EMS, 45). La raíz destructiva de esta sociedad —la de la modernidad económica— la relaciona con la migración irracional, y el énfasis exagerado sobre la adquisición de los bienes materiales, propensión que el cronista ejemplifica en un metarrelato antietiológico que preside sus observaciones sombrías: "Acuestan sobre la almohada por la noche la cabeza cargada de ambiciones y cifras" (EMS, 46); "en él [el ser humano] continúa la preocupación abominable del bien de cada cual, sin que el hijo llegue a ser un perfume, porque jamás se unen bien el céfiro y la rosa"..."en esta regata impía y nauseabunda" (EMS, 46).

En un ambiente tan degradado la salvación moral se cifra en una ética alternativa frente al proyecto desarrollista. Propone el narrador la salida de lo moral por lo bello. Lo enuncia en el sintagma citado arriba, el que junta y contrapone dos metáforas, *rosa* y *céfiro,* en una construcción simbólica de intención elevadora, patrón discursivo que luego se repite vía la incorporación de la naturaleza al proyecto moral subjetivo: "se tiende la playa, matizada de grupos de familias...la vida se sale de algunos ojos apenados, que van allí a hablar con el mar de la honestidad y la grandeza que no se hallan en los hombres" (EMS, 47), envilecidos éstos por la cultura de la modernidad burguesa.

A manera de contraste, confirmando el antagonismo entre el espíritu mercantil y la vida creadora, en ese mismo día patrio que ocupa la atención del crítico social se retrata a los inmigrantes irlandeses consagrados a la lucha por la libertad de su patria frente al poder hegemónico de la Gran Bretaña. La escritura incorpora los registros de inconformidad de figuras en lucha con el poder del centro; en lugar de las sentencias apotégmicas de intención moral ("Los días patrios no han de ser descuidados" EMS, 45), la voz contranarrativa de la modernidad estética se fracciona, y a nivel estilístico crea una escena de lirismo de valor fundamentalmente contramoderno: "dice [la madre de Parnell] cosas que abofetean y que queman: parecen sus palabras, deliberadas, profundas, centelleantes, breves, manojos de guantes que echa al rostro inglés. Se eleva el espíritu, y se humedecen los ojos..." (EMS, 48). Son éstas las palabras de oradores que se concentran en países "lentos o duros" y cuyo discurso revela, informa el cronista, "*las condiciones de poesía y palabra*" (énfasis del autor; EMS, 49) carentes de las comunidades en que viven. Es ésta una formulación que propone el ya aludido principio de la salida por lo bello. En ella se encierra una re-definición de la cultura y la relación del individuo con la naturaleza cuya presencia co-existencial —y emancipadora— *en* el mundo y *en* el sujeto se contextualiza con signos revisionistas —estilísticos y estéticos— del discurso modernista. Lenguaje e imaginario social se funden para narrar la liberación del ser y su re-constituida identidad con la sociedad de "los tiempos nuevos".[16] *Poesía y palabra.*

ESCRITURA DE LA CULTURA NACIONAL

Martí fue el cronista hispanoamericano mejor informado sobre la vida y la cultura de Estados Unidos de los últimos decenios del siglo XIX. A diferencia de Rodó, por ejemplo, su conocimiento no era libresco ni, como en el caso de Sarmiento, el producto de una estancia de corta duración. Entre 1880 y 1895 vivió y trabajó en la ciudad de Nueva York; viajó a otras ciudades de la costa este del país, sobre todo a las de la Florida; leía y escribía inglés; y en los quince años de su residencia norteamericana adquirió un conocimiento envidiable de las costumbres, la idiosincrasia, la política, la tecnología, las artes plásticas, la música y la literatura de Estados Unidos.

Para escribir la historia y la cultura de la nación el cronista asume una doble labor: representar los hechos leídos u observados[17] con

---

[16] Véase sobre la cuestión del nuevo papel de la naturaleza en el discurso moderno de Martí, Iris M. Zavala, *Colonialism and Culture; Hispanic Modernisms and the Social Imaginary*, 54. Hablando de la poesía lírica del cubano observa al respecto: "Lyrical poetry addresses the fears, the subjectivities, the family life, the cultural life in order to invite the reader to participate in the national life and the collective project" (55).

[17] Sobre el proceso de la escritura martiana ha habido mucho comentario. Véanse, por ejemplo, las obras de Rotker y Ramos. Martí obviamente no observó personalmente todo lo que incluyó en sus escritos norteamericanos. Utilizó fuentes muy varias, pero, tratándose de acontecimientos del momento, se servía de las crónicas de los periódicos y revistas de mayor relieve del país. Sin embargo, el proceso de la producción cronística siempre incluía una deconstrucción subjetiva y la reorganización de los hechos para crear una nueva narración de la nación.

el fin de presentarlos transculturalmente a sus lectores hispanoamericanos, lo cual implicaba la necesidad autoimpuesta de reformularlos para que respondieran a su deseo de acelerar la construcción de una nueva realidad moral[18] en la "otra cultura" (el discurso del deseo) vía la receptividad (deseada) de sus lectores en los muchos países donde sus escritos, enviados desde Nueva York, se editaban en revistas y periódicos nacionales o locales. "Al informar *sobre-escribe*: escribe *sobre* el periódico, que continuamente lee, en un acto de palimpsesto, digamos, que a la vez proyecta un trabajo verbal sumamente enfático, que la noticia —el objeto leído— no tenía" (Ramos, 110-11). No cultivaba el discurso narrativizante ("the *narrativizing* discourse")[19] de Hayden White, o sea, una escritura en que los hechos están presentados cronológicamente, en que no hay narrador, y en que los eventos se narran sin intermediarios o sin la presencia de la voz del cronista o de un criterio subjetivo que pasa los hechos por el tamiz de la subjetividad (7). Todo lo contrario. Al resemantizar la realidad, redefine sus fronteras y construye un discurso que rebasa los límenes de la objetividad (el discurso metonímico e informativo). Si aceptamos la distinción que establece White entre *anales*, *crónicas* e *historias*, se disuelve la debatida problemática de definir el género literario de la escritura martiana, sobre todo, la de sus "crónicas" (¿son ensayos o crónicas? ¿son crónicas las cartas?), pues obviamente los textos agrupados bajo el rótulo de "escenas norteamericanas", más otros escritos dispersos de la misma temática, pertenecen genéricamente a la *crónica*, entendida ésta como una narración que "...starts out to tell a story but breaks off in *media res*, in the chronicler's own present; it leaves things unresolved or, rather, leaves them unresolved in a story-like way" (9).[20] Pero, al narrativizar conforme a este modelo privilegia el proceso de reescribir el presente con el fin de inspirar la creación de un futuro mejor. En el proceso el cronista se aproxima a sus lectores mediante un discurso de registros críticos, adjetivo éste que entende-

---

[18] White reflexiona sobre la cuestión de la objetividad y concluye: "Could we ever narrativize *without* moralizing (27)?"

[19] White cita a Émile Benveniste, citado a su vez por Gérard Genette, "Boundaries of Narrative", *New Literary History*, 8 (1976), p. 11.

[20] Sobre esta cuestión véase asimismo el libro de González.

mos en un sentido positivo —exteriorizar, explicar— porque en la creación de la imagen martiana de la vida norteamericana el concepto de la crítica no estaba reñido con la armonización de los dos discursos de su escritura ya señalados —el real o informativo y el del deseo. "Criticar —insistió— no es censurar, sino ejercitar el criterio..." (T, 40: 125).

CULTURA INFERIOR/CULTURA DE DEPENDENCIA

El imaginario social martiano encierra el carácter ambivalente del discurso minoritario frente al hegemónico. "The minority does not simply confront the pedagogical, or powerful master-discourse with a contradictory or negating referent. It interrogates its object...[it insinuates] itself into the terms of reference of the dominant discourse..." (Bhabha, 306). Sus crónicas, condicionadas por el signo negativo de la cultura mercantil que crece en torno suyo, encierran un subtexto que cuestiona el valor del modelo. En la cultura del norte descubre que

> ...a la par que [hay] un ansia ávida de mejoramiento artístico, [hay] un espíritu de mofa que se place en escarnecer, como en venganza de su actual inferioridad, a toda persona o acontecimiento que demande su juicio, y dé en sus manos, y pasa en eso lo que en las ciudades de segundo orden con los dramas aplaudidos en las capitales, que sólo por venir sancionados de la gran ciudad son recibidos en la provincia con mohines y desdenes, como para denotar mayor cultura y más exquisito gusto que el de los críticos metropolitanos. En esta dependencia de Europa viven los Estados Unidos en letras y artes...(T, 28: 68).

Al cronista le decepciona la carencia de identidad cultural, signo de la creación nacional cuyos códigos sólo descubría en forma sostenida en la obra individual de figuras excepcionales como Walt Whitman o Ralph Waldo Emerson. El carácter "disidente" o contracultural de su producción literaria vicia el discurso hegemónico y nos remite al minoritario martiano de la otra cultura cuya formación asedia al cubano. El escenario cultural cuyos componentes "criticaba" reflejaba una defectuosa idiosincrasia:

> ...ni que se esté criando aquí el hombre parejo...a la vez tolerante e impetuoso, ni excesivo ni tibio en el sentir, respetador del derecho ajeno y del propio...que debe apetecerse en los países donde aun está por formarse el tipo nacional (T, 67: 163).

La ausencia de un tipo nacional se evidenciaba en la cultura de dependencia foránea, nota fundamental de la vida norteamericana finisecular. "Apenas hay una tentativa de crear ópera americana, con partitura de Goetz, sopranos de Berlín, tenor de Rusia, bajo inglés, y bailarina de Boston..." (T, 32: 52). El cronista percibía una red de relaciones: carencia del tipo nacional≈cultura de dependencia≈cultura de valores materiales. En ausencia de una originalidad artística y de la existencia de escuelas o movimientos nacionales en la plástica se importaba la obra de artistas extranjeros: Corot, Gérome, Manet, Fortuny, Díaz, Delacroix, Dégas, Durero, Millet. El espíritu mercantil —el arte como artículo de mercado, práctica institucionalizada con el advenimiento de la modernización socioeconómica— regía sin la existencia de una sensibilidad artística:

> Al olor de la riqueza se está vaciando sobre New York el arte del mundo. Los ricos para alardear de lujo; los municipios para fomentar la cultura; las casas de bebida para atraer a los curiosos, compran en grandes sumas lo que los artistas europeos producen de más fino y atrevido (T, 53: 180).

El cronista centra su atención sobre la "diferencia" cultural de una nación que no ha descubierto su centro. La lectura de la producción artística del país suele ser negativa, sobre todo al principio de su estancia; pero en todas las etapas cronológicas de su cronística se percibe el sentido de la diferencia leída desde la orilla del deseo, desde el de la cultura hispanoamericana. Se trata de un planteamiento metafórico cuya faz real constituye una meditación especular en cuya superficie el moralista desarrolla una interpretación cultural cuya intencionalidad es guiar e inspirar. El relato de la cultura artística norteamericana en-cubre y des-cubre el deseo de contribuir a esta labor.

Todo lo que el hombre hace en una época contribuye a este proyecto, obra humana que prepara la cultura de la siguiente. De ahí, en el ensayo sobre el Profesor Draper, el discurso del deseo se estructura en torno a la siguiente enunciación apotégmica: "Este siglo prepara la filosofía que ha de establecer el siglo que viene. Éste es el siglo del detalle: el que viene será el siglo de síntesis" (T, 28: 74). La "nación definitiva" se inscribe en un proceso metamórfico que privilegia la deseada perfectibilidad del futuro en lugar del presente imperfecto.

CULTURA DE LA MODERNIDAD

La cultura de la modernidad burguesa se filtra en el discurso crítico de las escenas norteamericanas en torno a las figuras cumbres de la cultura, o las visitas foráneas que en el siglo XIX la marcan de modo potente. La presencia, por ejemplo, de Oscar Wilde da origen a una serie de meditaciones sobre el materialismo reinante; en el repudio de los valores espirituales se abre un espacio suplementario en el cual se inserta, con intención aleccionadora, la otra cultura (T, 28: 67-8). Los preceptos esteticistas de Wilde, que no encuentran eco en el país y no siempre son del gusto del cronista, están en conflicto con la base de la modernidad burguesa, pues el inglés quiere "que vaya la vida encaminada, más a hacer oro para la mente, que para las arcas" (T, 28: 68). "El dinerismo nos pudre —insiste el cubano— y guerreamos contra el dinerismo. Antes teníamos más hombres felices: ahora tenemos más fieras y más bestias" (T, 38: 187). Y, aunque Martí aplaude los esfuerzos de hombres recios, como el rico Huntington, de modificar las nocivas instituciones sociales creadas por la modernidad burguesa, de "sacarle los cimientos al orden social de hoy, y ponerle otros más seguros", en son de advertencia, desde el subtexto de su discurso reflexiona que "cada pueblo se cura conforme a su naturaleza... Ni Saint-Simon, ni Karl Marx, ni Marlo, ni Bakunin" (T, 38: 187).

La nación que construye el cronista vibra con un ritmo acelerado, neurótico: "Apenas se tiene tiempo para vivir. El cráneo es circo, y los pensamientos son caballos azotados" (T, 32: 51). El movimiento perpetuo de la "neurosis" de la modernización norteamericana conforma una escritura de prosa surrealista cuyos fragmentos reflejan la rapidez de la existencia en su sintaxis sincopada, fragmentada, sin conectivos: "Nadie se duerme, nadie se despierta, nadie está sentado: todo es galope, escape, asalto, estrepitosa caída, eminente triunfo. Es una procesión de ojos sedientos, montados sobre piernas aladas —las piernas de Mercurio" (T, 32: 51). El cuestionamiento materialista subvierte los valores de la modernidad burguesa; el discurso martiano privilegia el que funde "lo racional y lo poético". Para el cronista era cuestión de ver desde la cima para poder abarcar lo que pasaba en el llano (T, 28: 194), estrategia que encierra la exploración de los espacios múltiples de la realidad y de la imaginación, de puntualizar nexos, y en un plano temporal, enjuiciar el presente pensando en el futuro. En la recursividad temporal de su escritura descubrimos las primicias del nuevo historicismo que como crítico literario percibió en la obra del novelista Mark Twain: "...levanta la piel con la pintura de las baronías de antes, que resulta ser la de las minas de carbón y covachas de ferrocarril de las baronías de ahora, de los dominios del sonriente y pizpireto Carnegie..." (T, 38: 186).

Lo moderno se cifra en la cultura citadina de Nueva York. Su metaforización emana de los recesos subjetivos de un proyecto de renarrativización que sobrepasa las fronteras de las amonestaciones críticas. Frente a los códigos de la modernidad burguesa el cronista orquesta los discursos de información y deseo para penetrar los espacios de la existencia libre y de la creación artística exenta de las trabas impuestas por una sociedad dominada por el afán de sobrevalorar los bienes materiales. De ahí las dilatadas y líricas evocaciones de figuras contraculturales del arte —pintores, músicos, poetas, novelistas y oradores. Los intersticios de esta reescritura nacional ofrecen una visión de la modernidad basada en los mecanismos de la subjetividad que suelen interiorizar y concretizar la realidad sociocultural en imágenes positivas. Son crónicas cuyo discurso informa, de-forma y re-forma los códigos del discurso informativo, a veces mediante una sucesión de tenebrosas sinécdoques: "Es [la realidad norteamericana] una procesión de ojos sedientos, montados sobre piernas aladas..." (T, 32: 51).

Y, marcando la correspondencia en esta "procesión" entre historia y creación proyecta nuestra atención hacia el hecho —simbólico para el cronista— de que la mujer norteamericana no figura en la pintura moderna por razones que son objeto de una especulación determinista ligada a la cultura mercantilista:

> ...es curioso de ver cómo la mujer norte-americana no ha podido aún lograr una expresión durable[21] en la pintura; ya porque los artistas, educados en el estudio de tipos europeos más armoniosos y flexibles, las hallen, como en verdad están, faltas de femineidad y delicadeza, ya porque con aquellas ductilidad y porosidad mayores que son propias de su sexo, se amoldan con tal rapidez a las faces de civilización por que precipitadamente su pueblo atraviesa, que en ninguna de ellas persisten por tiempo suficiente para constituir un tipo fijo (T, 31: 82).[22]

La velocidad intensa de esta cultura aísla y ahoga al ciudadano; confrontado con ella el homocentrismo del imaginario social martiano crea narraciones cuya base noética va a contrapelo de la cultura moderna, indiferente ésta a la victimización socioeconómica del individuo y la marginalización del artista. Esta lectura refleja una decisión estratégica y racional por parte del cronista; al plasmarse en la práctica de su escritura traduce una recomendación al "patriota" (enmascaramiento del narrador), que signa un proceder personal, una preferencia ideológica y la prioritización del individuo en el proyecto colectivo:

> El patriota, si quiere bien a su patria, no empezará a leer el periódico por el editorial, que dice lo que se opina, sino por los anuncios, que dicen lo que se hace... Por los anuncios se ve la vida pública, y el bien y la persona de todos, que es base de cada uno, porque *no hay gusto sino donde todos lo tienen, y cada cual es creador y condueño de sí...* (énfasis del autor; T, 39: 71).

La voz creadora individual articula registros de disconformidad social —posición antihegemónica frente a la modernidad. Se inserta en la lectura de *todas* las instituciones humanas, inclusive la de la religión, afectada por la metamorfosis de la sociedad moderna. Las modifica-

[21] La metamorfosis (de la modernidad) informa la meditación martiana en torno a la idiosincracia femenina: "Escurridiza como un reptil, vacía como una vejiga, *la mujer americana va de una forma a otra*, sufriendo rápidamente influencias extranjeras diversas con todos los hábitos y servidumbres del harem en medio de una sociedad libre, que no ha alcanzado a caracterizarla y dignificarla..." (énfasis del autor; T, 31: 82).

[22] La dedicación martiana a la *narración de la nacionalidad* se manifiesta en el lenguage de sus crónicas, en especial en formulaciones lingüísticas como las siguientes: "tipo fijo," "asuntos nacionales," "espíritu nacional" (T, 31: 82-3).

ciones de la Iglesia y la necesidad de efectuarlas emanan del deseo de cultivar la semilla de creatividad y de energía de los seres humanos; en el fondo, transparenta un rechazo de los moldes sociales prehechos y constrictivos.

> O conciliamos —observa— ...la razón del hombre con su sentimiento religioso, sin exigirle creer en más divinidad que la que lleva en sí, ni en más revelación, fuera de la inevitable de Cristo, que aquella constante por donde la vida futura y perfecta se exhibe como tipo en la conciencia del hombre, o...*buscará el hombre fuera de los dogmas históricos y puramente humanos, aquella armonía del espíritu de religión con el juicio libre, que es la forma religiosa del mundo moderno, adonde ha de venir a parar...la idea cristiana* (énfasis del autor; T, 39: 48-9).

Armonía y libertad, dos palabras claves, dos iconos de la modernidad estética y social que maneja un veedor de la cultura; son signos del deseo de otredad en la narración de la nacionalidad moderna, signos que conforman sus evocaciones de figuras nobles e ideales como la del escritor Longfellow. De él, con motivo de su muerte, anota que "tanta era su luz propia, que no pudieron cegarla reflejos de otras luces. Fue de los que dan de sí, y no de los que toman de otros....No incitaba a los humanos a cóleras estériles, sino al bravo cultivo de sí mismos" (T, 16: 112-14). En la presentación de estas figuras son varias las formas de resemantizar las transformaciones de la realidad observada: queda la de la modernidad burguesa marginalizada; ocupa el trasfondo; o figura en función de una fuerza contra la cual batalla el hombre inspirado por el discurso del deseo.

En una observación autorreflexiva expresada en una carta escrita a Bartolomé Mitre y Vedia (citada a menudo en la literatura crítica), Martí explica el criterio que manejará en la composición de las crónicas norteamericanas destinadas a *La Nación*. Le advierte a Mitre que "Cuando hablo de literatura, no hablo de alardear la imaginación, ni de literatura mía, sino de dar cuenta fiel de los productos de la ajena" (T, 65: 103). Pero, los registros del discurso del subtexto suelen desdecir su insistencia sobre la transcripción fiel, proceso selectivo que se manifiesta en las "escenas" al escoger y privilegiar el narrador a sus autores predilectos —Emerson, Longfellow, Whittier, Holmes, James, Whitman y el crítico Stedman.

De éstos, el que más elogio abierto le mereció fue Whitman "rebelde y pujante", el hombre que narra la experiencia de la nación moderna, el individuo que significativamente batalla en pro del humilde, en defensa de la libertad, y en contra de muchas prácticas de la modernidad burguesa que limitaban al ser humano. La combatividad individual en contra del proyecto hegemónico le asedia al cronista. De ahí su preferencia por el James Russell Lowell que "flageló [en su juventud] a los avariciosos y a los hipócritas..." (T, 35: 107),[23] al Lowell anciano, entregado a la autoridad y al poder. La presencia de las dos caras del destacado escritor sirven para formular el pensamiento apotégmico: "El pudor del hombre está en la mente, y se ha de llegar con él incólume a los ochenta años" (T, 35: 107).

EL DISCURSO ESPECULAR

La historia de las naciones es especular; su evolución entraña un proceso de representación simbólica, recursiva y a menudo analógica:

> ...como prueba de la semejanza del hombre a sí propio, en estados por todas sus condiciones o por alguna análogos, que lo más genuino que lleva producido la arquitectura norteamericana...recuerda, aunque con menos gracia y novedad, las fábricas sin curvas de los indígenas de América" (T, 35: 137).

Son múltiples las estrategias de que se sirve el cronista para saltar del discurso informativo al discurso del deseo, y, de este modo, presentar lo que está más allá de los límites de la óptica metonímica de su narración. En ocasiones la inserción de la cultura dominante y la contracultural es abierta: "Como en sermones, malos romances y reales pragmáticos aprendíamos a leer [en los escritos de Washington Irving] los colonos de la tierra hispana, los de ésta soltaban los ojos enamora-

[23] En apoyo del *shift*, o sea del vaivén constante, del discurso martiano —no es monolítico, no es constante ni consistente, como todo discurso de la modernidad— compárese la declaración siguiente sobre el otro Lowell: "vendido a la prosperidad, ya se le ha helado el genio...preside por la autoridad que le viene de la vanagloria de haberla adulado" (T, 35: 107).

dos siempre de las maravillas, detrás de los pasmosos caballeros del Rey Arturo, o los melosos madrigales, o los amadores de la novela que entretenían el ocio inglés" (T, 29: 108-9). Insiste sobre la necesidad de hacer respetar a la América Hispánica en Estados Unidos, "un pueblo ante el cual es indispensable enseñarse con todas las cualidades de fuerza mental y cultura visible y organización decorosa que pueda inclinarlo al respeto" (T, 66: 82). Otras veces se transparenta la voz magisterial que desborda los límites del discurso literario e informativo: "Y conociendo los orígenes de esas instituciones deslumbrantes, podremos acercarnos a ellas, o apartarnos de ellas, o alterarlas en la acomodación a nuestros países, o no acomodarlas..." (T, 28: 195). Se trata de un procedimiento narrativo (contradiscursivo) basado en el cuestionamiento de la cultura dominante; el narrador se insinúa en los códigos del discurso hegemónico, amplía las fronteras de su narración y crea un universo alternativo: el del discurso del deseo (Bhabha, 306).

Una estrategia comparativa, expuesta sin simulación informa la práctica discursiva cuando el cronista ofrece información sobre la vida cultural norteamericana, y simultáneamente evoca cuadros de la otra cultura:

> ¿Cómo no acordarse, teniendo sangre leal de hispanoamericano en las venas, de estas glorias sofocadas y desconocidas de nuestro arte latino [el de Hispanoamérica], enfrente de estos paisajes violentos de Chase, no como los de Velasco el mexicano poderoso; de estas marinas, acabadas, mas sin brío, de Swain Gifford, que sigue a Tieppolo; de estos retratos de Sargent, que tiene genio suyo y copia con soltura la figura humana...(T, 31: 86).

En su afán de valorar debidamente los objetos culturales de la América Hispánica, se inclina al elogio desmesurado. Frente a las carencias de los pintores norteamericanos, cuyos cuadros contemplaba en sus periódicas visitas a las galerías neoyorquinas formula un concepto determinista —"tierras"/"sol"— para afirmar la superioridad de la plástica hispanoamericana:

> Carece el pintor yankee de aquella paleta luminosa que en nuestros artistas, como en los españoles e italianos, no es mérito personal sino de

> sus tierras y su sol... ¡cuánto hay de profundo y no enseñado en los cánones del arte, que América sabe, y que no pudieron saber ni Fromentin, ni Blanc, ni Ruskin...! (T, 40: 153-4)

El anverso del medallón consiste en un proceso de denigración que expone la anatomía de la nueva nación formada por las masas hambrientas de una sociedad materialista cuyas normas, tradiciones, prácticas culturales y sociales desconocen los recién llegados inmigrantes metaforizados en una visión colectiva aterradora —las "colosales hileras de dientes":

> Vienen generaciones hambrientas de hombres abandonados a sí propios, que emplean con ansia la segunda mitad de la vida en librarse de la miseria en que han pasado la primera. *No tienen aquí la patria propia,* que nutre con su tradición y calienta con sus pasiones el espíritu del más miserable de sus hijos...no tienen aquí *el pueblo nativo,* cuya estimación ayuda a vivir, y cuya censura es temida (énfasis del autor; T, 33: 108).

Los códigos del subtexto —patria, nación, cultura auténtica— se intercalan en el discurso informativo, el cual, en este caso, gradúa los códigos en torno al concepto falso de la educación en un país con una población creciente que la nación pretende "dirigir por la cultura y por el sentido religioso" mientras que esta masa pujante "...busca sin freno la satisfacción rápida y amplia de sus apetitos" (T, 33: 109). El eje del discurso especular gira alrededor de los conceptos fallidos de autoridad y de la homogeneidad de naciones en el proceso de modernizarse. De ahí el *caveat* dirigido a las sociedades hispanoamericanas: importa considerar con cautela los medios y fines de los proyectos nacionales de transformación social y de estímulo cultural.[24]

CULTURA AMERICANA, CULTURA NACIENTE

Es un "pueblo naciente en cosas de arte" (T, 30: 153); también es "una civilización egoísta y áspera" (T 38 74) en la cual "se come agonía y se bebe angustia" (EMS, 39). Sus producciones, derivativas,

---

[24] Véase sobre la cuestión de "alertar", el estudio de Pérez Concepción, especialmente p. 134.

o inestables, confrontan el discurso dominante con una voz crítica emitida desde los márgenes de una cultura minoritaria, pero con un conocimiento profundo de información sobre la dominante. El narrador al urdir un relato fragmentado y subjetivo, se fija en los detalles simbólicos de la cultura hegemónica, y al resemantizarla establece una distancia entre el discurso de la realidad y el del sujeto creador, espacio que le permite contemplar en función de la otra cultura —la hispanoamericana— el sentido y la calidad del arte de Estados Unidos. Excepciones a este proceso apropiador y perspectivista abundan, principalmente entre las descripciones de los artistas representativos cuya producción artística el cronista identifica con un nivel desarrollado del tipo nacional o la cultura de la nación en sus manifestaciones más auténticas —escritores como Whitman, Longfellow y Emerson con quienes el nexo del cronista es tan estrecho que con dificultad distinguimos entre el discurso de uno y de otro.[25] Pero, en la mayoría de los casos, prima el recurso de separación psicológica en el proceso de reapropiación, signo de la voz crítica y del repudio de los objetos culturales de la modernidad burguesa. Traducen y simbolizan este proceso las representaciones del teatro popular de Harrigan y Hart, dramaturgos que captan las notas peculiares y los fallos sociales de la nación. Lo que le mueve al cronista a recurrir al lenguaje de los registros sombríos es la percepción que en "este teatro de comedia neoyorquina, no se pinta, como que *no la hay*, una sociedad..." (énfasis del autor; T, 30: 153). Y, sin embargo, en otros instantes descubre imágenes alternativas de la cultura nacional, objetos de la cultura democrática que aprecia, la cultura de los "genuinos americanos" que "no creen que el brazo que ha crecido con la salud de la libertad deba, matricida, volverse contra ella...[que] rechazan como culpable toda ventaja obtenida por la intimidación, el abuso de la fuerza y la amistad falsa. También la fuerza tiene su deber, que es el respeto a la debilidad" (T, 37: 186-7).

Pero esta sociedad, asediada por una modernidad peligrosa de rasgos viriles, carece de la femineidad, código cuya inscripción

[25] Sobre Emerson, véase el extenso estudio de José Ballón.

considera indispensable para la formación de una fructífera cultura nacional:

> ¿Ni cómo, aun en lo que balbucea e imita, podrá de enseñarse con lo que tiene de propio un pueblo en quien el influjo del suelo e instituciones nuevas sobre el carácter heredado ha producido una originalidad briosa? El norteamericano, que apenas empieza a dar en los hijos de sus ricos muestras de *afeminamiento*, refleja en su arquitectura el predominio de *sus hábitos viriles*, y no revela hasta hoy en sus edificios aquella *gracia femenil*, nivel y gusto de la vida, que todavía no ha ejercido su influjo regulador ni lo ejercerá nunca acaso, sobre la *existencia nacional* (énfasis del autor; T, 35: 136).

Asimismo falta en ella el discurso armónico: "Se mira aquí la vida, no como el consorcio discreto entre las necesidades que tien[d]en a rebajarla y las aspiraciones que la elevan, sino como un mandato de goce, como una boca abierta, como un juego de azar donde sólo triunfa el rico" (T, 33: 107). Cultura de ruido,[26] cultura contraproducente para la creación artística:

> La cultura quiere cierto reposo y limpieza, así como la vida doméstica; y no que cuando...les ahogue la voz el bufido de la máquina que pasa, o les perturbe el pensamiento el ruido sordo e insufrible que jamás cesa en la vía, o se les entre cargada de chispas por la ventana una bocanada de humo (T, 36: 29).

Pero, entre los intersticios del discurso moderno martiano, también se evidencia la presencia de registros positivos en la lectura de la cultura norteamericana, los cuales marcan momentos de optimismo respecto al futuro, momentos que el cronista identifica con la salvación implícita para esta cultura debida a la acción del pueblo "llano": "...la gente llana de todos los pueblos de la tierra es buena, y al olor del mercado vienen, suavizando y bruñendo, la literatura y la música" (T, 30: 141).

---

[26] Sobre la cuestión del ruido de las sociedades industriales agrega, pensando en forma especular: "...el ruido...espanta a las almas artísticas y amigas de su decoro..." (36:29).

LAS DIMENSIONES DISCURSIVAS DE LA MODERNIDAD

En la lectura de la nación norteamericana el cronista puntualiza los nexos entre la ideología moderna, el estilo de la modernidad y el cultivo de un discurso revolucionario. Martí alude a la existencia de una palabra "nueva" (17:178), consciente de un futuro diseñado en el espacio del deseo. El sentido de una diferenciación en la representatividad de la cultura de la nación, puede rastrearse vía la exploración de la función de los registros del estilo metonímico, por un lado, y los registros de la expresión metafórica, por otro. Se capta el proceso de la modernización de la cultura citadina *in media res* en rápidas pinceladas como un proyecto inacabado y en el borde de la hecatombe —signos de las contradicciones inherentes de la Edad Moderna. Por consiguiente, los registros del discurso son ambivalentes. Las acumulaciones metonímicas, signo del estilo "realista" de la modernidad de algunos textos, ceden en otros a las creaciones metafóricas e impresionistas, principalmente en la evocación de los artistas o en aquellos espacios del discurso que expresan la fe del cronista en la reconstrucción y metamorfosis humanas. Cuando parece que todo está perdido en la nación del norte,

> ¡he aquí que surje —¿discurso informativo o discurso del deseo?— por la virtud de permanencia y triunfo del espíritu humano, y por la magia de la razón, una fuerza reconstructora, un ejército de creadores, que avienta a los cuatro rumbos los hombres, los métodos y las ideas podridas, y con la luz de la piedad...sacuden las paredes viejas, limpian de escombros el suelo eternamente bello, y levantan en los umbrales de la edad futura las tiendas de la justicia! (EMS, 65)

Por medio del reajuste y remolde de la información leída y observada desde su sitio de atalaya, el cronista describe las acciones y la producción artística de aquel "ejército de creadores" —el de las figuras montañosas— en la evocación de las cuales se transparenta el discurso modernista,[27] el anverso del medallón del lenguaje metonímico de la

---

[27] Lodge distingue entre los dos discursos de la manera siguiente: "Realistic writing is metonymic, and Romantic and Symbolist writing metaphoric. Hence the traditional novel —which is both realistic and written in prose— is essentially metonymic...the

modernidad burguesa, o sea, el estilo de la modernidad estética. Ilustra la alternancia de estos procesos discursivos el ensayo sobre Henry Ward Beecher. En este texto irrumpe el lenguaje expresionista de la modernidad estética: "Cuando se ahondaba el camino, cuando enardecía aquel estilo la pasión, despeñábanse sus múltiples aguas, y allá iban, reunidas y potentes, con sus hojas de flores y sus guijas; mas luego que el camino se serenaba, volvía aquella agua, que no tenía fuerza de río, a esparcirse en cañadas juguetonas" (T, 17: 178). En cambio, otro ensayo sobre la vida, obra y acción de Roscoe Conkling presenta el estilo metonímico con sintagmas eficaces y económicos de la escritura moderna burguesa:

> No era de los que recibía de la Naturaleza el don de pensar como un deber de emplearlo en el servicio de sus semejantes, sino como el título de su derecho a hacerse servir de ellos. Cruzó por la República con paso imperial. No tomaba opinión de la masa, sino que le echaba su opinión. Su política tenía por objeto principal vencer, aun antes que a sus enemigos, a sus rivales (T, 16: 42).

Es esta "existencia arrebatada...y directamente individual" (T, 23: 34), "reflejo de la vida egoísta y angustiada de la modernización económica..." (EMS, 45).

Para abarcar, y, al mismo tiempo, contrarrestar el poderoso influjo de la modernidad burguesa el cronista recomienda la lectura de dos textos fundamentales, uno de Andrew Carnegie, otro de Henry George: "Es Andrew Carnegie, el autor de *Democracia triunfante*, libro agradecido que el observador estudioso no debe leer sin *El progreso y la pobreza* de George al lado" (T, 35: 99).

Una sociedad nueva demanda una literatura nueva. De ahí la preocupación martiana por la originalidad de la cultura literaria,

---

realistic author metonymically digresses from the plot to the atmosphere and from the characters to the setting in space and time. He is fond of synecdochic details. Now, since modern fiction is generally regarded as having a Symbolist bias and as being in reaction *against* traditional realism, we should expect to find it tending toward the metaphoric pole...(pp. 483-484). Finalmente agrega, con el fin de perfilar los nexos y las diferencias de los dos discursos: "...if the initial trigger-mechanism of memory is metaphoric, the expansion and exploration of any given memory is essentially metonymic..." (493).

título que le da a su ensayo sobre Louisa May Alcott:[28] "La originalidad literaria en los Estados Unidos". La muerte de esta escritora crea una oportunidad para reflexionar sobre los límites del discurso moderno cuyas normas y fronteras no pueden ser las de las expresiones anteriores: "No hay que andar buscando en los pueblos nuevos aquellas literaturas de copia y alfileres que enseñan catedráticos momias en la escuelas clásicas" (T, 16: 63). El discurso ejemplar de Alcott, iluminado "por la ternura", no "se valió de la imaginación para inventar, sino para componer, que es su verdadero oficio". Por eso, la destacada escritora no construyó "edificios de cartón pintarrajeados de leyenda y mitología, con un puntal griego, otro hindú, otro alemán..."(T, 16: 65). Compuso de lo que pertenecía a su experiencia de la vida, la del sufrimiento que presenció en la Guerra Civil y la de su existencia juvenil. Reunió lo racional y lo experiencial con lo poético, creando un discurso artístico con base en la vida real.

Pero, la nota más elevada del discurso poético del cronista, donde mejor surgen a la superficie las presencias subjetivas de su imaginario, es en el ensayo de Emerson, deslinde de las vivencias y la ideología del escritor trascendentalista. En el bardo de Concordo encontró la encarnación del hombre rebelde, el que "se sacudió de los hombros todos esos mantos y de los ojos todas esas vendas, que los tiempos pasados echan sobre lo hombres..." (T, 15: 12). Hombre natural, cultivó un discurso poético que se inserta en el modernista martiano de tal modo que constituye una representación simbólica de la modernidad escritural:

> Robledales en flor semejan algunos poemas suyos. Suyos son los únicos versos poémicos que consagran la lucha magna de esta tierra... Son [sus versos] unas veces como anciano barbado, de barba serpentina, cabellera tortuosa y mirada llameante, que canta, apoyado en un vástago de encima, desde una cueva de piedra blanca, y otras veces, como ángel gigantesco de alas de oro, que se despeña desde alto monte verde en el abismo (T, 15: 33).

[28] La voz martiana, emitida desde el otro discurso —especular— , se manifiesta en este ensayo también: "De seguro que su nombre no es conocido en nuestros países, como no lo era el de su padre, el filósofo Bronson Alcott..." (T, 16: 63).

La modernidad burguesa y la estética se filtran y se enriquecen mutuamente en el imaginario social martiano: "Pues, ¿quién dice que la poesía ya se ha acabado? Está en las fundiciones y en las fábricas de máquinas de vapor; está en las noches rojizas y dantescas de las modernas babilónicas fábricas; está en los talleres" (T, 40: 16). ¿Qué es, en el fondo, el relato de la vida moderna para este representante de otra cultura que lee la de los Estados Unidos? Es, al decir suyo, apropiando su caracterización de las páginas de *The Century Illustrated Magazine*, "...artes de ayer, con criterio de ahora, galas, fiestas y miserias de las grandes ciudades; domesticidades y hábitos de la gente ilustre; sesudo examen de la obra actual de artistas, poetas, magistrados, oradores, guiadores de estado y del pensamiento..." (T, 40: 42-3).

El escritor que se identifica con las masas de inmigrantes —reflejo del sujeto enajenado y exilado durante unos quince años en Estados Unidos— con una visión centrada en la cultura modernista —la del deseo—, presenta y re-presenta la vida a su alrededor. Narra la historia de la *disemiNación*,[29] pero sueña con el proyecto de la *resemiNación*. Inscribe su visión retextualizada de la cultura norteamericana guiado por dos acepciones de la noción de la crítica —la martiana (T, 40: 125), o sea, la del observador que prefiere no censurar— posición sujeta a modificaciones de índole varia consistente con las ambigüedades y las contradicciones de la escritura moderna—, y la del discurso del deseo que el imaginario social del cronista procesa, re-escribe, proyecta y convierte en un anhelado e inspirado perfeccionamiento de una metamorfosis raigal y legítima para los países "azules".[30]

RECONSTRUYENDO EL UNIVERSO: UNA MODERNIDAD ALTERNATIVA

En el paradigmático ensayo "Prólogo al Poema de Niágara" (1882) el cronista define la operación de la modernidad burguesa y explica el proceso de la socialización interna de la naturaleza. Y a partir de las

---

[29] Utilizamos el término de Bhabha quien se refiere a las migraciones de pueblos y su encuentro con otras, nuevas, foráneas culturas. El término *resemiNación* es mío y se refiere a la unidad nacional, o sea, a la creación de una colectividad unificada.

[30] Utilizamos el adjetivo que Martí empleó para referirse a los países hispanoamericanos.

primeras líneas presenta los valores poéticos de un desengañado discurso del deseo construido en forma sintética y metafórica:

> Se pudren las ciudades; se agrupan sus habitantes en castas endurecidas; se oponen con la continuación del tiempo masas de intereses al desenvolvimiento tranquilo y luminoso del hombre; en la morada misma de la libertad, se amontonan de un lado los palacios de balcones de oro, con sus aéreas mujeres y sus caballeros mofletudos y ahitos, y ruedan de otro en el albañal, como las sanguijuelas en su greda pegajosa, los hijos enclenques y deformes de los trabajadores, en quienes por la prisa y el enojo de la hora violenta de la concepción, *aparece sin dignidad ni hermosura la naturaleza* (énfasis del autor; EMS, 64).

Si en este y otros pasajes de sus crónicas el narrador fragmentiza el universo es con el propósito sugerido por Zavala (en su análisis de la cultura modernista y el colonialismo) de desmitificar las percepciones tradicionales del ser en su papel de víctima social, o con el deseo de establecer nuevas estructuras que marcan y legitiman la diferencia entre las situaciones del pasado y las proyectadas posibilidades de un futuro transformado. La subjetividad moderna, aclara Zavala, "seeks to master both inner and outer nature, a mastery which is not a repetition of the traditional liberal vision of individual freedom" (41). En el proceso, se visualizan mundos internos y externos cuya plasmación conexa —vertida en el estilo de la modernidad estética— responde al estímulo del ritmo enérgico y hasta sincopado de la modernidad. El desmoronamiento de "la fábrica más limpia y ostentosa que ha levantado el hombre..." (EMS, 65) inspira la reestructuración del universo que Martí y otros modernistas proponen con confianza;[31] es en una visión "futura" cuyas características puntualiza Vitier: "Viviendo y participando como trágico agonista en un mundo

[31] El optimismo martiano constituye una contranarración epocal, pues la mayoría de los escritores modernistas expresan el sentimiento desarraigado de la existencia sin percibir las posibles "reconstrucciones" de su universo. Véanse pp. 51-55 de Garfield y Schulman, *"Las entrañas del vacío"*... sobre el enajenamiento del escritor moderno ante el subjetivismo económico, la división del trabajo, los principios de la racionalidad de la producción y las leyes del mercado. En su crónica del 15 de octubre de 1886, observa Martí respecto a Estados Unidos: "No: no parece que haya sido vano en los Estados Unidos el siglo de República: parece al contrario que será posible, combinando lo

cargado de contradicciones,...ofrece [Martí] la visión...profética, de un mundo basado en el equilibrio y la reconciliación de todas las fuerzas del hombre" (122-23). El proceso de revisionar las fronteras de los espacios nacionales y creadores no se limita a la contextualización del ciclismo material propuesto en los *Versos sencillos* (I): "Y salir de los escombros/volando las mariposas", sino que involucra la convicción de lo factible de una modernidad *diferente*, opuesto al discurso utilitario, mercantilista y tecnológico, o concebido como complemento que modifica los códigos de la modernidad socioeconómica. La república del futuro, moral y bello, se impondrá por medio de la obra redentora del hombre, la racionalidad instrumental y la fuerza moral:

> ...¡he aquí que surje, por la virtud de permanencia y triunfo del espíritu humano, y por la magia de la razón, una fuerza reconstructora, un ejército de creadores, que avienta a los cuatro rumbos los hombres, los métodos y las ideas podridas, y con la luz de la piedad en el corazón empuje de la fe en las manos, sacuden las paredes viejas, limpian de escombros el suelo eternamente bello y levantan en los umbrales de la edad futura las tiendas de la justicia! (EMS, 65)

La naturaleza, interiorizada, participa de este proceso: "¡Oh, el hombre es bueno, el hombre es bello, el hombre es eterno! Está en el corazón de la naturaleza, como está la fuerza en el seno de la luz" (EMS, 65). Las transiciones sociales son inherentes; las producen las fuerzas naturales socializadas, apropiadas e interiorizadas por el artista del modernismo, atento al ritmo enérgico y metamórfico del proceso emancipador.

La inscripción de la modernidad al comienzo de este proceso está contrapesado, quizá mejor sería decir condicionado, por un sistema normativo en que el optimismo ocupa un lugar central, pues, el principio de la "salvación" del país, le hace pensar al cronista en un futuro armónico: "Sí: de esta tierra misma donde el exceso del cuidado propio sofoca en los hombres el cuidado público, donde el

---

interesado de nuestra naturaleza y lo benéfico de las prácticas de la libertad, ir acomodando sobre quicios nuevos sin amalgama de sangre los elementos desiguales y hostiles creados por un sistema que no resulta, después de la prueba, armonioso ni grato a los hombres" (EMS, 73).

combate febril por la subsistencia y la fortuna exige como contrapeso y estímulo el placer acre, violento y ostentoso...se está levantando con una fuerza y armonía de himno uno de los movimientos más santos y vivos en que ha empeñado jamás su energía el hombre" (EMS, 65). Es, escribe Martí "el nacimiento, con tamaños bíblicos, de una nueva era humana" (EMS, 66). Es, por ejemplo, la palabra de Henry George, figura redentora, metáfora de la contramodernidad, que potencia el imaginario social martiano y perpetúa el "sublime demonio interior" que nos devora y "nos empuja a la persecución infatigable de un ideal..." (N, 9: 126).

OBRAS CITADAS

Ballón, José, *Autonomía cultural americana: Emerson y Martí,* Madrid, Editorial Pliegos, 1986.

Bhabha, Homi K., "DissemiNation: time, narrative, and the margins of the modern nation", *Nation and Narration,* ed. Homi K. Bhabha, Londres, Routledge, 1990, pp. 291-322.

Calinescu, Matei, *Five Faces of Modernity,* Durham, Duke University Press, 1987.

Garfield, Evelyn Picon e Ivan A. Schulman, "*Las entrañas del vacío*" *ensayos sobre la modernidad hispanoamericana,* México, Cuadernos Americanos, 1984.

González, Aníbal, *La crónica modernista hispanoamericana,* Madrid, José Porrúa, 1983.

Gutiérrez Girardot, Rafael, *Modernismo,* Barcelona, Montesinos, 1983.

Lodge, David, "The Language of Modernist Fiction, Metaphor and Metonymy", *Modernism,* Middlesex (Inglaterra), Penguin, 1976, eds. Malcolm Bradbury and James McFarlane, pp. 481-96.

Martí, José, *Obras de Martí,* La Habana, Editorial Trópico, 1936-1953, 74 vols.

________, *Obras completas,* La Habana, Editorial Nacional, 1963-1973, 28 vols.

________, *Nuevas cartas de Nueva York,* ed. Ernesto Mejía Sánchez, México, Siglo XXI editores, 1980.

________, *Epistolario,* La Habana, Editorial Ciencias Sociales, 1993, 5 vols.

________, *Lucía Jerez*, Ed. Manuel Pedro González, Madrid, Gredos, 1969.

Pérez Concepción, Herbert, "José Martí: historiador de los Estados Unidos, previsor de su desborde imperialista. El alerta a nuestra América", *Universidad de La Habana* 238, 1990, pp. 121-134.

Ramos, Julio, *Desencuentros de la modernidad en América Latina; Literatura y política en el siglo XIX*, México, FCE, 1989.

Rojas, Rafael, "Viaje a la semilla. Instituciones de la antimodernidad cubana", *Apuntes Posmodernos. Postmodern Notes,* otoño de 1993, pp. 3-20.

Rotker, Susana, *Fundación de una escritura: Las crónicas de José Martí,* La Habana, Casa de las Américas, 1992.

Schulman, Ivan A., "Desde los Estados Unidos: Martí y las minorías étnicas y culturales", *Los Ensayistas,* marzo de 1981, pp. 39-152.

________, *Relecturas martianas: narración y nación*, Amsterdam, Rodopi, 1994.

________, "Transtextualización y socialización fictivas: *Misterio* y *Ramona*", *Anuario del Centro de Estudios Martianos,* 13, 1990, pp. 288-298.

Vitier, Cintio, "Martí, futuro", *Temas martianos* (en colaboración con Fina García Marruz), La Habana, Biblioteca Nacional José Martí, 1969, pp. 121-40.

White, Hayden, "The Value of Narrativity in the Representation of Reality", *Critical Inquiry,* 7, 1980, pp. 5-27.

Zavala, Iris M., "Lo imaginario social dialógico", *Sociocríticas; prácticas textuales, cultura de fronteras.*, Ed. M. Pierrette Malcuzynski, Amsterdam, Rodopi, 1991, pp. 11-128.

________, *Colonialism and Culture; Hispanic Modernisms and the Social Imaginary,* Bloomington, Indiana University Press, 1992.

4. LA POLIFONÍA DE LA MODERNIDAD DE LA POESÍA DE JOSÉ ASUNCIÓN SILVA

UNA APERTURA NECESARIA

Internarnos en el espacio de "la ternura vaga", "los tiempos idos", y "las noches pálidas" ("Al oído del lector"[1] de los versos de José Asunción Silva, viajar por el reino contracultural de sus "Gotas amargas", requiere, por parte del lector moderno, la suspensión de rutinarias prácticas racionales de contemplación y lectura (Steiner, 6)[2]. El aliciente de su arte, el de toda imagen literaria, tiene el poder de conducirnos a un mundo de liberación radical en cuyos espacios las reglas y los hábitos de la contidianidad se suspenden al identificarse el lector con el texto (Steiner 6).[3] Y si logramos liberarnos de las vendas de la cognición tradicional, las que Martí identificó en el "Prólogo a *El poema del Niágara*", con la nada difícil faena de distinguir en nuestra existencia "la vida pegadiza y postadquirida, de la [vida] espontánea y prenatural" (7: 230), se abre un universo inexplorado de perfil revisionista. De modo similar, en cuanto al discurso crítico, si nos emancipamos de las amarras de conceptualizaciones críticas consagradas, emergerán lecturas alternativas de los textos modernistas. Estas reapropiaciones y reajustes críticos configurarán de otro modo la naturaleza y las fronteras del imaginario modernista, y en rela-

[1] Citamos siempre la edición de H. Orjuela.

[2] El libro de Steiner se refiere a la contemplación de objetos del arte plástico. Pero de igual manera se aplica a la meditación de los textos literarios.

[3] Citado por Andrew Delbanco, «They know what they don't like», *The New York Times Book Review*, 31 de diciembre, 1995, 6.

ción a la obra de Silva, contribuirán a percibir con mayor precisión las sistémicas construcciones lingüísticas y estilísticas del poeta como sujeto moderno.

La poesía de Silva, en sus distintos registros ideológicos y estilísticos, narra el anhelo de liberación, aspiración colectiva de la escritura modernista que se traduce en enunciaciones heterogéneas de "tesoro personal", como decía Darío en sus "Palabras liminares" (5 762). Es un discurso híbrido, representación prototípica de la Edad Moderna, textualización que resulta del enfrentamiento —conscientе o inconscientemente— con el proceso de la racionalización de la modernidad, la que, como nos dice Julio Ramos, impone reubicaciones y remoldes socioeconómicos. El escritor modernista, "al no contar con soportes institucionales...[se encara con] el proceso desigual de autonimación...[que] produce la hibridez irreductible del sujeto literario posibilitando incluso la proliferación de formas mezcladas" (16). Estas sorpresivas concreciones "mezcladas", a veces contradictorias, y, en el fondo, revolucionarias (o devolucionarias), constituyen el signo de la originalidad de la literatura de la modernidad. A esta dimensión del discurso moderno/modernista aludió Saúl Yurkievich al señalar que "el modernismo no practica ninguna ortodoxia, tampoco propone una estética lineal o sistemática. Opera un movimiento expansivo impulsado por una poética de englobamiento" (Yurkievich, 62). Se trata, en fin, de una poética que busca expandir las fronteras de la expresividad mediante la apropiación de voces y modos de una experiencia universal —del pasado y del presente— modos existenciales "engullidos" en forma selectiva y sin miras a normas, pautas o límites de la estética o de la ideología.

HACIA EL DISCURSO POLIFÓNICO

El discurso crítico en torno a la poesía de Silva se ha inclinado hacia lecturas literales y racionalizaciones que han escindido su obra —"El libro de los versos"/"Las gotas amargas"—, práctica casi ritual asimismo en cuanto a la producción de la mayoría de los escritores modernistas. En torno a la de Silva, piénsese en la ya clásica observación de Baldomero Sanín Cano que Silva, con el nombre de *Gotas amargas* pensaba hacer "un cuerpo aparte" (Orjuela, 77). Secuela de pronunciamientos como éstos ha sido el descuido de las exploraciones polifónicas de las producciones híbridas del modernismo; en su lugar, nos hemos acostumbrado a lecturas fraccionadas que suelen erigir fronteras cerradas entre los distintos registros discursivos de versos o de libros poéticos —el Martí apolíneo de los *Versos sencillos*/ el Martí dionisíaco de los *Versos libres*; el Darío de la torre ebúrnea de las *Prosas profanas*/ el Darío criollista americanista de los *Cantos de vida y esperanza*. En lugar de estas prácticas quisiéramos argüir en favor de una crítica que tome en cuenta la polifonía discursiva que, en forma acrática, frente a las disfunciones socioeconómicas de su época, ensayaron los modernistas en variadas y muy individuales formas al resemantizar su mundo. Crearon textos de componentes híbridos cuya lectura pide, a nuestro modo de ver, el deslinde del diálogo de matices heterogéneos, y, al mismo tiempo, el estudio de los lazos entre los refractados signos de la escritura modernista y la sociedad en torno (Zavala, 38). Estamos convencidos que si leemos la expresión modernista de esta manera, o sea, como narración polifónica de las metamorfosis de la modernidad, se percibirá con mayor claridad el sentido de los nexos y las correspondencias textuales que vinculan a los escritores modernistas, o sea, los "vasos comunicantes", estéticos e ideológicos, de su arte.

POESÍA DE LA MODERNIDAD, POESÍA DE LA INTIMIDAD

"Toda creación artística es también práctica social, y por ello, producción ideológica, precisamente por qué (sic) es un proceso estético y...no porque sea una práctica social que represente o refiera tal o cual 'realidad'"(Duchet, 43-4). Si volvemos a los textos del modernismo desde esta perspectiva socioestética, encontraremos en los textos de estilo y tono más heterogéneos los signos de su coincidencia. Su enlace se origina en el hecho de que los artistas e intelectuales finiseculares de América, observadores estigmatizados de las transformaciones estructurales socioeconómicas y culturales de la segunda mitad del siglo XIX se sentían alienados por el proceso de la modernización contemporánea cuyos códigos de racionalidad instrumental relacionó Martí en su manifiesto del modernismo, "Prólogo a *El poema del Niágara*", con la reconstrucción de la conciencia humana y la labor experimental de una nueva generación de poetas:

> ¡Ruines tiempos —escribió el cubano— en que no priva más arte que el de llenar bien los graneros de la casa, y sentarse en silla de oro, y vivir todo dorado; sin ver que la naturaleza humana no ha de cambiar de como es, y con sacar el oro afuera, no se hace sino quedarse sin oro alguno adentro! [...] ¡Ruines tiempos, en que los sacerdotes no merecen ya la alabanza ni la veneración de los poetas, ni los poetas han comenzado todavía a ser sacerdotes! (7: 223).

Estamos en el año de 1882. Como consecuencia de los "ruines tiempos" estos poetas representativos de la metamorfosis y el "remolde" del mundo moderno eran, en su concepto, "pálidos y gemebundos", su obra "atormentada y dolorosa"; de ahí, concluía, la proliferación de la "poesía íntima, confidencial y personal" (7: 224) que caracteriza la de los primigenios poetas modernos: José Asunción Silva, Julián del Casal, el mismo Martí, Manuel Gutiérrez Nájera y Juana Borrero.

En su exégesis de la cultura y las literaturas modernas Martí se cuidó de atribuir a un persistente estilo romántico el espíritu intimista de la nueva generación poética; lo relacionó más bien con el reflejo de la "crisis universal de las letras y el espíritu" que Federico de Onís (176) hace años asoció con la génesis de la literatura modernista. La del verso de Silva constituye un arte contrahegemónico, arte de renovación, arte producto de la pérdida de tradiciones, expresión que propone innovaciones y vueltas ante las inquietudes, asaltos e inquietudes del mundo moderno. Su modernidad es plural: en su evolución se produce una desarticulación entre la modernización socioeconómica, producto del relato liberal iniciado a fines del siglo XVIII, y la modernidad estética, discurso contracultural que cuestiona y subvierte la cultura materialista de la modernidad burguesa.[4]

Nuestro concepto del modernismo parte de la idea formulada por Onís quien insistió en el error de establecer diferencias entre modernismo y modernidad porque "modernismo es esencialmente... la búsqueda de modernidad" (625). Y lo que llamamos modernidad presenta dos caras según Calinescu, la *burguesa* y la *estética*:

---

[4] Sobre las modernidades y su interacción, véase Calinescu, especialmente 41-6.

> ...en algún momento —teoriza— durante la primera mitad del XIX se produjo una escisión irreversible entre la modernidad vista como una etapa de la historia de la civilización occidental —un producto del progreso científico y tecnológico, de la revolución industrial, de las profundas transformaciones económicas y sociales creadas por el capitalismo— y la modernidad como un concepto estético. Desde entonces, las relaciones entre las dos modernidades han sido terminantemente hostiles, pero sin que esto impida que se estimulen y se influyan mientras que con encono han buscado destruirse una a la otra (41; traducción del autor).

A partir de la apertura del modernismo hispanoamericano la modernidad se inserta en el arte como estética proteica, descubridora de los persistentes conflictos de tres ámbitos fundamentales en pugna: el político, el socioeconómico y el cultural. Como producto de una creciente burguesía y de una acelerada diversidad de los estratos sociales, complejos y móviles, hay varias modernidades, como hay varios modernismos.[5] El espíritu revolucionario de este arte —en cuya génesis y construcción Silva tiene un papel preponderante— no se contenta con un estilo único, insatisfacción que genera una modernidad artística polifónica cuyo radicalismo a veces se exagera y se exaspera a lo largo del siglo modernista.

El artista de estas modernidades es el agente de la aventura creadora y el historiador de su experiencia como individuo y como artista ante, contra, y en la sociedad de su tiempo. En su triple búsqueda de una expresión auténtica, de una ubicación ética/existencial y de una identidad raigal, personal, nacional y cultural, rehusa la superficie; bucea en el mundo de las sensaciones; se interna en la cultura urbana, y explora los intersticios de la confluencia de la conciencia individual y social (Howe, 31). Poetas de "vallas rotas" y de porvenir incógnito, los escritores modernistas alaban y critican, respaldan y rechazan los valores culturales y sociales de la época de crisis en que viven y producen su arte. Su postura ambigua ante los dilemas de su edad refleja las confusiones y contradicciones del creador que sufre, demanda y tantea, inseguro de lo que anhela alcanzar. Formula respuestas parciales o paradójicas, o urde

[5] Sobre los multifacéticos modernismos de la modernidad, véase por ejemplo el libro de Zavala cuyo subtítulo confirma esta aseveración: *Hispanic Modernisms and Social Imaginary*.

metas frustradas o inservibles, busca caminos sin descanso en una topografía sin héroes y sin Dios a la vista. Ante este panorama el descorazonado Silva observa: "De la vida del siglo ponte aparte/ ...Y cuando llegues en postrera hora/a la última morada/sentirás una angustia matadora/de no haber hecho nada..." (Filosofías, 91).

Las bases y orígenes de la experiencia moderna en América fueron contextualizados por Martí en su prólogo/manifiesto a "El poema del Niágara". En este ensayo describió la experiencia del sujeto moderno como una "...vida personal dudadora, alarmada, preguntadora, inquieta, luzbélica...", y señaló que "la vida íntima febril, no bien enquiciada, pujante, clamorosa, ha venido a ser el asunto principal, y, con la naturaleza, el único asunto legítimo de la poesía moderna" (7, 229). Frente a la economía y tecnología burguesas el escritor hispanoamericano, desligado y enajenado del proceso sociopolítico propuso un arte autónomo y una contracultura:

> Cualquier historia de la literatura de la edad moderna, virtualmente da por sentado la intención subversiva que caracteriza la escritura moderna —percibe el propósito claro de separar al lector de su acostumbrado pensar y sentir impuesto por la cultura en general, de ofrecerle un terreno y un lugar estratégico desde el que juzga y condena y tal vez revisa la misma cultura que lo había producido (Trilling, XII-XIII).

Por eso, decía Martí, los escritores modernistas no podían ser "ni líricos, ni épicos...con naturalidad y so1siego..., ni [cabía] más lírica que la que saca cada uno de sí propio, como si fuera su propio ser el asunto único de cuya existencia no tuvieran dudas..." (7:225). Arte descentrado, arte de ansiedad, arte metamórfico de una experiencia interiorizada, arte de transición, arte que cuestiona los signos de la cultura dominante y en el proceso crea textos lúdicos que, en algunos casos, proponen la censura de exagerados y nuevos estilos o formas de pensar. Pensemos en la "Sinfonía color de fresa con leche" y sus "venusinos cantos de sol y rosa, de mirra y laca", su "...historia rubendariaca/de la Princesa Verde y el Paje Abril" (117), o en "Obra humana" con su óptica crítica y la visión contracultural frente al proceso de la modernización económica:

Y en donde fuera en otro tiempo el nido,
Albergue muelle del alado enjambre,
Pasó por el espacio un escondido
Telegrama de amor, por el alambre. (51)

CONSTRUYENDO LA SUBJETIVIDAD

"La Modernidad es ante todo la 'invención' del individuo" (Guerra, 85); y en esta nueva racionalidad el individuo viene a ser el sujeto normativo de las instituciones, el ser que transforma los valores culturales y el imaginario social" (Guerra, 85). En ese imaginario se filtran los códigos del romanticismo, sobre todo entre los modernistas primigenios como Silva. "En los primeros versos de Silva —nos dice Orjuela— y en buena parte de su producción posterior, se percibe un soterrado sentimiento romántico. Esto ha dado lugar a que impropiamente se le considere 'el último de los románticos colombianos' y a que muchos de los críticos más autorizados lo hayan catalogado como poeta de transición..." (15). Pero, con base en los conceptos teóricos sobre el modernismo que hemos ido exponiendo, la presencia de los registros románticos no disminuye la modernidad de su escritura. El escenario nocturno, las notas de ternura, el ambiente misterioso, la tenue melancolía y el grito de dolor de versos como:

Tal vez la serenata con su ruido
Busca un alma de niña que ama y espera,
Como buscan alares donde hacer nido
Las golondrinas pardas en primavera.

....

El cantor con los dedos fuertes y ágiles
De la vieja ventana se asió a la barra
Y dan como un gemido las cuerdas frágiles
De la guitarra, (56-7)

nos remiten, en un nivel metafórico a la percepción de la soledad, las tinieblas, y la incertidumbre espirituales de un artista autoconsciente del aterrador aislamiento y de las dudas existenciales y metafísicas del escritor rodeado de una cultura comercializada. Desde la narrativización poética de la existencia, Silva, como otros artistas coetáneos elaboraba su universo en la intimidad y entreveía verdades metafísicas en los intersticios de una realidad selectiva cuyas insistentes metaforizaciones son las notas, los objetos, los ruidos misteriosos, la luna pálida. Con estas construcciones imaginísticas se forja un simulacro de la naturaleza, una realidad volcada hacia el interior: ¡Colores de anticuada miniatura,/ Hoy, de algún mueble en el cajón dormida;/ Cincelado puñal; carta borrosa,/ Tabla en que se deshace la pintura/ Por el tiempo y el polvo ennegrecida" ("Vejeces", 52). Nuestro poeta pertenece a la generación de poetas "gemebundos", como decía Martí, que producían un verso atormentado y doloroso, una poesía "íntima, confidencial y personal, necesaria consecuencia —en el concepto del ensayista cubano— de los tiempos" de transformación espléndida pero confusa (7, 224).

En este proceso creativo de la nueva poesía, una exploración del alma y de la naturaleza, hay mucho del legado de un romanticismo que confiere, según Berman (21), un estatus especial al artista quien a menudo formula conceptos efímeros o tentativos. En las primeras etapas de esta modernización literaria destacan los idealismos del discurso romántico; en sus registros, el imaginario busca la legitimación de su arte mediante un léxico experimental —ejemplo: las "Gotas amargas"— que da expresión a posturas ideológicas de una modernización temprana. Su discurso constituye una invención que incorpora y, a la vez, rechaza la modernidad burguesa. La imagen del artista se construye a través de la representación del espíritu y del genio individuales; desde las orillas de la subjetividad su espíritu y genio se convierten en instrumentos de conocimiento, transformación, crítica, subversión, o inversión. Pero también reflejan la voz de un artista hastiado y desengañado frente a las estrecheces de la naturaleza humana y los desafíos de la vida material. Se trata del artista que observa el paisaje de un mundo de ideales sacrificado en aras del imperante espíritu mercantilista. Era una época en que "las flores" de "la continua lucha" "ajó del mundo el frío" ("Ars", 51), y en que el anhelo contrahegemónico se realizaba en los "sueños de color de armiño" "cuando mi alma su vuelo emprende/ a las regiones de lo infinito" ("A ti", 114). ¿Existen alternativas o soluciones a la marginalización? El escape, la lucha —o en los momentos de mayor decepción, la inercia.

LA AUTONOMÍA DEL SER

Revisar el arte de la poesía de Silva en términos de la modernidad implica que no valoramos las supercodificaciones "individualistas" de su obra exclusivamente en términos de los códigos de un rezagado estilo romántico. Reconocemos, sin embargo, que en el arte de Silva, como en el de los demás poetas primigenios del modernismo hispanoamericano, existe un innegable filón romántico —"¿Quién que es no es romántico?", sentenció Darío. Se concretiza este venero estilístico en la obra de los artistas del comienzo del período de la modernidad burguesa y estética, época de transición en que sienten la angustia de la tensión entre el peso de la tradición, el deseo de innovar, y el repudio por parte de la cultura dominante de sus aspiraciones espirituales. La representación icónica de esta disyuntiva son los versos de apertura y de cierre de "Un poema":

> Soñaba en ese entonces en forjar un poema,
> De arte nervioso y nuevo, obra audaz y suprema,
> ....
> Le mostré mi poema a un crítico estupendo...
> Y lo leyó seis veces y me dijo... ¡No entiendo! (58-9)

En la construcción de su imaginario los artistas de la primera generación modernista luchan por definir el ego y afirmarlo frente a los códigos de una realidad disgregadora y metamórfica cuyas normas socioeconómicas son el producto de la cultura mercantilista. El ser, frente a esta experiencia desconcertante, se fragmenta; el arte que engendra incorpora las rupturas con los valores normativos pero frágiles del mundo moderno finisecular de América, valores que se diferencian de los de los escritores románticos pertenecientes a un mundo *premoderno* cuyas producciones literarias son de signo derivativo. En cambio, en las obras de los modernos se evidencia una confrontación de raíz profunda y emocional con las instituciones creadas por el advenimiento de la modernidad económica, frente a la cual se genera un discurso crítico. Sus manifestaciones polares, señaladas por Octavio Paz más de cincuenta años después de evidenciarse en la obra de Silva y Martí, patentizan "la unión de pasión y crítica [que]subraya el carácter paradójico ...el amor inmoderado, pasional, por la crítica y sus precisos mecanismos de desconstrucción, pero ...[es una crítica] enamorada de su objeto, crítica apasionada por aquello mismo que niega. Enamorada de sí misma y siempre en guerra consigo mismo, no afirma nada permanente ni se funda en ningún principio" (Paz, 20). Pese a la cognición de la inconstancia ontológica de su universo, en su discurso el artista moderno enuncia una negación, unas veces intuida, otras, percibida racionalmente, mediante la cual afirman su autoridad en registros y subtextos *contramodernos* —contramodernos en el sentido de constituir una censura que valoriza la existencia y el arte del creador agobiado por las contradicciones y anomalías de la modernidad burguesa. Lo normativo es la marginalización que Darío metaforizó en su cuento alegórico "El rey burgués", narración emblemática del estado afectivo del artista. Su imaginario social, el del ser existente y agónico, construye jerarquías distintas de las del romanticismo, sobre todo en cuanto a la autonomía del ser y su producción. Y, sin embargo, es innegable que los textos de varios de los modernistas quedaron emparentados con conceptualizaciones románticas: las del artista rebelde, las del autoexiliado social, estigmas que lo inducen a refugiarse en un reino interior donde campean emociones, sensaciones y visiones autárquicas. "No pienses —aconseja el narrador de "Filosofías"(91)— en la paz desconocida./¡Mira! al fin, lo mejor/en el tumulto inmenso de la vida/es la faz interior". Pero, cabe preguntar si no hay un entrañable lazo entre los códigos del romanticismo y la iniciación de la literatura moderna en términos de una poética histórica que establece una nueva totalidad orgánica, articulada por medio de formas de una identidad colectiva, y narrativas de subjetividad que se enfrentan con la historia, y re-estructuran la cultura (Zavala, 1992: 29). Ser poeta se equipara con la (re)construcción del sujeto y su universo; producir poesía constituye una lectura del mundo, el cuestionamiento de normas, la expresión de un anhelo de liberación, y, en el fondo, un acto de apoderación.

El ser que se constituye en el modernismo primigenio se define a menudo en términos de modelos del pasado y valores exocéntricos (Berman, VIII).[6] Piénsese en las "recreaciones arqueológicas" de Darío, en esos ecos y maneras de "épocas pasadas", resemantizadas en su obra, elementos que en su conjunto consideraba imprescindibles para "realizar la obra de reforma y modernidad que emprendiera..." (1: 212). Por lo tanto, no sería aventurado decir que en algunos artistas el arte modernista genera un discurso que evidencia la pervivencia de conceptualizaciones que pertenecen al pasado, inclusive las románticas. Pero una vez admitida esta noción historiográfica, nos parece de mayor trascendencia leer el arte de figuras como Silva, Darío o Martí como expresiones de la subjetividad que se siente amenazada por el empirismo dominante de la modernidad económica, y, en contra de la cual, buscan, no sólo expresarse desde otras orillas, sino eternizarse, y con frecuencia, en formas dispersas y atomizadas. De ahí, por ejemplo, en la poesía de Silva, la metaforización del pasado, las "blancas mariposas" del "recuerdo vago de las cosas/ que embellecen el tiempo y la distancia" y los "plácidos recuerdos de la infancia" ("Infancia", 27). ¿Y, no podríamos decir que en lugar de una sencilla vuelta al pasado, un deseo de escaparse, o un afán de rumiar sobre el pasado, que la insistencia sobre la infancia, la felicidad e inocencia de la juventud, las caperucitas o pequeños liliputienses constituyen una reubicación del imaginario social, una apropiación de lo conocido de los elementos de la vida no tocados por el materialismo reinante, y una forma de reestructurar el universo frente a las disfunciones sociales que marginaron y marcaron el espíritu del escritor finisecular de América?

REPLANTEAMIENTOS

En la poesía de Silva hay un doble proceso en la representación de la realidad. Falta, como en el caso de la mayoría de los poetas modernistas, el concepto de normas o reglas, aplicadas éstas de modo heterogé-

[6] Paz es bastante explícito en relación con esta cuestión: "El tema de este libro es mostrar que un mismo principio inspira a los románticos alemanes e ingleses, a los simbolistas franceses y a la vanguardia cosmopolita de la primera mitad del siglo XX" (Paz, 22-3).

neo a los géneros de un arte tradicional o académico. Pero en el caso de Silva tenemos una visión bifronte, dos caras de la realidad que suelen verse en forma escindida, pero, a nuestro modo de ver, pertenecen a las dos caras del proceso de la modernización: la estética y la burguesa. Es notorio, por un lado, la percepción del poeta de la inconstancia del universo en que vive. En poemas como "La voz de las cosas" alude a la insuficiencia del lenguaje para aprisionar la mutabilidad de su mundo, tema cuya presencia está en la obra de otros artistas primigenios del modernismo y aun en el verso premoderno de Bécquer. Se habla no sólo de "fantasmas" sino de las "móviles formas del Universo" (50), o sea de lo confuso, secreto y oculto de la articulación universal y del proceso modernizador. El discurso visionario de Silva con su fecunda imaginería se enlaza con el de Martí para quien, de modo similar, los signos identificadores del mundo moderno son "La Intranquilidad, la Inseguridad, la Vaga Esperanza, la Visión Secreta" (7: 225). Entre estas visiones pesadillezcas, "airadas y hambrientas", el cubano vislumbra "un inmenso hombre pálido, de rostro enjuto, ojos llorosos y boca seca, vestido de negro" (7: 225). Nos movemos, en el caso de ambos modernistas, entre construcciones subjetivas de la modernidad que arrancan de las semantizaciones primigenias presentes en algunos textos románticos, y, con un sentido nuevo, arraigadas como constantes, a partir de 1875 en los textos de los escritores modernistas.

En la visualización del mundo de los primeros modernistas hay un acto desrealizador ligado a la transferencia del acto creador del terreno de los criterios externos al de la imaginación individual. Se nota la presencia de una intuición espiritual que sobrepasa las fronteras de la creatividad textual (Berman, 274), construcción en cuya elaboración los modernistas proyectaban la imagen de un yo divorciado de los sostenes racionales del universo. Diríamos que la labor artística se desplaza hacia las fronteras de lo inmaterial, en cuya representación el ego confronta la realidad y busca lo que niega el contorno material: el sentido de lo incognoscible, de lo inmaterial, proceso que lo lleva a esencializar los objetos del mundo material. Así es en el poema "Ars" que caracteriza la creación en verso como "un vaso santo" de pensamientos puros, e imágenes de oro, de flores, de gotas de rocío —y todo "Para que la existencia mísera se embalsame" (51). La realidad en este proceso se corporifica, pero actúa en un *continuum* desprendido de la materia.

Se puede ver este proceso desrealizador como un replanteamiento de la noción de la realidad, que en el caso de Silva se materializa en las iteradas metaforizaciones de los cuentos infantiles, los juegos de niño, los perfumes, los bálsamos, los ciclos azulosos infinitos y profundos y los murmullos nocturnos. No se trata de un arte escapista, sino, como Cintio Vitier ha notado, en relación a las vuelos imaginativos de Casal hacia una "irrealidad" exótica, "un modo de ocultarse (y toda ocultación es de raíz sagrada)". Pero, "ocultarse no es huir, sino *replantear la batalla* en otro terreno" (Vitier, 297; el énfasis es del autor). Las dos nociones: ocultación y batalla son fundamentales a la poética de la modernidad y a la de Silva quien narra "la continua lucha" que "ajó del mundo el frío" ("Ars", 51).

Hay quienes descubren en este proceso de resemantizar la realidad un factor inverosímil que atañe a la autonomía individual del artista moderno: el del presumido carácter verosímil de la autonomía creadora. Berman, por ejemplo, arguye que la Ilustración propuso la constitución del ser autónomo a base del triunfo del racionalismo. Pero, paradójicamente, el racionalismo socava la autonomía conquistada por el pensamiento moderno, pues la lleva a las orillas de la ciencia empírica del relato liberal de la modernidad (Berman, 274), al prototípico Juan Lanas, a "nuestra vida artificial" ("Psicoterapeutica", 83), al mal del siglo ("Psicopatía", 65-8), o a los telegramas, hilos y locomotoras de "Obra humana" (51).

Los códigos de la modernidad burguesa acosan y atormentan a los creadores del siglo XIX, y sus diversos signos producen una polifonía discursiva. El racionalismo moderno del XVIII que liberó al ser, lo obligó a enfrentarse con una sociedad volcada hacia el materialismo y a enfrentarse en su contramarcha espiritual con los límites de lo desconocido, con una otredad indescifrable. "Al dejar la prisión que la encierra/ Qué encontrarán las almas" se pregunta el agonista de "Crisálidas" (29-30)? La Tierra no le contesta al narrador atormentado. En cambio, es seguro el tedio, "el hondo cansancio de la lucha" ("Muertos", 64), el *spleen* de la vida, y, luego, la muerte. Las voces de la vida y la muerte en los versos de Silva constituyen un diálogo continuo que llena el vacío de la existencia; dan una nueva consistencia a la expresión del artista moderno, quien "replantea" su función existencial. El lector atento que escucha los murmullos, quejas e interrogaciones de la poesía de Silva percibirá los ecos de la disconformidad de los creadores modernistas y el atolladero espiritual del sujeto moderno quien en textos contrahegemónicos anhelaba descentrar la modernidad institucionalizada y reconstituirla desde el eje de su interior. Consecuencia de esta lucha son los supuestamente divergentes y a veces contradictorios registros de su discurso en los cuales se concretiza la tentativa de la reconstrucción contracultural del asediado poeta moderno.

POLIFONÍA Y CORRESPONDENCIAS

El anverso del medallón del discurso polifónico del artista individual es el diálogo interno de todos ellos, el cual subraya los desengaños, crisis, angustias, y, en el fondo, las disfunciones que pertenecen al texto cultural de la colectividad *fin de siècle* cuyos códigos podemos leer en las correspondencias enunciativas de los versos generacionales. No pretendemos hacer la defensa de la existencia de un arte modernista de perfil monolítico, o de un solo estilo generacional, con un léxico exótico y un metaforismo basado en visiones y figuras de un ilusorio arte evasionista. Todo lo contrario. Al tocar esta cuestión de las correspondencias, por un lado deseamos ampliar el concepto de polifonía y de diferenciación individual en que hemos insistido desde un principio al revisionar el arte poético de Silva, y por otro, queremos señalar que el revisionismo crítico del modernismo requiere la exploración de la multiplicidad de voces interiores de los respectivos poetas, y, a la vez, de las resonancias intertextuales generadas por los procesos tecnológicos e industriales de la época, las transformaciones de los sistemas sociales contemporáneos, y las reubicaciones de la experiencia estética frente al intensivo y metamórfico proceso mercantilista de fines del siglo XIX. El estudio sistemático de estos nexos ideológicos y de sus substratos estéticos y estilísticos ensanchará nuestro concepto del modernismo y, a la vez revelará cómo, entre los creadores del modernismo hay un parecido inconsciente que "...posee un potencial de crear 'contraimágenes' de valor simbólico, las cuales refractan una representación colectiva" (Zavala, 1991: 117). Una representación que construye nuevos universos poblados de figuras mitológicas en el caso del poemario de Darío, o, en los versos de Silva, las visiones juveniles, los ritmos y tradiciones de raíz popular, o las recreaciones de escenas del pasado. Estas "reubicaciones" (Ramos,

16) son las reconstrucciones cuya intencionalidad es la de llenar el vacío creado por el desplazamiento de la arista de las estructuras de poder social, su lucha en el mercado económico y la busca de una fuente alternativa de autoridad. En estas tentativas de reconstrucción descubrimos un paralelismo interdiscursivo de presencia múltiple y varia. Se patentiza, a modo de ejemplo, en el tranformismo de la modernidad expresado en un plano metafórico de "Juntos los dos" (45) cuyos ecos leemos en los versos martianos pertenecientes al diminuto poemario de los *Versos sencillos*;[7] o en la evocación de lo efímero, lo intangible de la existencia, y la insuficiencia lingüística de aprisionarla en "La voz de las cosas" (50), dilema del "botón de pensamiento que busca ser la rosa" de "Yo persigo una forma" de Darío (5: 856). En "Midnight Dreams" (59-60) el narrador sintetiza la visita de los sueños, experiencia nocturna que elabora Gutiérrez Nájera en "Tristíssima nox" (2: 35), y en "La respuesta de la tierra" (78) sentimos la angustia del sujeto moderno frente a los incógnitos, los callejones sin salida de la existencia, como el atribulado Darío ante el silencio de Venus que "desde el abismo me miraba con triste mirar" ("Venus", 5: 749).

En la enunciación de los códigos de la modernidad los poetas primigenios del modernismo amplían la nota de disconformidad expresada en los códigos del intimismo sentimental hasta comunicarla con el discurso social y político. El proyecto de poder forjar un destino alternativo, de crear un discurso de liberación —signo fundamental del arte modernista— produce textos en que se funden los conceptos de narración y nación en los textos de Martí, Juana Borrero, o en grado menor en la obra de Casal. En el verso de Silva, específicamente en su poema "Al pie de la estatua" la lectura de la función de los héroes en la sociedad se contextualiza con la de "Claustros de mármol" de Martí (16: 123-4) o "Esperad" de Juana Borrero (68). La voz misteriosa que narra el poema de Silva no quiere que se celebren pasadas hazañas gloriosas de la nación sino el "sueño más grande hecho pedazos" o "el misterioso panora-

---

[7] Compárense los siguientes versos de la primera sección del libro:

Todo es hermoso y constante,
Todo es música y razón,
Y todo, como el diamante,
Antes que luz es carbón. (16: 65)

ma oscuro" (41). Afirmando conceptos formulados por Martí en su "Prólogo a *El poema del Niágara* en torno al intimismo ineludible del poeta moderno, el narrador de "Al pie de la estatua" evoca las "tristezas profundas" del héroe y propone que se haga un poema de registros y estilo distintos: con "misteriosas armonías, con 'teclado sonoro', y nota melódica" (41-2). Se identifica con el héroe cuya vida perdura, en comparación con las vidas "triviales" (43) del momento, con afirmar lo que propone el narrador: una conceptualización sociopolítica idealista reforzada en un plano metafórico por la naturaleza abundante al pie de la figura heroica donde gritan "las rizosas cabecitas blondas" (44) que rodean el zócalo. Diríase, como en el caso de Juana Borrero, que la asfixia del limitado recinto patrio, se distiende, y se inserta en un discurso colectivo. La independencia del ser y la libertad creadora se suman a la historia patria evocada con el metaforismo perteneciente a los registros intimistas del modernismo: la niñez, la juventud, y la inocencia silvianas. El perfume de la lírica íntima, el amor como patria (Vitier, 28), se entrelaza con la narración de la nación, se empalma con las narraciones emancipadoras de los poetas modernistas, "...de pie sobre la tierra, apretados los labios, desnudo el pecho bravo y vuelto el puño al cielo, demandando" —en vano— "a la vida su secreto" (Martí, 7: 238).

OBRAS CITADAS

Berman, Art, *Preface to Modernity*, Urbana y Chicago, University of Illinois Press, 1994.

Borrero, Juana, *Poesías*, La Habana, Instituto de Literatura y Lingüística, 1966.

Calinescu, Matei, *Five faces of modernity; Modernism, Avant-Garde, Decadence, Kitsch, Postmodernism*, Durham, Duke University Press, 1987.

Darío, Rubén, *Obras completas*, Madrid, Aguado, 1953, 5 vols.

Duchet, Claude, "Posiciones y perspectivas sociocríticas", *Sociocríticas, prácticas textuales, culturas de frontera*, ed. M. Pierrette Malcuzynski, Amsterdam, Rodopi, 1991, pp. 43-50.

Guerra, François-Xavier, *Modernidad e independencias; ensayos sobre las*

revoluciones hispánicas, Madrid, Fundación MAPFRE América, 1992.
Gutiérrez Nájera, Manuel, *Poesías completas,* ed. Francisco González Guerrero, México, Editorial Porrúa, 1953, 2 vols.
Howe, Irving, "Introduction: The Idea of the Modern", *The Idea of the Modern: In Literature and the Arts,* ed. I. Howe, Nueva York, Horizon Press, 1967, pp. 11-40.
Martí, José, *Obras completas,* La Habana, Editorial Nacional, 1963-1973, 28 vols.
Onís, Federico, *España en América,* Madrid, Ediciones de la Universidad de Puerto Rico, 1955.
Orjuela, Héctor, "José Asunción Silva (1865-1896)", José Asunción Silva, *Obras completas,* Buenos Aires, Plus Ultra, 1968, pp. 15-23.
Paz, Octavio, *Los hijos del limo,* Barcelona, Seix Barral, 1974.
Ramos, Julio, "El reposo de los héroes", *Apuntes Posmodernos; Postmodern Notes,* Primavera de 1995, pp.14-20.
Silva, José Asunción, *Obras completas,* Buenos Aires, Plus Ultra, 1968, vol. I.
Steiner, Wendy, *The Scandal of Pleasure; Art in an Age of Fundamentalism,* Chicago, The University of Chicago Press, 1996.
Trilling, Lionel, *Beyond Culture,* Nueva York, Viking, 1965.
Vitier, Cintio, "Las cartas de amor de Juana Borrero", Juana Borrero, *Epistolario I,* La Habana, Instituto de Literatura y Lingüística, 1966, pp. 7-31.
________, *Lo cubano en la poesía,* La Habana, Letras Cubanas, 1970.
Yurkievich, Saúl, *Celebración del modernismo,* Barcelona, Tusquets, 1976.
Zavala, Iris M., "Lo imaginario social dialógico", *Sociocríticas, prácticas textuales, cultura de frontera,* ed. M. Pierrete Malcuzynsky, Amsterdam, Rodopi, 1991, pp. 111-128.
________, *Colonialism and Culture; Hispanic Modernisms and the Social Imaginary,* Bloomington, Indiana University Press, 1992.

5. (RE)VISIONANDO LA ORDENACIÓN[1] POÉTICA: LOS *VERSOS SENCILLOS* DE JOSÉ MARTÍ

DIACRONÍA Y SINCRONÍA TEXTUALES

En los textos de formación moderna, el pasado se reinscribe en la cultura del presente. Reescribir textos formados en el siglo XIX implica la necesidad de puntualizar los nexos que empalman la escritura pretérita con el texto cultural contemporáneo, y, sobre todo, descubrir cómo y en qué medida sus códigos sociales y literarios del pasado se insertan en la experiencia histórica actual.

En el caso de los *Versos sencillos,* la lectura poética del mundo está enraizada en el proceso largo y caótico de la modernización hispanoamericana, iniciada en la segunda mitad del XIX, y vigente hoy,[2] proceso económico cuyas transformaciones contribuyeron a crear los "ruines tiempos" de la modernidad que Martí deploró en su "Prólogo a *El poema del Niágara*". Pero el resorte de la producción de este poemario es un acontecimiento concreto y específico que detalla el creador:[3] su agonía de aquel invierno "en que por ignorancia, o por fe fanática, o por miedo, o por cortesía se reunieron en Washington, bajo el águila temible, los pueblos hispanoamericanos" (Prólogo a los *Versos sencillos*).[4]

---

[1] Es nuestro propósito intentar una ordenación inspirada en parte por otro concepto de ordenación, la de José Olivio Jiménez.

[2] Sobre este proceso, véase Garfield y Schulman, capítulos I-III.

[3] Para Cintio Vitier todo lo que Martí escribía era sustantivamente revolucionario, pero, al mismo tiempo observa que ocupaba poco lugar en su poesía la lucha política y social como tema (166).

[4] Citamos por el texto de Cintio Vitier, Fina García Marruz y Emilio de Armas:

Sabemos que todo texto, según nos explica Said, expresa un mundo, y "en cierta forma [los textos] son acontecimientos, y aun cuando parecen negar [su textualidad mundial], pertenecen, sin embargo, al mundo social, a la vida humana, y, por supuesto, a los momentos históricos en que están situados e interpretados". Es más. Los sustratos de las vivencias contemporáneas de un texto o, lo que Martí describió como la materia esencial y soterrada de sus palabras, sus signos lingüísticos, contribuyen a crear conceptos que encierran la potencia de cambiar el conocimiento o el comportamiento de los lectores contemporáneos mediante su receptividad textual, *consciente* o *in-consciente.* Este proceso activo de la lectura se basa en un nexo percibido entre el lector y el texto, del cual emerge

> una concepción...que da cuerpo y sentido a su mundo (aunque el perfil particular sea uno de caos y el sentido de incoherencia), para que como lectores podamos valorar su elaborada representación conceptual de la realidad, una representación que no es mimética sino casi siempre referencial (o relacionada) respecto a una interpretación o explicación de la experiencia (Herring, 187).

Con el fin de iniciar el "re-basamiento" "referencial" del diálogo crítico del texto martiano, además de las conceptualizaciones de Herring, el *metacomentario* propuesto por Jameson para la lectura de los textos ofrece una estrategia útil, la de la revaloración de las interpretaciones hechas y prehechas de un texto, operación a la postre de orden político[5] en el sentido más amplio de la palabra, pues encierra un "horizonte absoluto de toda lectura y de toda interpretación" (Jameson, 17).

Para las lecturas propuestas por Jameson son indispensables los metacomentarios claves formulados por Martí, poeta en torno al proceso creador: "la literatura es cosa vacía de sentidos, o es la ex-

---

José Martí, *Poesía completa* (La Habana, Editorial Letras Cubanas, 1985), I. Para estas citas indicaremos el número del poema entre paréntesis dentro del texto. Para otras citas martianas utilizaremos las ediciones Trópico (indicada ésta dentro del texto entre paréntesis con la sigla T seguida del volumen y la página) y la de la Editorial Nacional (indicada ésta dentro del texto entre paréntesis con la sigla N seguida del volumen y la página).

[5] Para Jameson todo es social, histórico, y, en el fondo, político (20).

presión del pueblo que la crea..."(N, 20: 133); "En toda palabra, ha de ir envuelto un acto. La palabra es una conquista abominable, cuando no se pone al servicio del honor y del amor" (N, 5: 108); y, finalmente, "no hay que estar a las palabras, sino a lo que está debajo de ellas" (N, 1: 355). La óptica analítica puede ampliarse con formulaciones que relacionan lo político con el quehacer humano: "nada es un hombre en sí, y lo que es lo pone en él su pueblo" (T, 17: 167); o, "...todo está en todo y lo uno explica lo otro..." (T, 15: 197).

Nuestro argumento principal en la relectura de los *Versos sencillos* es demostrar cómo: 1] la voz del poeta y la de sus obras (Foucault, 115) se individualiza en las palabras; y, 2] en las proyecciones subjetivas del discurso desarrolla una visión eminentemente política. Martí anticipó el concepto de Foucault sobre el carácter de la voz individual del autor con el ya citado pensamiento estético: "No hay que estar a las palabras, sino a lo que está debajo de ellas". Y si articulamos este principio con el metacomentario formulado por Jameson, se sienta la base de una lectura de las estructuras de la individualización escritural que comprende la inserción de éstas en los registros de un discurso social. Este principio, lo entendió y lo subscribió Martí cuando, en torno al poeta norteamericano, Walt Whitman, declaró que "...el hombre debe abrir los brazos y apretarlo todo contra su corazón....todo debe fundirlo en su corazón, como un horno..." (T, 15: 198-99).

VERSOS DE LA MODERNIDAD

La ordenación política de los *Versos sencillos* entraña el examen de dos estratos principales de la formación del texto: cómo se individualiza el autor en sus obras —el principio de Foucault— y cómo se forma dentro de esa individuación lo que Zavala llama el imaginario social de la episteme modernista. La formación de ésta responde a una operación doble, "manifestándose en el emisor y en los receptores mediante el proceso de 'representar' la realidad desde la óptica de los nuevos sujetos sociales" y, en las refracciones de "una ideología emancipadora" del texto destinado a los receptores activos (113).

La elaboración de un mapa analítico de esta índole trae a la memoria las siguientes formulaciones ideológicas pertenecientes a los escritos fragmentarios martianos:

> En poema, personificación del alma eterna humana. En poema: mi tiempo: fábricas, industrias, males y grandezas peculiares: transformación del mundo antiguo y preparación del nuevo mundo. Grandes y nuevas corrientes: no monasterios, cortes y campamentos sino talleres, organizaciones de las clases nuevas....Fraguas, túneles, procesiones populares, días de libertad: resistencias de las dinastías y sometimientos de las ignorancias. Cosas ciclópeas (Aguirre, 145).[6]

En este complejo de emociones íntimas el creador genera un proyectado texto ideal de orden político, en los espacios del cual se recogen y se insertan los iconos prototípicos de las actividades de la economía capitalista y los reajustes sociopolíticos del proceso de la modernidad. La expresión poética que enuncia constituye la base de lecturas múltiples, referidas todas a un centro originario: el de la personificación del alma eterna humana, el de la poesía de la existencia —entendida ésta como plasmación de la "vida trascendida por la fuerza objetivante del espíritu y el poder cognoscitivo y fundador de la palabra" (Jiménez, 9). El texto generado de este modo, produce otros —en el receptor, por ejemplo— y mediante este proceso genésico cobra una vida amplia, múltiple y dinámica, la de "la vida trascendiéndose siempre de los hechos del existir hacia las posibilidades últimas del ser" (Jíménez, 9). La equiparación *poesía = existencia,* conforme al modelo de Jiménez, constituye una exploración de los registros experimentales de orden filosófico. Sin embargo, Martí que "siente la realidad" (Jiménez, 8), a su alrededor de manera comprensiva y profunda, también sondea los espacios de la vida política y social, inclusive la de los estratos angustiados y misteriosos de las "clases nuevas" marginadas de la modernidad burguesa (Calinescu 41-46). En la poesía de Martí y en la de los poetas modernos que comunica, critica o subvierte los conflictos, paradojas, y opresiones de la modernidad, los códigos se organizan según la dicotomía clásica nietzscheana de lo apolíneo y lo dionisíaco (Spears, 38), en estructuras medidas y racionales, por un lado, o en metáforas que sugieren la vehemencia, el frenesí, o el arrebato, por otro. La tensión textual de esta dicotomía sería la que

[6] Entre varios investigadores hemos buscado esta cita en las ediciones de las Obras completas, pero sin éxito. ¿Se trata de un texto inédito no recogido en volumen hasta la fecha?

> ...corresponde a [la]...distinción entre la poesía de comprensión ["meaning"], que el lector capta por medio del juicio, vía la contemplación de imágenes o eventos concebidos como objetos con su significación independiente —y la poesía de la experiencia, que el lector comprende a base de una combinación de empatía y juicio, al encontrar la expresión de su propia vida mediante una percepción creadora de imágenes o de eventos que de otro modo serían incompletos... (Langbaum, 232).

Para los poetas de la modernidad —concepto que Martí entendió mejor que sus contemporáneos— lo dionisíaco simbolizó la expresión apasionada, rugosa y quejosa, la que reveló el sufrimiento de una humanidad atribulada y victimizada por la "vida nueva" (Spears, 38). Testigos del ritmo metamórfico y sisífico de un nuevo y descentrado universo, sus códigos textuales son ambivalentes: "...se ocupan mucho más de la profunda y misteriosa comunión con Dionisos, [pero] no abandonan la idea apolínea del orden..." (Spears, 73). O, dicho en términos de los *Versos sencillos*, el poeta, desde la subjetividad, centro de su visión, percibe el proceso de la metamorfosis, pero conforme a una predilección por las armonías pitagóricas, la canaliza y la resuelve mediante la imposición de un esquema racional de orden ideal y de estructuración espacial empírea: "Y salir de los escombros/ Volando las mariposas" (I) o "...todo, como el diamante,/ Antes que luz es carbón" (I).[7]

LAS VOCES DEL TEXTO

En el discurso crítico en torno a los *Versos sencillos* ha sobresalido la tendencia a privilegiar el proyecto apolíneo de un poeta de "fuerzas mermadas" que entre los arroyos del monte produce una poesía llana y sincera, "escrita como jugando". En el proceso de la lectura de los códigos sistémicos de este poemario, y particularmente en relación con la atribución a él de una articulación epistemológica fundamentalmente serena y armónica, han sido decisivos los enunciados metapoéticos del atribulado prologuista quien contrasta sus versos

[7] Citamos por el texto de Cintio Vitier, Fina García Marruz y Emilio de Armas: José Martí, *Poesía completa*. Indicaremos con la numeración romana de esta edición la procedencia de los versos citados.

"sencillos" con otros de signo lingüístico antagónico: versos de otros tomos, "hirsutos" y "encrespados" de "aguas turbias" y "hierro caldeado". Si confrontamos estas formulaciones rebeldes con la imagen sosegada que suele asociarse con los *Versos sencillos*, se pone de manifiesto la necesidad de replantear la presencia en ellos de un preponderante espíritu de reconciliación y armonía en contraste con las disyunciones o las estructuras dionisíacas de libros poéticos anteriores (Schulman, 46), o con la poesía moderna que Martí identificó con la vida luzbélica.[8] En los poemas de los *Versos sencillos*, escritos en el invierno del 89/90, y nacidos de la extenuación física y emotiva, brotan, como nos ha explicado Cintio Vitier, las "flores silvestres" evocadas por el poeta, y "la melodía de la tonada eterna" de lo nativo popular (171), textualizaciones simbólicas ambas del discurso apolíneo.

Pero, los registros del discurso poético martiano son múltiples. Pertenecen a un discurso fundamentalmente dia-lógico, si no multilógico. La multivocidad de su experiencia colectiva queda sintetizada en el prólogo cuando el poeta metaforiza la naturaleza y describe sus fuerzas antagónicas/globales con la frase: "A veces ruge el mar, y revienta la ola, en la noche negra, contra las rocas del castillo ensangrentado: a veces susurra la abeja, merodeando entre las flores". Mediante un salto sintáctico, sin conectivo, en prosa expresionista, el poeta detalla las dos caras de la vivencia humana, la de la violencia, en la primera parte del sintagma —*ruge, revienta, negra, rocas, ensangrentado*—, y la de la serenidad armónica característica del modelo clásico/bucólico —y en el fondo, expresión apolínea: *susurra, abeja, flores*. La poesía conceptualizada y racionalizada de este modo encuentra su plasmación prototípica en los versos:

Todo es hermoso y constante,
Todo es música y razón,
Y todo, como el diamante,
Antes que luz es carbón (I).

---

[8] El adjetivo es de Martí quien describió la vida del poeta moderno como "dudadora, alarmada, preguntadora, inquieta, luzbélica" (N, 7:229).

La constancia de este patrón de polaridades ideológicas se evidencia en otros textos y contextos en la repetición de dos registros de ordenación política:

> ...no saltaba su estilo de su pluma, pulido como acero de batalla, o abollado como casco de combatiente, o roto en trizas, sino límpido, como un amor dichoso (T, 29: 109).

o,

> Siempre fue el Cielo copia de los hombres, y se pobló de imágenes serenas, regocijadas, o vengativas, conforme viviesen en paz, en gozos de sentidos, o en esclavitud y tormentas las naciones que las crearon (T, 17: 165).

"EL GRITO DE TODOS EN UN SOLO PECHO"[9]

En "El Poema del Niágara" —escrito que se debe reconocer como uno de los más lúcidos y perspicaces manifiestos de la modernidad, el primero, además, concebido en el ámbito hispanoamericano— el poeta advierte que las transformaciones sociales de su época han modificado la visión y la voz del creador, convirtiendo su vida íntima en el centro de la experiencia universal, y haciendo que la naturaleza sea el vehículo preferido, si no el único de la lectura de una nueva sociedad inestable. Lo que describe en este ensayo/manifiesto, se convierte en la base sistémica de la textualización de la modernidad en los *Versos sencillos*: la individualización del poeta en su(s) texto(s) y la concreción de sus vivencias en la metaforización de la naturaleza, en las "flores silvestres" tantas veces identificadas con la cara apolínea del poemario.

Sin embargo, en contraste con el modelo apolíneo hay otro, el cual, como ya lo hemos sugerido, desarrolla Martí al sentar las normas de la vida revuelta que observa: es el modelo dionisíaco, el que equipara con la producción poética moderna y, en particular, con la obra de Pérez Bonalde. No parece aventurado especular que el

---

[9] Utilizamos las palabras de Martí en su ensayo sobre la poesía de Pérez Bonalde, el "Prólogo a *El poema del Niágara*" (N, 7:231).

esquema elaborado en este ensayo haya dejado su huella en la formación de otros textos martianos, inclusive los de los *Versos sencillos.* Es decir, que en los versos de este tomo el cariz violento de la naturaleza se convierte en el vehículo para reflejar la potencia de la voz poética, voz dirigida contra la hegemonía política y social, dando expresión de este modo al imaginario social de la obra. De ser así, tendría que existir en la base teórica que proponemos una correspondencia entre la voz tenebrosa de la experiencia moderna, la metaforización de la naturaleza, el discurso crítico/teórico alusivo al poema de Pérez Bonalde y el proceso histórico que va insertándose en los textos poéticos.

En el "Prólogo a *El poema del Niágara*" se teoriza que la vida histórica está suspensa, "...harto nuevas aún y harto confusas las instituciones nacientes para que hayan podido dar de sí...elementos poéticos; sacadas al viento, al empuje crítico, las raíces desmigajadas de la poesía añeja", y que, como consecuencia, "*la vida personal [es] dudadora, alarmada, preguntadora, inquieta, luzbélica; [y, por fin, que] la vida íntima febril, no bien enquiciada, pujante, clamorosa, ha venido a ser el asunto principal y, con la naturaleza, el único asunto legítimo de la poesía moderna* (énfasis del autor)" (N, 7: 229).

Sentada esta base teórica, la de las requisitas correspondencias que señalamos, podemos insistir por un lado sobre la experiencia personal, o sea, la de la poesía que se hace en el corazón (T. 12 25), modalidad fundamental de los *Versos sencillos.* Pero, al mismo tiempo, hay que señalar la preeminencia de una poesía que brota del alma "en guerra, en elocuencia" (T, 12: 25). Se trata, en otras palabras, de un poemario que organiza la visión de un agónico, herido en la batalla de la vida, y que desde los estratos del conocimiento inscribe en forma de "memorias" (Zavala, 126) las lacras y los vicios de la sociedad moderna, la crisis social que ha producido, y la experiencia urbana asociada con la industrialización cuya cultura sociopolítica y moral observa el narrador en las ciudades de Estados Unidos: "Odio la máscara y vicio/ Del corredor de mi hotel" (III). Es ésta una poesía de la existencia, pero, asimismo de la resistencia, de la negación a aceptar las imposiciones, las amarras, y los moldes prehechos de la nueva civilización creciente, la que limita las potencias del ser humano y mina sus fuerzas:

¡Penas! ¿quien osa decir
Que tengo yo penas? Luego,
Después del rayo, y del fuego,
Tendré tiempo de sufrir (XXXIV).

O, en otro texto:

De mi desdicha espantosa
Siento, oh estrellas, que muero:
Yo quiero vivir................(XXXIII).

Ruge la batalla política asumida por el poeta en medio de los "desencuentros"[10] del proceso de la modernización. El ruido de esta contienda descomunal lo alcanza en el campo; lo asedia entre las "flores silvestres" de su refugio en las montañas Catskill. Su voz, hecha de una acumulada experiencia de decepciones, se levanta en este breviario de lecciones políticas en contra de la opresión, a pesar del anverso del medallón: es decir, los códigos de la vida apacible y silvestre. El narrador/poeta enuncia una campaña de intransigencia por medio de plasmaciones que se identifican con las metaforizaciones de la "negra noche" y las "rocas del castillo ensangrentado" iluminadas en el discurso del prólogo. La escritura se caracteriza en uno de los poemas por metacomentarios de un imaginado diálogo entre el poeta y su "verso":

Y porque mi cruel costumbre
De echarme en ti te desvía
De tu dichosa armonía
Y natural mansedumbre;

Porque mis penas arrojo
Sobre tu seno, y lo azotan,
Y tu corriente alborotan,
Y acá lívido, allá rojo,
.... (XLVI).

[10] Sobre estos desencuentros, se debe consultar el sugerente libro de Julio Ramos, *Desencuentros de la modernidad en América Latina; Literatura y política en el siglo XIX* (México, FCE, 1989).

Se patentiza en estos versos la estrategia consciente e indeclinable de sacrificar la "dichosa armonía" y la "natural mansedumbre" debido a la firmeza y la persistencia de las penas vertidas en el alboroto de la metaforizada corriente teñida del color de la sangre y de la batalla. El abandono de la armonía pertenece al discurso alternativo del tomo, o sea, al proyecto dionisíaco cuyo eje gira en torno a la sostenida lucha, y se identifica con la poesía de la experiencia cuyo mensaje entiende el lector, según Langbaum (232-33), mediante el juicio y la comprensión de imágenes y de eventos, aunque sea ésta fragmentaria.

De este carácter trunco es la lección política del poema XXXVIII basado en el conocimiento y la acción:

> ¿Del tirano? Del tirano
> Di todo, ¡di más!: y clava
> Con furia de mano esclava
> Sobre su oprobio al tirano.

Hay otros versos relacionados con éstos en los cuales la expresión del ideal heroico y la defensa de la acción moral se enfrenta con el *status quo* vergonzoso: el del poema XLV, "Sueño con claustros de mármol". El patrón de la retirada de la pelea, sugerido en el prólogo, y enunciado con insistencia a través del tomo, se materializa y se debate vía las figuras esculpidas del panteón patriótico. En el discurso del poema la metamorfosis —transición desde lo inestable a lo dinámico— cancela la pasividad actual mediante el vehículo provocador, si no irracional, del sueño. El ritmo y el movimiento —la vergüenza, la crítica, y, por fin, la acción de las figuras patrias— se evidencian en el segundo hemistiquio de versos estructurados serialmente de la primera estrofa. Su intencionalidad es la de enaltecer el elemento de acción: *abren, mueven, tiemblan, empuñan, lloran.* Y, con la acción final, la inmovilidad se cancela, y la metamorfosis se completa, al saltar del zoclo los "hombres de mármol".

La dinámica de la acción no es necesariamente explícita en la ordenación política del tomo. Hay plasmaciones que no invocan la dualidad —inercia > movimiento— y, sin embargo, hay en ellas una llamada implícita a la reordenación social. Así en el caso de los versos dedicados a la institución de la esclavitud:

Yo sé de un pesar profundo
Entre las penas sin nombres:
¡La esclavitud de los hombres
Es la gran pena del mundo! (XXXIV)

Sin embargo, en un libro poético, elaborado con un sistema de enlaces que Fina García Marruz llama "trascendente" (164), y que nosotros en esta re-visión hemos identificado con la estética de la modernidad y la busca de un mundo re-edificado, a veces hay una intencionalidad sobrentendida en la ilación libre de los cuartetos del texto. Tal es el caso, a nuestro juicio, de la estrofa que evoca la esclavitud. Sin servirse de la imaginería de la acción, sin dilatar el comentario sobre el vicio social, el poeta emite a continuación un mensaje que viene a ser un programa de redención: "Hay montes, y hay que subir/ Los montes altos...", versos cuya imaginería comprende un ideal de justicia social y la inspiración a cumplir con un compromiso.

Y hay otros versos en que se evoca la lucha pasada, en que la crónica reconstruye un pretérito que es un presente doloroso. En el poema XXVII se narra —con viñetas breves— la historia negra de la presencia española en la isla; la violencia de la administración colonial, sus actos de destrucción, y la heroicidad y abnegación de la figura de la "matrona". El relato está destinado a encontrar una resonancia de empatía en el receptor y de intensificar el resentimiento. Los versos están saturados de un ambiente de lucha y de muerte que subvierte lo que en la superficie parece una mera crónica —la narrativización de la injusticia— y la convierte en una llamada a la acción. La mayoría del texto se narra en tercera persona —sintaxis de la distancia; dos veces aparece la voz íntima del yo—, sintaxis de la individualización —la cual intensifica la carga emocional y subraya el mensaje político.

LA INVERSIÓN DEL REPOSO

El modelo apolíneo queda subvertido por la irrupción de escenas, recuerdos, fragmentos de experiencias nacidas de la cultura de la modernidad. En un cuaderno de apuntes (sin fecha) escribe el poeta sobre el efecto de la ciudad y el trajín de la vida urbana de Nueva York. Es su visión una especie de pesadilla expresada en prosa expresionista. Es, además, un enunciado de "nuevas narrativas y destinos históricos" (Zavala, 114) que apunta hacia el imaginario social martiano —el de la liberación—, y en cuya elaboración destacan los modelos dionisíacos:

> Hay veces que la ciudad me roba (me invade) el espíritu, y el ruido me parece de millares de caballos que me llevan, y estoy todo roto, por el esfuerzo que hago por tenerme en mí. Otros días soy mi dueño, y vivo sobre el ruido, como un domador sobre sus fieras muertas.
>
> ...dejando tras de sí la estela en forma de un colosal desnudo, con los arranques de la cadera en los flancos del barco, adelgazada ya junto a la orilla, y con los pies apoyados en New York: de pronto el vapor tuerce, y los extremos de mujer se convierten en cola del inmenso pez, en cosa de sirena (N, 21: 462).

Igual que en este fragmento de experiencia urbana ligada a la de la modernidad, en los *Versos sencillos* hay escenas de "extrañamiento" (Zavala, 123). Entre ellas sobresale el poema XI ("Yo tengo un paje muy fiel") que explora en vida —"...se acurruca a verme/ Trabajar, y sollozar/"— el sentimiento de la co-presencia de los dos polos de la existencia. El "extrañamiento" emana de la experiencia subjetiva, de la de un poeta que ha validado la percepción fragmentada del universo, incorporándola dentro de un concepto autonómico y armónico de la experiencia. El papel de profeta o veedor del caos, el mismo que describió en el "Prólogo a *El poema del Niágara*", el que asignó a los poetas modernos, es el mismo que se evidencia en estos versos escritos en un estilo de engañoso carácter reposado y apolíneo. Debajo de la superficie, se descubre la voz de un agónico que detalla la experiencia individual de doloroso engaño y de sufrimiento profundo. Langbaum, al iniciar el deslinde de la poesía de la experiencia, cita de la reseña de T.S. Eliot del *Ulises* joyceano, y nos recuerda que el empeño sintetizador, y el proyecto armónico de la poética de la modernidad puede esconder el anverso del medallón, es decir, una estrategia cuya finalidad es perfilar, controlar y ordenar el panorama inquietador de futilidad y anarquía que constituye el centro, el yo trágico/dionisíaco, el hogar de la visión individual del creador, y la experiencia histórica del mundo moderno (11).

En contraste con las "flores silvestres" o el código de la vida dinámica de lucha y enfrentamiento, la experiencia de la modernidad se esconde a veces detrás de una máscara de reposo. La lectura del mundo, caracterizada en este y otros escritos martianos por una estructuración polar, evidencia registros de pasividad. En ellos, exteriorizados en la forma de escenas breves, se capta un aparente aliento restaurador que resume el testimonio del existente. El desparramado mosaico de estas visiones gira, en varios de los poemas, alrededor de la figura femenina:

Pálida, en su canapé
De seda tórtola y roja,
Eva, callada, deshoja
Una violeta en el té (XVI).

O, en el XLII, donde la inmovilidad de la figura de Agar alterna con la acción simbólica de arrojar la perla al mar:

Agar, de tanto tenerla
Al pecho, de tanto verla
Agar, llegó a aborrecerla:
Majó, tiró al mar la perla.

La mujer retratada en estos versos, es a menudo la figura estática ligada con la experiencia; es el símbolo tradicional femenino de la cognición, por un lado; o por otro, la encarnación del dolor, o la fuente del sufrimiento. Las figuras inmóviles, sin embargo, son subversiones implícitas de la dinámica bipartita del tomo, representada metafóricamente en el prólogo. Son, en el fondo, el anverso de una lente que refracta los códigos de acción y de movimiento de la obra martiana. Son representaciones polares de las escenas de injusticia y de dolor patrios, pero no separados sino adjuntos. La subversión resulta de la afirmación de una implícita ordenación política que desde la individuación textual descubre y reafirma la textualización social. De ahí, en muchos de los fragmentos el nexo entre dolor, muerte y patria:

Yo quiero, cuando me muera,
Sin patria, pero sin amo,

Tener en mi losa un ramo
De flores, —y una bandera (XXV)

O, en forma más explícita, en el poema XXVI se formula la llamada constante a la acción del mártir que vive pero que ha muerto.

Langbaum observa que los poetas modernos buscan anular el proceso histórico que ha minado el valor objetivo de las percepciones del ser humano, proceso que se inició, según él, con la corriente de crítica subversiva del Siglo de las Luces.[11] Frente a la instauración de lo ilusorio, buscan revalidar y recobrar la historicidad de su experiencia por medio de la narración de las visiones subjetivas y las puntualizaciones concretas de su escritura (235). Es este el caso del poeta de los *Versos sencillos* quien "se apoya en una subjetividad que autovaloriza la identidad individual y colectiva mediante convicciones y evaluaciones propias" (Zavala, 122).

No es grande —escribió Martí— el que se deja arrebatar por la vida, sino el que la doma. ¡No el que va, palpitante y rugiente, por donde sus pasiones, o las ajenas, lo empujan, sino el que clava los pies en medio de la vía, y enfrena a los demás, y a sí propio, y ve —como por sobre dosel— por sus pasiones domadas (T, 29: 111).

Pero, entendió que el escritor era "misionero" que escribía para "el bien del prójimo" (T, 30: 146). Conforme a este principio teórico, Martí en este volumen inscribe sus memorias y sus visiones para crear un texto político que autoriza al narrador, individuo superior que da sentido a lo que de otro modo sería un mundo sin sentido —tanto el suyo, como el de nosotros—, y amplía los registros del discurso poético para incluir el de la lucha y la subversión, signos del universo de remolde y de transfiguración de la modernidad.

[11] Langbaum observa a este respecto: "...the idea of the past and of the superior individual as giving meaning to an otherwise meaningless world, derive from that same nineteenth century romanticism....Whatever the difference between the literary movements of the nineteenth and twentieth centuries, they are connected by their view of the world as meaningless, by their response to the same wilderness. That wilderness is the legacy of the Enlightenment which, in its desire to separate fact from the values of a crumbling tradition, separated fact from all values —bequeathing a world in which fact is measurable quantity while value is man-made and illusory. Such a world offers no objective verification for just the perceptions by which men live, perceptions of beauty, goodness and spirit." (11).

OBRAS CITADAS

Aguirre, Mirta, "Los principios estéticos e ideológicos de José Martí", *Anuario del Centro de Estudios Martianos* 1, 1978, pp. 133-152.

Calinescu, Matei, *Five Faces of Modernity*, Durham, Duke University Press, 1987.

Foucault, Michel, *Language, Counter-Memory, Practice*, trad. Donald F. Bouchard y Sherry Simon, Ithaca, Cornell University Press, 1977.

Garfield, Evelyn P. e Ivan A. Schulman, *"Las entrañas del vacío": ensayos sobre la modernidad hispanoamericana*, México, Ed. Cuadernos Americanos, 1984.

Herring, Henry D., "Literature, Concepts and Knowledge", *New Literary History*, 18 otoño de 1986, pp. 171-190.

Jameson, Frederic, *The Political Unconscious*, Ithaca, Cornell University Press, 1981.

Jiménez, José Olivio, *José Martí, poesía y existencia*, México, Oasis, 1983.

Langbaum, Robert, *The Poetry of Experience; The Dramatic Monologue in Modern Literary Tradition*, Londres, Chatto & Windus, 1957.

Martí, José, *Obras completas*, 74 tomos, La Habana, Editorial Trópico, 1936-1949.

________, *Obras completas*, 28 tomos, La Habana, Editorial Nacional, 1963-1973.

________, *Poesía completa*, 2 tomos, La Habana, Editorial Letras Cubanas, 1985.

Said, Edward W., *The World, the Text, and the Critic*, Cambridge, Harvard University Press, 1983.

Schulman, Ivan A., "Introducción", José Martí, *Ismaelillo, Versos libres, Versos sencillos*, Madrid, Cátedra, 1982.

Spears, Monroe K., *Dionysus and the City; Modernism in Twentieth-Century Poetry*, Nueva York, Oxford University Press, 1970.

Vitier, Cintio y Fina García Marruz, *Temas martianos*, La Habana, Biblioteca Nacional José Martí, 1969.

Zavala, Iris, "Lo imaginario social dialógico", *Sociocríticas, prácticas textuales, cultura de fronteras*, ed. M. Pierrette Malcuzynski, Amsterdam, Rodopi, 1991, pp. 111-128

6. JOSÉ MARTÍ Y LAS ESTRATEGIAS DEL DISCURSO (CONTRA)MODERNO

INSERCIÓN DE LA MODERNIDAD EN EL ESPACIO MEXICANO

Es en los textos epistolares dirigidos por José Martí a Manuel Mercado, su amigo mexicano, donde, sin reserva, descubrimos la otra faz del sujeto y su imaginario social, la que solía reprimir o desfigurar ante las apremiantes necesidades políticas de su labor revolucionaria. Así, en una carta del 89 alude al "modo peligroso y altanero con que este país [Estados Unidos] se propone tratar a los nuestros".[1] Pero, pese al miedo y dolor que le causan estos ardides políticos, le advierte a Mercado que

> en el mundo he aprendido...la justicia, y la belleza de la moderación, —es que *ni abiertamente, ni con disimulos hábiles, dejaré que esta pena mía afee mis comentarios* [en *El Partido Liberal*] sobre los sucesos de esta tierra, que en lo que hace a nuestros países no presentaré de mi boca, ni para atizar odios, sino tales como ellos mismos se vayan presentando, *y aun omitiendo muchos*, porque habría razón para justa alarma si se dijesen todos[2] (énfasis del autor).

En las crónicas que enviaba a *El Partido Liberal* de México o a *La Nación* de Buenos Aires Martí escribió la nación moderna recalcando la narración de sucesos diarios de su experiencia norteamericana o sea, fijando la visión en los detalles de la nacionalidad con "disclosures

[1] José Martí, *Epistolario* (La Habana, Editorial Ciencias Sociales), II: 73.

[2] *Epistolario*, II: 73.

of[...] everyday life",[3] pero, al mismo tiempo, omitiendo aquello cuya introducción juzgaba nocivo para los países hispanoamericanos. No obstante estas supresiones, en su labor cronística se evidencia la construcción consciente de la modernidad (y un discurso de la contramodernidad) a nivel ideológico y estilístico en escritos que delimitan el territorio político, social y cultural de Estados Unidos hacia fines del XIX.

La narración de la nacionalidad apropia y resemantiza los códigos de la modernidad; en sus registros, interiorizados y a menudo encubiertos, se revela la voz de un narrador de actitud ambivalente frente al proceso de la modernización económica: el cubano cuestiona la cultura del incipiente capitalismo; pone en tela de juicio la idoneidad de su proyecto; censura sus consecuencias sociales (pensando en el futuro de los pueblos hispanoamericanos); y somete a un examen ético los valores de la modernidad cuya operación observó durante los años críticos y dinámicos de la última etapa de su vida en Estados Unidos (1880-1895).[4] En fin, Martí cultiva un discurso ambivalente y hasta contradictorio —el discurso característico de las modernidades burguesa y estética;[5] narra los actos de progresión y de regresión que observa en Estados Unidos, incorpora los códigos de lo irracional y lo racional de la sociedad capitalista, y explora las dimensiones del "difícil engranaje de una moral crítica del capitalismo con el proyecto de la modernidad...".[6]

---

[3] Homi K. Bhabha, "DissemiNation: time, narrative and the margins of the modern nation", *Nation and Narration*, ed. Homi K. Bhabha, Londres, Routledge, 1990, p. 294. Todas las citas de Bhabha son de este ensayo a menos que se indique otra fuente en las notas.

[4] Sobre la modernidad en relación con el discurso nacional, además del ensayo de Bhabha, véanse Evelyn P. Garfield e Ivan A. Schulman, *"Las entrañas del vacío": ensayos sobre la modernidad hispanoamericana* (México, Cuadernos Americanos, 1984), primera parte; Francine Masiello, *Between Civilization and Barbarism: Women, Nation and Literary Culture in Modern Argentina* (Lincoln, University of Nebraska Press, 1992), 5-6; Julio Ramos, *Desencuentros de la modernidad en América Latina; Literatura y política en el siglo XIX* (México, FCE, 1989); y Rafael Rojas, "Viaje a la semilla. Instituciones de la antimodernidad cubana", *Apuntes Posmodernos. Post-modern Notes*, otoño de 1993, pp. 3-20.

[5] Seguimos el esquema elaborado por Matei Calinescu sobre las dos modernidades. Véase en particular la sección intitulada "The Two Modernities", *Five Faces of Modernity* (Durham, Duke University Press), 1987, pp. 41-46.

[6] Rojas 12.

La representación de las estrategias discursivas del espacio nacional se patentiza de modo ejemplar en las crónicas enviadas a *El Partido Liberal* entre 1886 y 1892. Hemos preferido enfocarnos en éstas y no en las que destinó a otros periódicos de la época por una razón que puede parecer arbitraria o accesoria a primera vista. Pero, es que en estas "cartas" mexicanas descubrimos una confluencia histórica que importa destacar: son escritos que pertenecen a un cuerpo de colaboraciones destinadas al mismo periódico en que Manuel Gutiérrez Nájera (1859-1895) tenía una "parte mayor"[7] según nos informa el cubano. Sabemos que las compuso motivado en gran parte por la necesidad de aumentar sus ingresos económicos, pero, movido al mismo tiempo por el deseo de "contribuir a ponerle sangre nueva a *El Partido*".[8] En 1995 estas colaboraciones, las que Martí asoció con el nombre de Gutiérrez Nájera, son de una relevancia especial, pues identificadas con el Duque Job y con México, marcan una celebración doble: el centenario de la muerte de Martí y el de Manuel Gutiérrez Nájera.

Lazos de admiración y de amistad unían a estas figuras cumbres de las primeras etapas del modernismo. De Gutiérrez Nájera, Martí estimaba la obra y la persona.[9] Nájera alabó al escritor cubano de "alas recias" y "estilo mágico", pero en su crónica sobre *La Edad de Oro* (1889) confesó que en la mayoría de los escritos martianos las ideas le parecían de "pulmón fuerte": "suben mucho" —afirmó— y "nos solemos perder de cuando en cuando, como Reynaldo en el jardín de Armida, o como el viajante intrépido en una selva virgen...".[10] El discurso enmarañado de esta "selva" desorientaba a Nájera; en ella se enfrentó con el estilo neobarroco e imaginístico de la narrativización y la textualización de la nación y con una plétora de mecanismos escriturales que Martí utilizaba para narrar vi-

---

[7] *Epistolario,* II 98.

[8] *Epistolario,* II 99.

[9] Véase por ejemplo lo que le escribe a Mercado en el 89: "estimo mucho a Nájera, no tanto por su talento, que es extraordinario, como por la nobleza de su corazón. Todo lo que hace es bello; y mucho, perfecto.... Pensaba en él cuando escribía en días pasados, a propósito de otro, que tenía en su pluma todos los colores, menos el del veneno" (*Epistolario,* II: 98).

[10] Manuel Gutiérrez Nájera, *Obras* (México, UNAM, 1959), I: 372.

siones interiorizadas, "inscapes", o sea, paisajes interiores,[11] por un lado, y por otro, los sucesos cotidianos de la vida colectiva cuya intencionalidad social —en el fondo, política— era historiar la nación cubana e hispanoamericana.

Narrar y *nación* no son términos necesariamente vinculados. Pero, en el caso de los textos martianos que estudiamos son fenómenos que se funden y se fertilizan mutuamente; la dinámica estructuración conceptual que resulta de la simbiosis enriquece el diálogo sobre la modernidad (y su contrapartida), la nacionalidad, y la identidad cultural cubanas —y americanas— del siglo XIX. La tarea de construir la nación produce un desplazamiento espacial de carácter engañoso a primera vista. Nos referimos al hecho de que en las narraciones hay una "dualidad escritural" (*doubleness of writing*) [12] referida a la captación de los procesos de la formación de la nación moderna a base del modelo norteamericano, operación que produce una bifurcación o fragmentación espacial (o geográfica) que de-centra, desvía, y al mismo tiempo amplía el foco de la escritura. Como consecuencia, la narración de la experiencia diaria de la emergente cultura capitalista de Estados Unidos —la cultura de la modernidad burguesa—[13] cobra una categoría disyuntiva: en un nivel Martí narra en forma alegórica una visualización personal del espacio nacional norteamericano, pero, en otro, más profundo y velado, inserta el subtexto de una narración aleccionadora y ética, destinada a los lectores hispanoamericanos, sobre el presente político hispanoamericano —caótico y deficiente— contrapesado por un discurso liberal, enraizado en el de los fundadores de la ideología nacional hispanoamericana,[14] el cual, en la variante martiana, expresa el deseo de un futuro halagador de vida (trans)nacional, independiente y descolonizada.

---

[11] Bhabha, 295.

[12] Sobre este proceso anti-esencialista Bhabha comenta: "...the space of the modern nation-people is never simply horizontal [no historicista]. Their metaphoric movement requires a kind of 'doubleness' in writing; a temporality of representation that moves between cultural formations and social processes without a 'centered' causal logic" (293).

[13] Calinescu, 41-46.

[14] Pensamos en el discurso liberal de ensayistas como Esteban Echeverría, Domingo F. Sarmiento o Juan Bautista Alberdi.

LA INSCRIPCIÓN DE LA NACIÓN MODERNA

Los signos de la nación norteamericana enunciados en el discurso de las crónicas martianas son múltiples y heterogéneos; en ellos sondeamos el inmanente concepto de identificación cultural del cronista y leemos los objetos de una narración cultural[15]. Para Martí el proceso de narrativizar las dimensiones y fronteras de la cultura de Estados Unidos involucra lo que Bhabha designa como una visión repleta de "gatherings of exiles and emigrés and refugees, gathering on the edge of 'foreign' cultures... [Pero implica asimismo la construcción de] memories of underdevelopment, of other worlds lived retroactively"[16] —mundos del sujeto moderno inscritos en un subtexto americano, interiorizados en forma simbiótica junto con la apropiación de la cultura norteamericana. En otras instancias los espacios (los de "other worlds") se insertan en una representación simbólica de consistencia especular. En la escritura martiana suele primar una dinámica movible, la que Bhabha encierra en su concepto de *temporalidad de la representación* (293), que en el discurso martiano perfila una sociedad en que el hombre asume una nueva función "mudable" e "imprevista" de valor introspectivo y de autoconstrucción: "Ése es el maravilloso ejército moderno —nos dice. Ésa la nueva casta sacerdotal. Ésos, en *el nuevo estado humano,* lo[s] que suceden y reemplazan a los héroes"[17] (énfasis del autor; T, 40: 101). En la insistencia de Martí sobre la novedad, sobre un nuevo comienzo, queda sentado el fundamento del proyecto martiano que luego se elabora en una oposición a la modernidad burguesa norteamericana.

La piedra angular de nuestra lectura es la exploración de las fuentes de autoridad de la sociedad y la cultura de Estados Unidos en su doble fase de modernidad burguesa y modernidad estética, tomando en cuenta el hecho de que la que refracta Martí es una representatividad multiforme y vacilante en lugar de una visión

---

[15] Véanse los comentarios de Bhabha sobre el tema de la construcción cultural (292).

[16] Bhabha, 291

[17] Utilizamos dos ediciones de las obras completas de Martí. Citamos a ambas en el texto. T y N son las siglas que se refieren a estas ediciones; después de la sigla sigue el número del tomo y la página. T: *Obras de Martí* (La Habana, Trópico, 1936-1953); N: *Obras completas* (La Habana, Editorial Nacional, 1963-1973).

homogénea sin diferenciación social ni económica.[18] Es, al mismo tiempo, el discurso del sujeto moderno que proyecta la imagen, en primer término, de la cultura de Estados Unidos *—el discurso informativo—*,[19] y, simultáneamente, un concepto ideal de la cultura hispanoamericana *—el discurso del deseo.*[20]

El discurso del deseo, término que derivamos del comentario martiano sobre la vida y los escritos del historiador norteamericano, George Bancroft, expresa la aspiración refractada de un revolucionario en busca constante, entre los espacios empíreos, del principio transformador de la experiencia humana: "Lo que a los hombres de letras —léase "lo que a Martí"— suele suceder es que su amor y hábito mental de lo relativamente perfecto, les produce el dolor de no hallarlo en todo..." (T, 17: 24-5). Este pensamiento encierra dos caras de la conceptualización de la cultura norteamericana. Por un lado, los códigos morales y estéticos pertenecientes a una concepción ideológica contramoderna. Por otro, el imaginario social del creador modernista, o sea, "el enunciado vivo aparecido conscientemente como una proyección colectiva para crear nuevas narrativas y destinos históricos"[21] de intención novadora y emancipadora. La base de estas formulaciones ideológicas y estéticas la desarrolla Martí en su ensayo sobre Walt Whitman en el cual aboga por el concepto moderno de escribir la realidad de la nación y articular sus objetos culturales guiado por el principio de la inestabilidad y el movimiento, el cual es un signo del espíritu creador moderno: "Cada estado social trae su expresión a la literatura, de tal modo, que por las diversas fases de ella pudiera contarse la historia de los pueblos, con más verdad que por sus cronicones y sus décadas" (T, 15: 195).

---

[18] Véase Bhabha, 300.

[19] Ramos acude al término "exteriores" para describir este aspecto de la crónica martiana: "[Martí]...tematiza los exteriores, ligados a la ciudad..." (91).

[20] Hayden White utiliza el término *discourse of desire,* pero no en el sentido lacaniano, sino con el fin de distinguir entre el discurso de lo real y el discurso de lo imaginario. El histórico lo identifica con lo real, el imaginario o el del deseo, con el discurso literario, "The Value of Narrativity in the Representation of Reality," *Critical Inquiry,* 7 (1980): pp. 23-24. El sentido martiano del término refracta los registros éticos y morales de su discurso sobre la modernidad y la construcción de la nación.

[21] Iris M. Zavala, "Lo imaginario social dialógico", *Sociocríticas, prácticas textuales, cultura de fronteras,* ed. M. Pierrette Malcuzynski, (Amsterdam, Rodopi, 1991, p. 114.

En sus escenas norteamericanas Martí articula una dialéctica de *amo* y *esclavo* (Bhabha, 295):[22] es decir, una visión homocéntrica cuyo eje es la captación de la interacción de poderosos y subalternos. De modo dramático sus narraciones sitúan en primer término al ser humano desempeñando su papel social contra el trasfondo del medio social y cultural de los espacios hegemónicos. Concebidos de esta manera, sus escritos constituyen radiografías de una sociedad emergente vista desde la perspectiva del esclavo —en especial, la de los recién llegados inmigrantes—, obreros hambrientos, anarquistas violentos, exilados políticos —y los conflictos étnicos, religiosos[23] y raciales creados con su presencia—, es decir los individuos o las colectividades manipulados y/o victimizados por un nuevo y metamórfico sistema socioeconómico cuyo poder los limitaba o los ahogaba.[24] Pero hay un foco de interés antagónico: el de los ciudadanos norteamericanos que en sus escritos o en su actuación pública revelan un proyecto de inconformidad, figuras como Henry George, Walt Whitman o Bronson Alcott. En el caso de ambas perspectivas se trata de textos concebidos con una intencionalidad programática; dirigidos al presente, captan el futuro[25] de una sociedad percibida como problemática e inestable. Pero, pese a su carácter precario, y al mismo tiempo borroso, el cronista logra visualizar el futuro de esta sociedad en ciernes y concibe —reflejo de su escritura programática y de su imaginario social— la necesidad de *salvarla* mediante la lucha en contra de la "cultura de pobreza" que tiraniza a los "esclavos" del sistema. Es la de Martí, por lo

---

[22] El punto de vista de Bhabha es el siguiente: "Two brilliant accounts of the emergence of national narratives support my suggestion. They represent the diametrically opposed world views of master and slave which between them account for the major historical and philosophical dialectic of modern times". Compárese el siguiente pensamiento martiano: "La Sociedad Literaria...no existe para promover intereses personales, ni para perpetuar los únicos rincones *esclavos* de América... (énfasis del autor; T, 66:82).

[23] Véase sobre este tema el apasiando e iluminador ensayo sobre el cisma de los católicos en Nueva York, del 16 de enero de 1887 (N, 11: 138-50).

[24] Véase el capítulo IV, "Narrando la sociedad multicultural" de nuestro libro *Relecturas martianas: narración y nación*, Amsterdam, Rodopi, 1994, para un estudio sobre las minorías étnicas y raciales en Estados Unidos.

[25] Pensamos en el valor futuro de los escritos martianos según el planteamiento de Cintio Vitier en "Martí futuro", Cintio Vitier y Fina García Marruz, *Temas martianos* (La Habana, Biblioteca Nacional, 1969), pp. 121-140.

tanto, una curiosa pero acuciosa resemantización del presente —el cual sirve para la contemplación del futuro— desde el cual se descubre el presente de los lectores del siglo XIX —ejemplo de la vuelta a los orígenes de la escritura modernista— y, a la vez, el presente nuestro —el de la actualidad— visualizado desde los parámetros del todavía inconcluso debate sobre la privación de los derechos de los pobres y marginados.

CONFLICTOS DE LA MODERNIDAD

Tiempos nuevos, tiempos "desquiciados", "desequilibrio, casi universal"[26] son las caracterizaciones que se le ocurren a Martí para describir este desfase. Con términos antinómicos engloba las tensiones y contradicciones de la sociedad moderna. Entendió la dinámica de las múltiples facetas de la modernización en sus contextos históricos —diacrónicos y sincrónicos—: la experiencia prolongada de la Colonia, y las disfunciones socioeconómicas creadas en países periféricos por las aspiraciones eurocéntricas referidas a los modelos culturales y las estructuras socioeconómicas de las clases dominantes del distante centro de poder. Además, en el siglo XIX comprendió Martí el concepto contemporáneo de las homologías:[27] "somos —apuntó— en nuestros propios países", "cabezas hispanoamericanas, cargadas de ideas de Europa y Norteamérica".[28]

En el ideario martiano campean las dos modernidades ya aludidas, distintas, antitéticas, y, sin embargo, relacionadas entre sí, *la burguesa* y *la estética* cuya interacción describe Calinescu:

> ...en algún momento durante la primera mitad del XIX —anota— se produjo una escisión irreversible entre la modernidad vista como una etapa de la historia de la civilización occidental —un producto del progreso científico y tecnológico, de la revolución industrial, de las profundas transformaciones económicas y sociales creadas por el capitalismo [o sea, la modernidad burguesa]— y la modernidad como un concepto estético

[26] José Martí, *Lucía Jerez* (Madrid, Gredos, 1969), p. 110.
[27] Véase Rafael Gutiérrez Girardot, *Modernismo,* Barcelona, Montesinos, 1983, pp. 33-71.
[28] José Martí, *Lucía Jerez,* 70.

> [la práctica de los experimentos estilísticos que van en contra de la rutina de la tradición literaria y el mercantilismo de la modernización burguesa]. Desde entonces, las relaciones entre las dos modernidades han sido terminantemente hostiles, pero sin que esto impida que se estimulen y se influyan mientras que con encono han buscado destruirse una a la otra.[29]

En la obra martiana y en la de otros modernistas la doctrina del progreso, los beneficios de la ciencia, la tecnología, el ideal de la libertad y el culto a la razón señalan la presencia del discurso liberal y del proyecto de la modernidad burguesa. Pero, en estas crónicas de *El Partido Liberal* la injusticia social que observa en torno suyo le hace revisionar "escenas de horror fecundo de la revolución francesa" (EMS, 67).[30] ¿Habrá una guerra social en el país? se pregunta el cronista. Decepcionado por las fallas de las instituciones sociales y culturales creadas por la modernización burguesa, duda del destino futuro de la libertad y la razón:

> ¿Será la libertad inútil? ¿No hay virtud de paz, fuerza de amor, adelanto del hombre en la libertad? ¿Produce la libertad los mismos resultados que el despotismo? ¿Un siglo entero de ejercicio pleno de la razón no labra siquiera alguna mejora en los métodos de progreso de nuestra naturaleza? ¿No hacen menos feroz y más inteligente al hombre los hábitos republicanos? (EMS, 72)?

Aunque está fascinado por el progreso material y la praxis de algunas instituciones políticas de la sociedad moderna, como la garantía de la libertad de la palabra, Martí vislumbra la necesidad de un proyecto moderno alternativo, el de una contramodernidad regida por la virtud y el amor. Y de acuerdo con esta imperativa elabora una narración contracultural que modifica los componentes del discurso liberal y el del proyecto de la modernidad burguesa. La otra modernidad, la es-

---

[29] Calinescu, 41. La traducción es del autor.

[30] Para citar de las crónicas de *El Partido Liberal* utilizaremos los textos recogidos por Ernesto Sánchez Mejía, *Nuevas cartas de Nueva York* (México, Siglo XXI editores, 1980). Se usa una forma abreviada dentro del texto: las siglas EMS seguidas de la página de esta edición.

tética, también se transparenta asimismo en sus crónicas, y, en ella campea una intencionalidad negativa frente a la burguesa. Su discurso de la (contra)modernidad patentiza una actitud crítica, ideológica y ética frente a los valores materialistas y espirituales degradados de la sociedad burguesa y, a la vez, la exaltación del idealismo humanístico, los códigos morales, el culto a la belleza, un sentido trascendente de la evolución histórica y la presencia de la tradición del pasado en la formación de nuevos patrones del presente, o sea, las "vueltas" históricas —conscientes o semiconscientes— de las formulaciones estéticas e ideológicas de un modernismo concebido como la primera etapa de la modernidad hispanoamericana. Ésta es la dualidad que encierra Rafael Rojas en las coordenadas de una exégesis que expresa las "tensiones diacrónicas entre un principio instrumental de asimilación de las instituciones modernas y un principio moral de rechazo a las mismas, que se dieron a lo largo de la historia política y discursiva de Cuba" (4), y, en las cuales se inserta el proyecto moderno/antimoderno de Martí.

CONTEXTUALIZACIONES DIALÓGICAS

En la elaboración de este proyecto la contextualización de los parámetros culturales es de mayor significación que el perfil sistemático de la "disciplina del *cuerpo político* social ("social polity").[31] Es decir, el espacio nacional se define en términos de actuaciones, presencias o asociaciones humanas, en la representación de las cuales las reglas morales del discurso del deseo y las convenciones del comportamiento alternan con una visión contestataria. El cronista se fija en las "masas compactas" y quisiera retratarlas como "unidad" —*e pluribus unum.* Pero, en un discurso caracterizado por las antítesis y las contradicciones del proyecto moderno, revisiona el concepto de la homogeneidad del imaginario social generado por las ideas de la Ilustración y por la cultura dominante, y opta por organizar las tensiones generadas por el pasado, el presente y el futuro, en forma de un *continuum* de rupturas y metamorfosis socioculturales. Mediante retextualizaciones de esta índole, las voces colectivas se insertan en forma dialógica en escritos que construyen una heterogénea nacionalidad. La narra-

---

[31] Bhabha, "Introduction: narrating the nation", *Nation and Narration*, 2.

ción del discurso informativo es bifurcada, pero no la del deseo. Así es en su crónica inspirada por la celebración de las fiestas patrias de Estados Unidos (6 de julio de 1886) en la cual observa primero "los reflejos carmesíes" y violetas de las últimas luces de Bengala", contra las cuales, luego, "pasaban cual fantásticas figuras los paseantes cansados de las playas y pueblos vecinos..." (EMS, 44). Se trata de figuras humanas que pertenecen a un cuadro moral que Martí elabora con motivo de una celebración patriótica, festejo que considera necesario, pues "los días patrios no han de ser descuidados. Está en ellos las artes y las letras, que levantan a los pueblos por sobre las sombras cuando se han podrido los huesos de sus hijos..." (EMS, 45). Pero, si por un lado predominan los registros del discurso del deseo al comienzo de la crónica, pues puntualiza la urgencia de la colectividad de "respirar juntos, al ruido marcial de los tambores y al reflejo de las banderas..." (EMS, 45), por otro, se evidencia el anverso del medallón. Irrumpen sentencias presididas de un principio moral que concretizan la disconformidad del sujeto: "en esta vida...el hombre no vive feliz ni cumple su deber si no en un altar..." (EMS, 45). Y, casi a continuación, la nota dislocadora asociada con la fragmentación e incoherencia de las sociedades modernas: "Aquí da miedo ver cómo se disgrega el espíritu público. La brega es muy grande por el pan de cada día. Es enorme el trabajo de abrirse paso por entre esta masa arrebatada, desbordante, ciega, que sólo en sí se ocupa, y en quitar su puesto al de adelante, y en cerrar el camino al que llega. Por cada hombre del país, cincuenta extranjeros" (EMS, 45). La raíz destructiva de esta sociedad —la de la modernidad económica— es la relación con la migración irracional, y se debe al énfasis exagerado sobre la adquisición de los bienes materiales, propensión que el cronista ejemplifica en un metarrelato antietiológico que preside sus observaciones sombrías: "Acuestan sobre la almohada por la noche la cabeza cargada de ambiciones y cifras" (EMS, 46); "en él [el ser humano] continúa la preocupación abominable del bien de cada cual, sin que el hijo llegue a ser un perfume, porque jamás se unen bien el céfiro y la rosa"..."en esta regata impía y nauseabunda" (EMS, 46).

En un ambiente tan degradado la salvación moral se cifra en una ética alternativa frente al proyecto desarrollista. Propone el narrador la salida de lo moral por lo bello. Lo enuncia en el sintagma citado arriba, el que junta y contrapone dos metáforas, *rosa* y *céfiro,* en una construcción simbólica de intención elevadora, patrón discursivo que luego se repite vía la incorporación de la naturaleza al proyecto moral subjetivo: "se tiende la playa, matizada de grupos de familias...la vida se sale de algunos ojos apenados, que van allí a hablar con el mar de la honestidad y la grandeza que no se hallan en los hombres" (EMS, 47), envilecidos éstos por la cultura de la modernidad burguesa.

A manera de contraste, confirmando el antagonismo entre el espíritu mercantil y la vida creadora, en ese mismo día patrio que ocupa la atención del crítico social se retrata a los inmigrantes irlandeses consagrados a la lucha por la libertad de su patria frente al poder hegemónico de la Gran Bretaña. La escritura incorpora los registros de inconformidad de figuras en lucha con el poder del centro; en lugar de las sentencias apotégmicas de intención moral ("Los días patrios no han de ser descuidados", EMS, 45), la voz contranarrativa de la modernidad estética se fracciona, y a nivel estilístico crea una escena de lirismo de valor fundamentalmente contramoderno: "dice [la madre de Parnell] cosas que abofetean y que queman: parecen sus palabras, deliberadas, profundas, centelleantes, breves, manojos de guantes que echa al rostro inglés. Se eleva el espíritu, y se humedecen los ojos..." (EMS, 48). Son éstas las palabras de oradores que se concentran en países "lentos o duros" y cuyo discurso revela, informa el cronista, "*las condiciones de poesía y palabra*" (EMS, 49) carentes de las comunidades en que viven. Es ésta una formulación que propone el ya aludido principio de la salida por lo bello. En ella se encierra una re-definición de la cultura y la relación del individuo con la naturaleza cuya presencia co-existencial —y emancipadora— *en* el mundo y *en* el sujeto se contextualiza con signos revisionistas —estilísticos y estéticos— del discurso modernista. Lenguaje e imaginario social se funden para narrar la liberación del ser y su re-constituida identidad con la sociedad de "los tiempos nuevos".[32]

[32] Véase sobre la cuestión del nuevo papel de la naturaleza en el discurso moderno de Martí, Iris M. Zavala, *Colonialism and Culture; Hispanic Modernisms and the Social Imaginary* (Bloomington, Indiana University Press, 1992), p. 54. Hablando de la poesía lírica del cubano observa al respecto: "Lyrical poetry addresses the fears, the subjectivities, the family life, the cultural life in order to invite the reader to participate in the national life and the collective project" (55).

RECONSTRUYENDO EL UNIVERSO: UNA MODERNIDAD ALTERNATIVA

El proceso de la socialización interna de la naturaleza lo define el cronista en forma antinómica en su ensayo del 15 de octubre de 1886, escrito paradigmático que ejemplifica la operación de la modernidad burguesa cuyos códigos había desarrollado en forma teórica en el "Prólogo a *El poema del Niágara*" (1882). Los valores poéticos de un desengañado discurso del deseo construyen un rítmico cuadro sintético y metafórico elaborado desde las primeras líneas de la crónica:

> Se pudren las ciudades; se agrupan sus habitantes en castas endurecidas; se oponen con la continuación del tiempo masas de intereses al desenvolvimiento tranquilo y luminoso del hombre; en la morada misma de la libertad, se amontonan de un lado los palacios de balcones de oro, con sus aéreas mujeres y sus caballeros mofletudos y ahitos, y ruedan de otro en el albañal, como las sanguijuelas en su greda pegajosa, los hijos enclenques y deformes de los trabajadores, en quienes por la prisa y el enojo de la hora violenta de la concepción, *aparece sin dignidad ni hermosura la naturaleza* (EMS, 64; énfasis del autor).

Si en este y otros pasajes de sus crónicas el narrador fragmentiza el universo es con el propósito sugerido por Zavala en su análisis de la cultura modernista y el colonialismo de desmitificar las percepciones tradicionales del ser en su papel de víctima social, o con el deseo de establecer nuevas estructuras que marcan y legitiman la diferencia entre las situaciones del pasado y las proyectadas posibilidades de un futuro transformado. La subjetividad moderna, agrega Zavala, "seeks to master both inner and outer nature, a mastery which is not a repetition of the traditional liberal vision of individual freedom" (41). En el proceso, se visualizan mundos internos y externos cuya plasmación conexa —vertida en el estilo de la modernidad estética— responde al estímulo del ritmo enérgico y hasta sincopado de la modernidad económica (burguesa), ritmo vital que se traduce en formulaciones seriadas y anafóricas:

> Y cuando ya parece que son leyes fatales de la especie humana la desigualdad y servidumbre; cuando se ve gangrenado por su obra misma el pueblo donde se ha permitido con menos trabas su ejercicio al hombre;

cuando se ve producir a la libertad política la misma descomposición, cuando parece que va a venirse a tierra al peso de su vicios, con un escándalo que resonaría por los siglos como resuena el eco por los agujeros de las cavernas, la fábrica más limpia y ostentosa que ha levantado el hombre a sus derechos... (EMS, 65).

El desmoronamiento de "la fábrica más limpia y ostentosa que ha levantado el hombre..." inspira la re-estructuración del universo que Martí y otros modernistas proponen con confianza;[33] es en una visión "futura" cuyas características puntualiza Vitier: "Viviendo y participando como trágico agonista en un mundo cargado de contradicciones,... ofrece [Martí] la visión...profética, de un mundo basado en el equilibrio y la reconciliación de todas las fuerzas del hombre" (122-23). El proceso de revisionar las fronteras de los espacios nacionales y creadores no se limita a la contextualización del ciclismo material propuesto en los *Versos sencillos* (I): "Y salir de los escombros/volando las mariposas", sino que involucra la convicción de lo factible de una modernidad *diferente*, opuesto al discurso utilitario, mercantilista y tecnológico, o concebido como complemento que modifica los códigos de la modernidad socioeconómica. La república del futuro, moral y bello, se impondrá por medio de la obra redentora del hombre, la racionalidad instrumental, y la fuerza moral humana:

...¡he aquí que surge, por la virtud de permanencia y triunfo del espíritu humano, y por la magia de la razón, una fuerza reconstructora, un ejército de creadores, que avienta a los cuatro rumbos los hombres, los métodos y las ideas podridas, y con la luz de la piedad en el corazón empuje de

[33] El optimismo martiano constituye una contranarración epocal, pues la mayoría de los escritores modernistas expresan el sentimiento desarraigado de la existencia sin percibir las posibles "reconstrucciones" de su universo. Véanse las pp. 51-55 de Garfield y Schulman, "*Las entrañas del vacío*"... sobre el enajenamiento del escritor moderno ante el subjetivismo económico, la división del trabajo, los principios de la racionalidad de la producción y las leyes del mercado. En su crónica del 15 de octubre de 1886, observa Martí respecto a Estados Unidos: "No: no parece que haya sido vano en los Estados Unidos el siglo de República: parece al contrario que será posible, combinando lo interesado de nuestra naturaleza y lo benéfico de las prácticas de la libertad, ir acomodando sobre quicios nuevos sin amalgama de sangre los elementos desiguales y hostiles creados por un sistema que no resulta, después de la prueba, armonioso ni grato a los hombres" (EMS, 73).

> la fe en las manos, sacuden las paredes viejas, limpian de escombros el suelo eternamente bello y levantan en los umbrales de la edad futura las tiendas de la justicia! (EMS, 65)

La naturaleza, interiorizada, participa de este proceso: "¡Oh, el hombre es bueno, el hombre es bello, el hombre es eterno! Está en el corazón de la naturaleza, como está la fuerza en el seno de la luz" (EMS, 65). Las transiciones sociales son inherentes; las producen las fuerzas naturales socializadas, apropiadas e interiorizadas por el artista del modernismo, atento al ritmo enérgico y metamórfico del proceso emancipador.

La inscripción de la modernidad al comienzo de este proceso está contrapesada, quizá mejor sería decir, condicionada por un sistema normativo en que el optimismo ocupa un lugar central, pues, el arriba aludido principio de la "salvación" del país, le hace pensar al cronista en un futuro armónico: "Sí: de esta tierra misma donde el exceso del cuidado propio sofoca en los hombres el cuidado público, donde el combate febril por la subsistencia y la fortuna exige como contrapeso y estímulo el placer acre, violento y ostentoso... se está levantando con una fuerza y armonía de himno uno de los movimientos más santos y vivos en que ha empeñado jamás su energía el hombre" (EMS, 65). Es, escribe Martí "el nacimiento, con tamaños bíblicos, de una nueva era humana" (EMS, 66). Es la palabra de Henry George, figura redentora, metáfora de la contramodernidad, que potencia el imaginario social martiano y perpetúa el "sublime demonio interior" que nos devora y "nos empuja a la persecución infatigable de un ideal..." (N, 9: 126).

7. MÁS ALLÁ DE LA GRACIA: LA MODERNIDAD DE MANUEL GUTIÉRREZ NÁJERA

A Boyd Carter y
Porfirio Martínez Peñaloza

Dos años después de la muerte de Manuel Gutiérrez Nájera, el modernista uruguayo, José Enrique Rodó, dio a la estampa el primero de los ensayos de *La vida nueva.*[1] Esta obra de prosa heterogénea, de título simbólico, eventualmente comprendió textos claves del "impulso renovador de las ideas y de los espíritus" (149) como "El que vendrá" (1896), "La novela nueva" (1896), "Rubén Darío" (1899) y *Ariel* (1900). Los textos del volumen refractaron lo que en 1896 Rodó describió como "la conciencia de espectador de un gran drama de la inquietud contemporánea" (149),[2] el drama de la crisis finisecular inscrito en la producción de los escritores modernistas. Los artistas e intelectuales finiseculares de América, observadores estigmatizados de las transformaciones estructurales socioeconómicas y culturales de la segunda mitad del siglo XIX se sentían alienados por el proceso de la modernización contemporánea cuyos códigos de racionalidad instrumental, Martí, años antes, había relacionado con la reconstrucción de la conciencia humana y la labor experimental de una nueva generación de poetas:

> ¡Ruines tiempos —escribió el cubano— en que no priva más arte que el de llenar bien los graneros de la casa, y sentarse en silla de oro, y vivir todo dorado; sin ver que la naturaleza humana no ha de cambiar de como es, y con sacar el oro afuera, no se hace sino quedarse sin oro alguno adentro!...¡Ruines tiempos, en que los sacerdotes no merecen ya

[1] Montevideo: Dornaleche y Reyes.
[2] En el "Propósito de la Colección".

la alabanza ni la veneración de los poetas, ni los poetas han comenzado todavía a ser sacerdotes! (7, 223).[3]

Estamos en el año de 1882. Como consecuencia de los "ruines tiempos" los poetas representativos de ese momento de metamorfosis, de "remolde", como él decía, eran, en su concepto, "pálidos y gemebundos", su obra "atormentada y dolorosa"; de ahí, concluía, la proliferación de la "poesía íntima, confidencial y personal" (7, 224) entre los primigenios poetas modernos como Julián del Casal, José Asunción Silva, el mismo Martí, y Manuel Gutiérrez Nájera.

Martí, en su exégesis de la cultura y la literatura modernas se cuidó de atribuir a un persistente estilo romántico el espíritu intimista de la nueva generación poética; lo relacionó más bien con el reflejo de la "crisis universal de las letras y el espíritu" que Federico de Onís (176) asoció con la génesis de la literatura modernista. En cambio, cuando Justo Sierra, en 1896,[4] cumplió con "el compromiso...contraído sobre la tumba" de Gutiérrez Nájera de escribir un "Prólogo" (1) a las poesías de El Duque, evadió el uso del término *moderno* para caracterizar su verso; pero, como Martí en su "Prólogo a *El poema del Niágara*", Sierra intuyó la presencia de un nuevo discurso literario, y en el caso de Nájera, aludió a su *poesía individualista.* Identificó su poética con una expresión artística que irradiaba desde los espacios íntimos de la sensibilidad, con un arte caracterizado por el *sentimentalismo,* y el estilo del *romanticismo* (los términos son de Sierra) (17). En el fondo del alma de nuestro poeta descubrió una "facultad ingénita, la que sirve de clave a su elegancia, a su ternura, a su amorosa y melancólica inspiración", y, por fin, descubrió la inefable *gracia,* "imposible de definir y concretar, pero que todos —nos aseguró— comprendemos al nombrarla..." (24).

Hoy en día, al emprender lecturas revisionistas de los textos de Nájera —lecturas impostergables y necesarias a nuestro juicio— nos impresiona el conjunto de esencias de la escritura najeriana capta-

---

[3] En la preparación de este ensayo hemos utilizado las *Obras completas* de José Martí publicadas por la Editorial Nacional. Citaremos por esta edición indicando el volumen y la página dentro del texto entre paréntesis.

[4] Utilizo la fecha que ofrece José Luis Martínez en su edición de las *Obras* de Justo Sierra (México, UNAM, 1977), 3: 414.

das por Justo Sierra. Con intuición y sensibilidad extraordinarias el prologuista entendió que la obra de El Duque "continúa...en la de los otros [poetas] que vinieron después que él y [que] reflejan y refractan a la vez su influencia luminosa" (23). Pero, influido por las prácticas imperantes de acudir a los modelos de una otredad cultural exocéntrica, formuló conceptualizaciones que perduran hasta hoy y ofrecen una idea truncada de la creatividad de Nájera. No percibió, por ejemplo, que en los registros románticos de su obra había veneros expresivos modernos, pues insistió en identificar su arte con la "flor de romanticismo" (16).[5]

En contraste con esta visión, El Duque, en una de sus muchas percepciones autorreflexivas, superó las limitaciones del discurso crítico tradicional y con lucidez futura discurrió sobre el tema de la literatura nacional; con óptica renovadora defendió la existencia de la literatura mexicana. Pero, de mayor significación para nuestro argumento, en el mismo escrito, "Literatura propia y literatura nacional" (1885), recalcó que la labor del escritor moderno era la de engullir el pasado, absorber el presente y "viajar" (el verbo es del poeta) con la imaginación "en comunicación íntima con las civilizaciones antiguas y con todo el *mundo moderno*" (I, 86; énfasis del autor). Construyó así, en forma fragmentaria pero típica de la escritura moderna, una epistemología cultural de la modernidad, la que se emparenta con formulaciones generacionales de vanguardia contemporánea, las de un Martí o de un Juan de Dios Peza, en las que se funden conceptos de nación, cultura occidental y arte universal y autónomo.

EL ESTILO DE LA MODERNIDAD

El arte del mundo moderno evocado por Nájera es un arte de ruptura, de renovación, de cambio; arte que, frente a la pérdida de tradiciones y creencias tradicionales, propone la innovación y la orientación hacia un futuro de mutabilidades e inquietudes constantes. La modernidad que informa su obra es plural; en su evolución se produce

---

[5] Afirmó que "toda nuestra literatura poética, desde 1830 es romántica" (16). Sierra calificó la poesía de esta manera pensando en el ingénito individualismo y la subjetividad, características que oponía al venero objetivo y realista del verso.

una desarticulación entre la modernización socioeconómica, producto del relato liberal iniciado a fines del siglo XVIII, y la modernidad estética, discurso contrahegemónico que subvierte la cultura materialista de la modernidad burguesa.[6]

Nuestro concepto del modernismo parte de la noción de Onís quien insistió en el error de establecer diferenciaciones entre modernismo y modernidad porque "modernismo es esencialmente...la busca de modernidad" (625). Lo que llamamos modernidad presenta dos caras según Calinescu, la *burguesa* y la *estética:*

> ...en algún momento —teoriza— durante la primera mitad del XIX se produjo una escisión irreversible entre la modernidad vista como una etapa de la historia de la civilización occidental —un producto del progreso científico y tecnológico, de la revolución industrial, de las profundas transformaciones económicas y sociales creadas por el capitalismo— y la modernidad como un concepto estético. Desde entonces, las relaciones entre las dos modernidades han sido terminantemente hostiles, pero sin que esto impida que se estimulen y se influyan mientras que con encono han buscado destruirse una a la otra (41; traducción del autor).

A partir de la apertura del modernismo hispanoamericano —primera etapa de la Edad Moderna— la modernidad se inserta en el arte como estética proteica, descubridora de los persistentes conflictos de tres ámbitos fundamentales en pugna: el político, el socioeconómico y el cultural. Como producto de una creciente burguesía y de una acelerada diversidad de los estratos sociales, complejos y móviles, hay varias modernidades estéticas, como hay varios modernismos.[7] El espíritu revolucionario de este arte —en cuya génesis y construcción Nájera y Martí tienen un papel preponderante— no se contenta con un estilo único, insatisfacción que genera una modernidad artística multifacética cuyo radicalismo a veces se exagera y se exaspera a lo largo del siglo modernista.

El artista de estas modernidades es el agente de la aventura creadora y el historiador de su experiencia como individuo y como ar-

---

[6] Sobre las dos modernidades y su interacción, véase Calinescu.

[7] Sobre los multifacéticos modernismos de la modernidad, véase por ejemplo el libro de Zavala cuyo subtítulo confirma esta aseveración: *Hispanic Modernisms and the Social Imaginary.*

tista, ante, contra, y en la sociedad de su tiempo. En su búsqueda trinaria de una expresión auténtica, de una ubicación ética/existencial y de una identidad raigal, personal, nacional y cultural, rehusa la superficie; bucea en el mundo de las sensaciones; se interna en la cultura urbana; y explora los intersticios de la confluencia de la conciencia individual y social (Howe, 31). Poetas de "vallas rotas" y de porvenir incógnito, los escritores modernistas —o sea, los modernos— alaban y critican, respaldan y rechazan los valores culturales y sociales de la época de crisis en que viven y producen su arte. Su postura ambigua ante los dilemas de su edad refleja las confusiones y contradicciones del creador que sufre, demanda y tantea, inseguro de lo que anhela alcanzar. Formula respuestas parciales o paradójicas, urde metas frustradas o inservibles, busca caminos sin descanso en una topografía sin héroes, y sin Dios a la vista. "El templo colosal, de nave inmensa,/ está mudo y sombrío/ ...Señor, ¿en dónde estás? ¡Te busco en vano!..." ("Después...")[8] (II: 147) clamó el angustiado Nájera.

Las bases y orígenes de la experiencia moderna en América los contextualizó Martí en su prólogo a "El poema del Niágara". En este ensayo, manifiesto de la modernidad sociocultural de América, describió la experiencia del hombre moderno como una "...vida personal dudadora, alarmada, preguntadora, inquieta, luzbélica..." y señaló que "la vida íntima febril, no bien enquiciada, pujante, clamorosa, ha venido a ser el asunto principal, y, con la naturaleza, el único asunto legítimo de la poesía moderna" (7: 229). Frente a la economía y tecnología burguesas el escritor hispanoamericano, desligado y enajenado del proceso sociopolítico propuso un arte autónomo y una contracultura :

> Cualquier historia de la literatura de la edad moderna virtualmente da por sentado la intención adversaria, en realidad, la intención subversiva que caracteriza la escritura moderna —percibe el propósito claro de separar al lector de su acostumbrado pensar y sentir impuesto por la cultura en general, de ofrecerle un terreno y un lugar estratégico desde el que

[8] Citaremos los versos de Nájera por el texto editado por Francisco González Guerrero, indicando el volumen y la página entre paréntesis.

> juzga y condena y tal vez revisa la misma cultura que lo había producido (Trilling, xii-xiii).

Por eso, decía Martí, los escritores modernistas no podían ser "ni líricos ni épicos...con naturalidad y sosiego..., ni [cabía] más lírica que la que saca cada uno de sí propio, como si fuera su propio ser el asunto único de cuya existencia no tuvieran dudas..." (7: 225). Arte descentrado, arte de ansiedad, arte metamórfico de una experiencia interiorizada, arte de transición.

LA CONSTRUCCIÓN SUBJETIVA

"La Modernidad es ante todo la 'invención' del individuo" (Guerra, 85); y en esta nueva racionalidad el individuo viene a ser el sujeto normativo de las instituciones, el ser que transforma los valores culturales y el imaginario social (Guerra, 85). Por lo tanto, vista desde la perspectiva de la prioridad de la actuación individual, la insistencia de Justo Sierra sobre el *individualismo poético* de Nájera constituyó una intuición acertada, percepción, sin embargo que Sierra, desafortunadamente, vinculó, sobre una base exclusiva, con el romanticismo, pasando por alto los nexos con los códigos de ruptura del estilo moderno. Lejos de nuestra intención negar el nexo entre romanticismo y modernidad, consanguinidad estética e ideológica que Berman puntualiza en su libro reciente, *El prefacio del modernismo.* Al contrario, nos parece que en el caso de Gutiérrez Nájera, la pervivencia de los códigos del romanticismo en su discurso valoriza su escritura en términos de una modernidad estética más allá de la gracia o de la individuación creadora conceptualizada por Justo Sierra. El frío, la oscuridad y el desierto de la imaginería de versos como:

> Oscura está la noche; desierta la pradera;
> los cierzos invernales azotan mi vidriera;
> el chorro de la fuente no salta, helado ya;
> el encinar se agita cual mar de negras olas...
> y, en el sillón de cuero, con mi dolor a solas,
> del humo sigo atento la espira que se va.
> ("Musa blanca", II: 59)

nos remiten, en un nivel metafórico, a la percepción de la soledad, las tinieblas, y la incertidumbre espirituales de un artista autoconsciente del aterrador aislamiento del escritor en el mundo comercializado. Desde la narrativización poética de la existencia, Nájera, como otros artistas coetáneos, a veces intuía, otras veces afirmaba, su capacidad por entrever nuevas verdades metafísicas en los intersticios de la realidad material; el simulacro construido en forma intuitiva se concretiza en los objetos y sentimientos de la imaginería de una naturaleza interiorizada.

Este proceso creativo deriva del legado de un romanticismo que confiere, según Berman (21), un estatus especial al artista quien formula conceptos que a menudo resultan efímeros o tentativos. En las primeras etapas de esta modernización literaria priman los idealismos del discurso romántico; en sus registros el imaginario de Nájera busca la legitimación de su arte mediante un léxico experimental que da expresión a posturas ideológicas ligadas a los códigos románticos. Su discurso constituye una invención que incorpora y, a la vez, rechaza la modernidad burguesa. La imagen del artista se construye a través de la representación del espíritu y del genio individuales; desde las orillas de la subjetividad su espíritu y genio se convierten en instrumentos de conocimiento, transformación, subversión o inversión. Pero, también refractan la voz de un artista hastiado, resignado y desengañado que observa el paisaje de un mundo de ideales sacrificados en aras del imperante espíritu mercantilista. No era la suya una época "favorable para las princesas" (IV: 116), metáfora najeriana que traduce el vacío espiritual, producto de la deconstrucción de esencialismos y de valores morales consagrados. El anhelo contracultural se traduce en versos como:

> Dormita el centinela... todo calla...
> Solos, por fin, en el vivac estamos...
> Mañana será ruda la batalla...
> ¡Tercia tu manto y en silencio huyamos!
> ("Espera", II: 195)

Las alternativas propuestas a la marginalización son el escape, la lucha, o en los momentos de mayor decepción, la inercia; es el camino pasivo transitado por una legión de escritores modernistas: "¿A qué seguir? El ideal ha muerto", se queja El Duque, "...vamos, por la arena del desierto,/a conquistar las tierras del olvido!" ("Espera", II: 195-6).

LA AUTONOMÍA DEL SER

Nájera, cuya persona artística tendemos a identificar con los espacios empíreos o domésticos —modelos metafóricos de una modernidad erróneamente asignada al romanticismo— dejó constancia de su percepción de la naturaleza de los conflictos sociales de su época. No escribió ensayos orgánicos o instrumentales sobre ellos, como Rodó o como Martí, pero sí señaló el deber del escritor de enfrentarse con las "luchas formales, con gigantes como David o con ángeles como Jacob" (IV: 273). Su conciencia de esta descomunal e inevitable lucha, a la larga frustrada, tanto para él como para la mayoría de los escritores modernistas, conforma la otra dimensión, por así decirlo, de su imaginario social, la que, por un lado, se empalma con la ya aludida prioridad de la actuación individual, y, por otro, con el espíritu íntimo y confidencial asociado por Martí con la nueva generación de artistas modernos que pedían "peso —como él decía— a la prosa y condición al verso, y que [querían]... trabajo y realidad en la política y en la literatura" (5:222). No pensamos argumentar en favor de la presencia de un relato preeminentemente contestatario en los textos de Nájera. Pero, en su discurso se descubre, sin embargo, como sagazmente lo ha señalado Martínez Peñaloza, una nota "cristiana, platónica, [y] antiutilitaria" inspirada en "ciertas ideas románticas" (I 21), complejo ideológico y estilístico que coloca la producción najeriana no sólo entre las obras primigenias del modernismo sino entre las de la modernidad artística.

Revisionar su arte en términos de la modernidad implica que no valoramos las supercodificaciones "individualistas" de su obra únicamente conforme a los códigos del estilo romántico. Reconocemos, sin embargo, los nexos irrefutables de su arte con la rezagada y acronológica literatura de filiación romántica en América. Pero, lo central de nuestro argumento alusivo al individualismo o al subjetivismo discursivos es que es inevitable, o, al menos explicable, que exista un vínculo con el romanticismo en un artista cuya producción pertenece al comienzo del periodo de la modernidad burguesa y estética, época de transición en que el escritor siente la angustia de la tensión entre el peso de la tradición y el deseo de innovar. En la construcción de su imaginario los artistas de la primera generación modernista —la de Gutiérrez Nájera— luchan por definir el ego y afirmarlo frente a los códigos de una realidad disgregadora y metamórfica cuyas normas socioeconómicas son el producto de la cultura mercantilista. El ser, frente a esta experiencia desconcertante, se fragmenta; el arte que engendra incorpora las rupturas y disyunciones que hemos identificado con los valores normativos pero frágiles del mundo moderno en América, valores que se diferencian de los de los escritores románticos pertenecientes a un mundo *pre-moderno* cuyas producciones literarias son de signo derivativo. En cambio, en las obras de los modernos, se evidencia una confrontación de raíz profunda y emocional con las instituciones creadas por el advenimiento de la modernidad económica, frente a la cual se genera un discurso crítico. Sus manifestaciones polares, señaladas por Octavio Paz más de cincuenta años después de evidenciarse en la obra de Nájera y Martí, patentizan "la unión de pasión y crítica [que] subraya el carácter paradójico...el amor inmoderado, pasional, por la crítica y sus precisos mecanismos de deconstrucción, pero...[es una crítica] enamorada de su objeto, crítica apasionada por aquello mismo que niega. Enamorada de sí misma y siempre en guerra consigo misma, no afirma nada permanente ni se funda en ningún principio" (*Los hijos*, 20). Pese a la cognición de la inconstancia ontológica de su universo, en su discurso se enuncia una negación, unas veces intuida, otras, percibida racionalmente, mediante la cual estos escritores afirman su autoridad en registros y subtextos *contramodernos* —contramodernos en el sentido de constituir una censura que valoriza la existencia y el arte del creador agobiado por las contradicciones y anomalías de la modernidad burguesa. Lo normativo es la marginalización que Darío metaforizó en su cuento alegórico, "El rey burgués", narración emblemática del estado conflictivo del artista. Su imaginario social, el del ser existente y agónico, construye jerarquías distintas de las del romanticismo, sobre todo en cuanto a la autonomía del ser y su producción artística. Y, sin embargo, es innegable que los textos de varios de los modernistas, inclusive los de Nájera, se emparentan con conceptualizaciones románticas, las del artista rebelde, las del auto-exiliado social, estigma que lo induce a refugiarse en un reino interior donde campean emociones, sensaciones y visiones autárquicas. De ahí, las afirmaciones autovalorativas de Nájera quien, respecto a la obra de los dramaturgos, proclamará la prioridad y autosuficiencia estéticas: "Si el autor realiza simplemente la belleza, cumple su tarea; no le podemos pedir nada más. No es un filósofo, no es un sociólogo, no es un moralista: es un poeta" (IV: 275). Ser poeta se equipara con la construcción del sujeto y de su universo; producir poesía constituye una lectura del mundo y un acto de poder.

En el esquema revisionista del arte najeriano que hemos ido esbozando, el ser que se constituye en el modernismo primigenio, se define a menudo en términos de modelos del pasado y valores exocéntricos (Berman, viii).[9] Piénsese en las "recreaciones arqueológicas" de Darío, en esos "ecos y maneras de épocas pasadas" resemantizados en su obra, los cuales, consideraba imprescindibles para "realizar la obra de reforma y de modernidad que emprendiera..." (I: 212). Por lo tanto, no sería aventurado decir que en algunos artistas el arte modernista genera un discurso que evidencia la pervivencia de conceptualizaciones románticas. Pero, una vez admitida esta noción historiográfica, nos parece de mayor trascendencia leer el arte de figuras como Nájera y Martí como expresiones de la subjetividad que se siente amenazada por el empiricismo dominante de la modernidad económica, y, en contra de la cual, busca, no sólo expresarse desde otras orillas, sino eternizarse. Frente a las estructuras sociales dominantes el ser artístico se atomiza; pero su espíritu se irradia: "De mi ondulante espíritu disperso —exclama Nájera—, / algo en la urna diáfana del verso,/ piadosa guardará la poesía" (II: 301).

CONSTRUYENDO EL TEXTO MODERNO

Para los primeros escritores de la modernidad hispanoamericana —Nájera, Martí, Silva, Casal— ser poeta, en verso y en prosa, crear

---

[9] Paz es bastante explícito en relación con esta cuestión: "El tema de este libro es mostrar que un mismo principio inspira a los románticos alemanes e ingleses, a los simbolistas franceses y a la vanguardia cosmopolita de la primera mitad del siglo XX" (*Los hijos* 22-3).

"belleza" involucraba un acto, consciente o inconsciente, de ruptura. En lugar de normas o de reglas, aplicados éstos de modo heterogéneo a los géneros de un arte tradicional o académico, observamos la transferencia del acto creador del terreno de los criterios externos al de la imaginación individual. La inventiva generada por la percepción subjetiva y la necesidad de experimentación cobraron categoría noseológica. De la *Revista Azul* dirá El Duque, por ejemplo, que su "...programa se reduce a no tener ninguno....Hoy, como hoy; mañana de otro modo; y siempre de manera diferente". La producción textual, en particular la de la revista, es concebida en términos metamórficos. Nájera envisionaba la revista como "un mirador" desde el cual se reestructuraba selectivamente el universo; y desde ese mirador "se divisa[ba] la copa de un árbol, el vuelo de la golondrina, los azulejos de la cúpula, la flecha de la torre...un girón de cielo"! (I, 534-5) La seriación metafórica de una naturaleza empírea no es fortuita; responde más bien a una representación de la unicidad individual del artista moderno, de su creatividad mística y de una intuición espiritual que sobrepasa las fronteras de la creatividad textual (Berman, 274), construcción en cuya elaboración los modernistas proyectaban la imagen de un yo divorciado de los sostenes racionales del universo. Diríamos que la labor artística se desplaza hacia las fronteras de lo inmaterial, en cuya representación, el ego confronta la realidad y busca lo que niega el contorno material; el escritor busca aclarar el sentido de lo incognoscible, de lo inmaterial, proceso que lo lleva a esencializar los objetos metaforizados —"la copa de un árbol, el vuelo de la golondrina, los azulejos de la cúpula"— de la citada enunciación najeriana. Son imágenes de un valor trascendental más allá de la ornamentación parnasiana: "¿Qué cosa más blanca que cándido lirio?/¿Qué cosa más pura que místico cirio?" (I: 167); en los versos de "De blanco" el poeta persigue la materialización de una (super) realidad por medio de la metaforización cromática. La textualización visual en "De blanco" o la sentimental de "Mis enlutadas" se genera dentro de un sistema de representación fragmentaria que concretiza lo material contiguo, para luego inmaterializarlo,[10] emergiendo así la construcción subjetiva del artista y la de un universo volcado hacia

[10] Para Berman el uso de los signos poéticos de esta manera apunta hacia un proceso en que lo material se transforma en lo inmaterial (275).

adentro. La coherencia del ser se constituye en torno a una porción de este universo inmaterializado absorbido por el creador modernista: "Descienden taciturnas las tristezas/al fondo de mi alma,/de sangre es el color de sus pupilas,/de nieve son sus lágrimas" (I, 161). La realidad se corporifica, pero actúa en un *continuum* desprendido de la materia.

Berman, en su estudio del ser modernista descubre que en este proceso desrealizador hay un factor inverosímil que atañe a la autonomía individual del artista moderno: el del presumido carácter verosímil de la autonomía creadora. Su argumento es que la Edad de la Ilustración propuso la constitución del ser autónomo a base del triunfo del racionalismo. Pero, paradójicamente, el racionalismo socava la autonomía conquistada por el pensamiento moderno, pues la lleva a las orillas de la ciencia empírica del relato liberal de la modernidad (Berman, 274) cuyos códigos acosan y atormentan a los creadores del siglo XIX hispanoamericano. El racionalismo que liberó al ser lo obliga a enfrentarse con las fronteras de lo desconocido, con una otredad indescifrable. "¡Oh Destino!", "...el hombre de sed agoniza,/ y sollozan las huérfanas almas" exclama la voz agónica de "Las almas huérfanas" (I: 160). En las primeras etapas del modernismo, y aun en las posteriores, el ser humano experimentará la soledad frente a los valores dominantes, cada vez menos plausibles o aceptables. En *El laberinto de la soledad* Paz se hace eco de la visión de disconformidad de los modernistas y del atolladero espiritual del hombre moderno, cuando al final de su ensayo observa que "no nos queda sino la desnudez de la mentira. Pues tras este derrumbe general de la Razón y la Fe, de Dios y de la Utopía,[11] no se levantan ya nuevos o viejos sistemas intelectuales, capaces de albergar nuestra angustia y tranquilizar nuestro desconcierto..." (*La-*

[11] En apoyo de nuestra idea de que hay una continuidad en las distintas etapas del pensamiento moderno, compárense estos pensamiento martianos de 1881: "No hay obra permanente, porque las obras de los tiempos de reenquiciamiento y remolde son por esencia mudables e inquietas; no hay caminos constantes, vislúmbranse apenas los altares nuevos, grandes y abiertos como bosques. De todas partes solicita la mente ideas diversas —y las ideas son como los pólipos, y como la luz de las estrellas, y como las olas de la mar....La elaboración del nuevo estado social hace insegura la batalla por la existencia personal y más recios de cumplir los deberes diarios que, no hallando vías anchas, cambian a cada instante de forma y vía, agitados del susto que produce la probabilidad o vecindad de la miseria" (7: 225).

berinto, 150). Se trata del vacío percibido ya en el siglo XIX por los modernistas primigenios como Nájera quienes en textos contrahegemónicos anhelaban des-centrar la modernidad institucionalizada y reconstituirla desde otro centro: el de su interior. Consecuencia de esta lucha son las contradicciones de su discurso en cuyos registros se concretiza la ya aludida tentativa de construcción contracultural del sujeto, la que a la postre conduce al fracaso metafísico esbozado por Paz.

NARRANDO LA MODERNIDAD

En la labor de (re)construir su universo, uno de los conflictos más espinosos que enfrentaron los primeros escritores de la modernidad fue la lucha contra una sociedad mercantilista en la cual el idealismo había perdido su autoridad. Narraron los antagonismos de su experiencia en un estilo que la nueva realidad pedía, pero que, al mismo tiempo, comprendió los códigos de un romanticismo tardío en vías de transformarse, y cuyo imaginario social representó el ansiado trascendentalismo modernista, tanto moral como religioso. En sus narraciones extensas —novelas, crónicas, cuentos— estos artistas, asediados por un materialismo decimonónico que minaba sus aspiraciones empíreas, textualizaron sus desengaños y aspiraciones con signos ambiguos y conflictivos. Pero si estas narraciones se inician bajo el ascendiente del romanticismo, a medida que se afirma el estilo novador, se debilitan los códigos románticos y, con la instauración de éstos, el imaginario idealista. Ocurre que el ser se fragmenta frente a la invasión de una sociedad hostil a las aspiraciones idealistas (Berman, 273) y busca, al principio, refugiarse en actitudes románticas, pero luego descubre un espacio alternativo de innnovaciones narrativas que superan el sentimentalismo, la gracia o el tono moralizante.

Se generan así narraciones que marcan "...el sitio de una crisis o una ruptura en la historia de la narrativa hispanoamericana" (González, 17). Y, en relación con la evolución de esta narrativización, deseamos aprovechar la oportunidad que nos ofrece la celebración del centenario para felicitar a la maestra Belem Clark de Lara, y a los investigadores del Centro de Estudios Literarios por darnos en el volumen XI de las *Obras* de Manuel Gutiérrez Nájera una narración desconocida hasta ahora, la que se titula *Por donde se sube al cielo,* publicada en 1882 en las páginas de *El Noticioso* donde la encontró Clark de Lara con la colaboración de Elvira López Aparicio (XI: xi, xl). Hasta el descubrimiento de la existencia de esta novela, se consideraba *Lucía Jerez* por José Martí la primera del ciclo de novelas modernistas. Pero, ahora le toca a Gutiérrez Nájera la distinción de ser el iniciador de las narraciones modernistas.

En su novela parisina encontramos el discurso sincrético característico de la transición hacia el modernismo. La novela *Por donde se sube al cielo* se inicia con una evocación de la naturaleza en un prólogo/poema dedicado a Madame Judith Gautier. La naturaleza es sombría y sensual: "La noche está lluviosa"; "el agua, cayendo en gruesos hilos, lava la tez carmínea de las rosas y bruñe el verde oscuro de las hojas" (3). El escritor apropia el mundo natural en forma fragmentaria, y mediante esta fragmentación contextualiza una visión distinta de la de las fórmulas tradicionales de representar la naturaleza. Los narradores modernistas como Nájera reconstituyen la naturaleza; la rematerializan en armonía con su imaginario social y en contra de las fuerzas aniquiladoras del proceso de la modernización económica. El escritor se construye como sujeto soberano, papel creador que comparte con el concepto del arte de los románticos (Zavala, 9) a pesar de las innovaciones de su narrativa. Así, en el caso de la narración del prólogo, el narrador de la novela najeriana descorre el velo de la narración con una evocación de "luz anémica", de "relámpagos", de "nubes" que "acompañan mi canto con sus grandes masas de orquestación", enunciación que redistribuye las piezas de una escena natural con el fin de crear una plasmación estética de sentimientos con registros musicales y notas lingüísticas fusionadas. Soberano del texto, el autor se inserta en este "pequeño poema en prosa", que inicia un relato eminentemente moderno cuyos recursos constituyen una "vuelta", como diría Paz, al estilo romántico en relación con el sujeto y su papel en la colectividad. Ante el asalto de la modernidad burguesa se metaforiza la voz contracultural al privilegiar el sentimiento y el cariño del hogar familiar: "¡Qué hermosa noche para la vida del hogar, para el dúo de los labios y la canción del niño!" (3). No es esta irrupción de la imagen del hogar una visión aislada. En verso aconseja: "Busca, busca a la mujer/que da paz al pecho herido,/y, en llegándola a tener, forma un nido!" (II: 178); o, "En la sombra lo blanco decía:/

¡Oh mis padres! ¡mis padres! ¡mi casa!" (II: 156). Y en esta novela, Magda, la protagonista, torturada por su vida pasada y sus deseos e inquietudes presentes, "quiso volver atrás los pasos, desandando lo andado, para sentir el amoroso fuego de la chimenea, aspirar el olor de la frugal comida, y oír, acompasada y cadenciosa, la tenue respiración de los chicuelos, dormidos y abrazados en la cuna" (39). Pero, se enfrenta con el vacío, con las barreras sociales, con la "barranca", o sea, con las fronteras de la desesperación y la agonía existenciales. "Al finalizar el siglo, las principales novelas realistas [y las modernistas] cambian el enfoque y la mayoría presenta personajes femeninos a quienes la nueva sociedad urbana en vías de industrialización desclasa...La mujer, siempre objeto, se convierte ahora en objeto de consumo..." (Glantz, 17).

Magda es la otra, la que vive al margen de las normas de la moral cristiana; es la víctima de la sociedad moderna, "ese esclavo del trabajo, que al rayar el alba, afila sus navajas para rasurarse y preparar la gran cubeta de agua fría" (7). Si aceptamos la idea de Zavala de que la literatura modernista es una forma de organización social (la modernidad) y un término de diagnóstico epocal de las crisis "localizadas" de los problemas de la tecnología, de la industrialización, de la experiencia estética y la mercantilización (109), Magda, según el esquema, vendría a ser la figura que simboliza las frustraciones del raciocinio instrumental de la modernidad, conceptualización que el novelista subraya al fundir los códigos modernos con los del naturalismo literario: "Magda, pues, vivía indefensa. Las inclinaciones heredadas y las costumbres contraídas la empujaban al abismo" (19). Pero, de este abismo la salva la purificación a través del sufrimiento y el sacrificio de su amor por Raúl, sentido de modo genuino y profundo por primera vez en su vida.

La construcción de un universo poblado de los signos de la cultura de la modernidad burguesa: los tapetes asiáticos, los espejos con arabescos de oro, los vestidos de damasco, las joyas, las porcelanas y las copas de Venecia, o sea, todos los objetos supercodificados del arte modernista, contribuyen a la creación de discursos contradictorios que refractan los deseos, las aspiraciones y las tensiones de los escritores de este período. En uno de los veneros de sus discursos los modernistas inscribieron los signos del poder burgués, es decir, los valores hegemónicos de signo mercantilista e industrial del incipiente proceso modernizador; en el otro, los valores en oposición, es decir, los de anhelo autosuficiente, tentativa de liberación del peso del discurso dominante cuyos iconos de lujo y de refinamiento, no obstante, se cuelan en un pretendido contradiscurso. Éste no logra abrogar en forma contundente los registros materialistas, y en ese sentido, en muchos de los textos de estos artistas es, por lo tanto, lícito hablar de un proyecto fallido. Es un arte sincrético en que hay una apropiación de los objetos de la cultura mercantil y una contemplación extasiada de su belleza, pese a la homología de su afiliación con la modernidad económica. En la narración de Nájera, de conclusión ambigua, abierta, estos objetos, asociados con la vida "anterior" de Magda, actriz y cortesana de la alta sociedad, se sacrifican en una subasta final cuando Magda abandona su vida parisina para emprender su vida nueva de soledad, abnegación y virtud cristiana.

La vida natural, es decir, la antimoderna, la de Aguas Claras, balneario de belleza natural, triunfa; el amor purifica; los objetos de lujo, asociados con la cultura burguesa se borran. Se legitimiza el proyecto contramoderno como en tantas otras contextualizaciones modernistas.

Éste y otros escritos de Gutiérrez Nájera narran tanto la cultura y la nación mexicanas como la sociedad decimonónica americana, signada ésta por las transiciones aceleradas de un universo inseguro. Su prosa, observa Díaz Alejo, es "un magnífico diorama de la realidad nacional del último tercio del siglo XIX..." (XI, XVII). Ante esta realidad sin centro, el sujeto humano se construye como libertad y como creación. "El yo se quiebra: por un lado el sujeto y por el otro el sí mismo (*self*). El sí mismo asocia naturaleza y sociedad, así como el sujeto asocia individuo y libertad" (Touraine, 209). Y el sujeto asume valores dionisíacos y apolíneos al mismo tiempo (Touraine, 209).

LA ÓPTICA REVISIONISTA

Una de las afirmaciones reiteradas en el discurso crítico tradicional ha sido que en las obras najerianas, prosa y verso, escasean formulaciones ideológicas o ensayos de exposición orgánica sobre la problemática social y el papel del escritor como actor en la construcción de la sociedad moderna, a manera de otros modernistas de orientación preponderantemente filosófica —Rodó o Martí. Pero, a medida que el Centro de Estudios Literarios ha ido sacando los volúmenes de las *Obras completas* se ha revelado de manera cada vez más clara el espíritu crítico de El Duque frente a las transformaciones sociales y culturales de su época, y la consiguiente tensión entre dos procesos antagónicos de la modernidad, es decir, el de la *racionalización*, por un lado, y el de la *subjetivización* por otro.

Como en el caso de otros modernistas, la recopilación de la prosa desconocida de Nájera ha permitido una resemantización de su imaginario social. A la luz de los nuevos textos podemos sondear los estratos subtextuales de *todos los textos,* inclusive los de los ya conocidos y analizados, para descubrir cómo en ellos se transparenta la presencia de las modernidades estética y burguesa, y cómo en ellos se inserta el relato moderno al lado del de la antimodernidad. Frente al caos del mundo que nace y desmonta las construcciones de un universo jerárquico, El Duque siente la imposibilidad de un equilibrio perfecto (III, 45). "La modernidad marca el momento en que...entre el universo y el hombre, se pasa a la ruptura..." (Touraine, 206). Así en la escritura de Gutiérrez Nájera, cuyas relecturas nos ofrecen una experiencia más allá de la "gracia" —la de la (des)aventura de la modernidad hispanoamericana.

OBRAS CITADAS

Berman, Art, *Preface to Modernity,* Urbana y Chicago, University of Illinois Press, 1994.

Calinescu, Matei, *Five faces of modernity; Modernism, Avant-Garde, Decadence, Kitsch, Postmodernism,* Durham, Duke University Press, 1987.

Darío, Rubén, "Historia de mis libros," *Obras completas,* Madrid, Aguado, 1950, vol. I, pp. 179-224.

Díaz Alejo, Ana Elena, "Advertencia Editorial", *Obras* de Manuel Gutiérrez Nájera, México, UNAM, 1994, XI xvii-xxii.

González, Aníbal, *La novela modernista hispanoamericana,* Madrid, Gredos, 1987.

Glantz, Margo, *Esguince de cintura,* México, Consejo Nacional para la Cultura y las Artes, 1994.

Guerra, François-Xavier, *Modernidad e independencias; ensayos sobre las revoluciones hispánicas*, Madrid, Fundación MAPFRE América, 1992.

Gutiérrez Nájera, Manuel, *Obras*, México, UNAM, 1959-1994, XI vols.

________, *Poesías completas*, ed. Francisco González Guerrero, México, Editorial Porrúa, 1953, 2 tomos.

Howe, Irving, "Introduction": The Idea of the Modern", *The Idea of the Modern: In Literature and the Arts*, Ed. I. Howe, Nueva York, Horizon Press, 1967, pp. 11-40.

Martí, José, *Obras completas*, La Habana, Editorial Nacional, 1963-1973.

Martínez Peñaloza, Porfirio, "Nota a la presente edición", *Obras* de Manuel Gutiérrez Nájera, México, UNAM, 1959, pp. I 7-43.

Onís, Federico, *España en América*, Madrid, Ediciones de la Universidad de Puerto Rico, 1955.

Paz, Octavio, *Los hijos del limo*, Barcelona, Seix Barral, 1974.

________, *El laberinto de la soledad*, 3ª ed., México, FCE, 1963.

Rodó, José Enrique, *Obras completas*, ed. Emir Rodríguez Monegal, Madrid, Aguilar, 1967.

Sierra, Justo, "Prólogo", *Poesías de Manuel Gutiérrez Nájera*, México-París, Librería de la Vda. de Ch. Bouret, 1912, pp. 1-27.

Trilling, Lionel, *Beyond Culture*, Nueva York, Viking, 1965.

Zavala, Iris M., *Colonialism and Culture; Hispanic Modernisms and the Social Imaginary*, Bloomington, Indiana University Press, 1992.

8. LA VOZ MODERNA DE LA POESÍA DE JUANA BORRERO[1]

A Fina García Marruz y Cintio Vitier,
devotos lectores y críticos de
la obra de Juana Borrero

MUJER/ESCRITORA

Espíritu precoz, niña/musa, poeta/maga, pintora de dotes extraordinarias, alma apasionada, adolescente de vida peregrina, amiga/discípula de Casal, novia casta de Carlos Pío Uhrbach, mujer de vida cortísima, 1877 a 1896 —años que coinciden con los de la tregua que siguió al Pacto de Zanjón, o sea con los albores del modernismo hispanoamericano y cubano. Mujer, como otras escritoras del mundo hispánico, asignada a una presencia menor en la constelación de los artistas del modernismo; mujer, cuyas peripecias o estados de ánimo —reales y/o imaginados— de pasiones o de amores han ocupado la atención de los críticos más que su exigua producción artística. De ahí que, como en el caso de otras creadoras femeninas —pensemos en el caso de Gómez de Avellaneda— el epistolario de Juana Borrero, extenso y prodigioso, haya sido el objeto de especulaciones y comentarios nutridos. "Se puede estudiar la poesía de Luaces, por ejemplo, sin dar un solo dato biográfico. En Casal —nos dice Fina García Marruz— ya es más difícil. En Juana, es imposible. Su vida misma es, en gran medida, parte de su poesía, y quizás su principal creación" (33).

No es nuestro propósito hacer el recuento de la bibliografía pasiva de Juana Borrero, y menos desestimar los relativamente parcos

---

[1] Este ensayo se escribió para festejar el centenario de la muerte de Juana Borrero, y se presentó originalmente como conferencia de apertura del coloquio internacional "La mujer en el siglo XIX; su cultura e historia en la América Latina", 12 de febrero de 1996, Casa de las Américas, La Habana, Cuba.

estudios existentes sobre ella —la mayoría, como ya lo hemos sugerido, orientados hacia el estudio de su vida o su epistolario. Lo que quisiéramos intentar más bien es señalar cómo y en qué medida su discurso poético se inserta en el del modernismo hispanoamericano, buscando en su arte no los nexos entre vida y verso, que son muchos y significativos,[2] sino la voz del sujeto *fin de siècle*, la del artista atormentado y aislado, víctima de las incertidumbres del mundo moderno, el ser asediado por los cuatro estigmas martianos: "la Intranquilidad, la Inseguridad, la Vaga Esperanza, la Visión Secreta" (VII: 225), en fin, la escritora hostigada por "lo desconocido, eco de lo sobrenatural, espejo de las luces eternas, copia más o menos acabada del mundo en que vive" (VII: 229), todo lo cual se transparenta en el discurso de ella y es la nota característica del artista moderno según el deslinde del asunto hecho por Martí en su ensayo/manifiesto de 1882 —"Prólogo a *El poema del Niágara*"— en el cual se perfila la geografía de la incipiente modernidad social y cultural de América.

Si volvemos por un momento a esa época genésica de la escritura moderna —1875 a 1882— podemos rastrear los nexos cardinales entre Juana Borrero y algunas de las figuras cumbres del modernismo hispanoamericano, nexos formulados en un discurso crítico que explora la naturaleza modernista de su producción. Tenemos, por ejemplo, el boceto de Julián del Casal, amigo y contemporáneo de Borrero, quien hace una lectura poética de sus versos utilizando un metaforismo modernista prototípico; el poeta de *Mi museo ideal* afirma que los versos de Borrero encierran un "espíritu [que se remonta] ...a los *espacios azules* de la fantasía, donde las quimeras, como *mariposas de oro* en torno de una *estrella*, revolote[an] sin cesar" (itálicas del autor; *Poesías*, 160). Pero, más allá de imágenes o topos de un *modelado estilo modernista*, Casal supo descubrir en los versos de la niña de doce años textualizaciones afines a las de sus propias composiciones, y, a la vez, a las de modernistas como Darío, Gutiérrez Nájera o Silva: me refiero a la disconformidad, la ausencia de un objeto o proyecto ideal nacido de la realidad material e inscrito en el discurso moderno finisecu-

---

[2] García Marruz opina que "Juana no es la 'autora' de sus versos sino su protagonista" (49).

lar. Como otros artistas en el dintel de la Edad Moderna que, según Casal, "han venido al mundo en pleno siglo xix y no ha[n] encontrado ninguno su sitio al sol" (Fina García Marruz, 163), Juana Borrero dio voz al agonismo interior, reflejo de una naciente problemática universal, pero, al mismo tiempo, alusivo al ambiente político y social de Cuba. Se trata del sentimiento de protesta reprimido y de la desesperación convertida en interrogación que Juana Borrero formula en "Todavía" (61):[3] "¿Por qué tan pronto ¡oh mundo! me brindaste/tu veneno armarguísimo y letal?.../¿Por qué de mi niñez el lirio abierto/te gozas en tronchar?"

Y no fue Casal el único ni el más destacado de los modernistas finiseculares que rindieron tributo al arte poético de Juana Borrero. Sabemos que en un viaje que hizo a Nueva York con su padre en 1892 conoció a Martí, residente por entonces en Estados Unidos, quien ofreció una velada en su honor en Chickering Hall. Conservamos del Conde Kostia las caracterizaciones de estilo parnasiano de un alma que juzgó —"de fuego y luz en que se esmalta el oro de la rima"; y en el "azul" de esta alma percibió la "red de mallas luminosas" de sus versos, y amplios espacios y horizontes imaginados e "interiormente contemplado[s]" (*Poesías,* 59)—, forma dilecta ésta de procesar el mundo material entre los artistas decimonónicos, martirizados, como Borrero, por las contradicciones y anomalías de una modernidad cultural en desarmonía con sus deseos y sueños empíreos.

La voz de Darío se cuenta asimismo entre las que elogiaron a Juana Borrero y el arte de su verso modernista. En un panegírico escrito el año de su muerte, asoció su arte —que consideraba casaliana (*Poesías,* 179)— con Cuba, Casal y Martí: "Cuba —escribió— ha sido para el naciente pensamiento de América, isla cara y gloriosa, pues pudo allí aparecer, después del gran Martí, aquella excepcional alma solitaria que se llamó Casal y al lado suyo su hermana de espíritu, esa extraña virgen hoy difunta, Juana Borrero..." (*Poesías,* 175). La lectura rubeniana de su arte poético parte de premisas patriarcales cuyo primer signo referido a la poeta es la equiparación de su persona artística con lo "virginal" y lo "misterio-

[3] Todas las citas de la poesía de Juana Borrero provienen de la edición de *Poesías* preparada por Fina García Marruz.

so": "extraña virgen hoy difunta" (*Poesías,* 175). Pero, antes de formular la loa de la "extraña virgen", en el mismo ensayo marcó el terreno de las diferencias genéricas referidas a la creación artística al acudir a metáforas entresacadas de la naturaleza para caracterizar a la mujer y a su capacidad creadora, enraizada ésta en conceptos alusivos a la reproducción y la fertilidad: "Es de llorar —escribió Darío— con gran desolación por esas *desaparecidas flores* que se creerían imposibles entre la común *vegetación femenina*" (énfasis del autor, *Poesías,* 177). Y en el mismo venero formula las siguientes generalizaciones sobre lo femenino:

> Esas almas femeninas tienen en sí una a manera de naturaleza angélica que en ocasiones se demuestra con manifestaciones visibles; son iguales en lo íntimo a los hombres elegidos del ensueño, y se elevan tanto más maravillosamente cuanto sus compañeras terrenales, inconscientes, uterinas, o instrumentos de las potencias ocultas del mal, son los principales enemigos de todo soñador.

La mujer se asocia así con lo inconsciente, lo uterino, el instrumento de las potencias ocultas de un mal bodeleriano. Sus "potencias" misteriosas se revelan en una escritura personal, la de las cartas, o mediante los sentidos, los nervios, o las visiones. La óptica tradicional, hegemónica y patriarcal, en torno al arte de las escritoras, la que está centrada en el epistolario, y dominada por el comentario sobre las intimidades, se perfila claramente en el ensayo de Darío. El vate nicaragüense, sin embargo, le asigna a Juana Borrero una categoría de persona extraordinaria; la de los espíritus "de excepción" (*Poesías,* 177). Pues según Darío se dan casos de escritoras que constituyen una excepción a la "vegetación común", como un poco antes en la historia social de Cuba se daban casos de esclavos que pensadores como Domingo del Monte consideraban excepciones a la raza degradada africana.

Pese a las alabanzas que hace Darío del "vuelo" poético (*Poesías,* 178) de Juana Borrero —vuelo *de excepción*—, los conceptos que expresa sobre el tema de las mujeres/escritoras no constituyeron una *excepción* de la ideología hegemónica de aquella época sino una norma ideológica, como lo demuestra la siguiente formulación entresacada de una entrega de la revista *El mundo del arte* de 1894:

> Una mujer excesivamente ilustrada es tan peligrosa como la mujer ignorante, porque la excesiva ilustración, como la ignorancia inicial la separan de su grande arte, que es el sentimiento, de su gran ciencia, que es el hombre, de su segunda religión, que es el hijo (Saporta, 40).

Frente a nociones de esta naturaleza no es extraño que se haya afirmado que "el paradigma del modernismo [hispánico] era, y todavía es, exclusiva e indudablemente masculino..." (Saporta, 38). Y, por eso mismo, tampoco es extraño que se haya estudiado de preferencia a las escritoras como "fenómenos" enigmáticos, "excepciones", dotadas de un misterioso arte angélico cuyo manantial inspirador fluye de la "sensibilidad"—es decir, de la vida personal, las aventuras amorosas, las confidencias, o las irrupciones emocionales del epistolario, o los relatos biográficos.

ESCRITORA/MODERNISTA

La figura "enigmática", la autora de poemas "tersos" y "acabados" que Lezama Lima (III: 493) descubrió en Juana Borrero, sólo llegó a producir un cuerpo diminuto de versos antes de morir a los dieciocho años. En la elaboración de su arte modernista es notable —y además innegable— la huella de su amigo Casal, evidente en su preferencia por el estilo parnasiano que cultivó con la atención al detalle de un orfebre.

> Envueltas entre espumas diamantinas
> Que salpican sus cuerpos sonrosados
> Por los rayos del sol iluminados,
> Surgen del mar en grupos las ondinas.
> ("Las hijas de Ran", 79)

Pero como es el caso en la poesía de la mayoría de los modernistas que aspiraban a incorporar en sus textos los modelos discursivos de los parnasianos franceses —pensemos en los ejercicios marmóreos de Gutiérrez Nájera— los versos que resultan encierran una tensión, por un lado, entre la busca de la distancia psicológica, la frialdad, la línea esculpida o el espacio coloreado, y, por otro, la necesidad o el deseo de dar rienda suelta a los sentimientos íntimos cuya incorporación discursiva vedó la teoría parnasiana. Y en los versos de Borrero este doble venero —conflictivo— también se evidencia, triunfando la mayoría de las veces, el filón de la introspección, los exabruptos emocionales, la queja, la expresión de hastío, en fin, la poesía personal que en su "Prólogo a *El poema del Niágara*" Martí consideró el signo ineludible del poeta moderno: "cuando [el hombre] ya no ve en sus ojos las estrellas del cielo, los vuelve a las de su alma. De aquí... —sentenció Martí— esa poesía íntima, confidencial y personal, necesaria consecuencia de los tiempos, ingenua y útil como canto de hermanos..." (VII: 224), pronunciamiento teórico cuya praxis se manifiesta en la obra de Juana Borrero en versos como: "cruzo errante/ por el mundo ideal de los sueños ("La evocación", 98):

> Los ensueños de dicha que en mis horas de insomnio
> En raudo giro surgen de mi mente exaltada,
> Nacieron bajo el yugo de mi dolor recóndito,
> De mi propio martirio, de mi propia nostalgia.
> ("Confidencia", 70)

El discurso lírico de raíz romántica, cargado de lamentaciones, de visiones oníricas, de espacios nocturnos, singulariza la poesía personal que Martí asoció con el poeta moderno y que la mayoría de los modernistas cultivaron como expresión de su victimización por las circunstancias y las instituciones del aburguesado mundo moderno en que se sentían desplazados del centro, y en que sufrían las penurias y estrecheces —materiales, imaginadas o emotivas— de una existencia inconsolable. En los versos de Borrero el complejo de estos conceptos y emociones se transparenta en poemas como "Mis quimeras" (64) cuyo escenario nocturno recuerda el de Nájera de "Tristísima nox" (II: 35-46). Los versos primeros de estos textos son:

> Borrero En el misterio de la noche
> Cuando el insomnio me atormenta
> Gira en mi mente visionaria
> Alado enjambre de quimeras.
>
> Nájera ¡Hora de inmensa paz! Naturaleza,
> entregada en las horas de la noche

a insomnes trasgos y fantasmas fieros,
breves instantes dormitar parece
en espera del alba.

El agonismo de composiciones como éstas produjo otros poemas modernistas que interrogaban al cielo, a Dios; perdida la fe de las religiones occidentales organizadas, indagaban, buscaban, requerían, a menudo desesperados. Así en la poesía de Juana Borrero: "¿Qué somos...?/ ¡Quién lo sabe! la escondida/Solución del arcano inconcebible,/Al hombre sorprender no fue posible:/Su arribo al mundo y la fatal partida" ("¿Qué somos?", 78). Es idéntica la interrogación de los versos de José Asunción Silva:

¿Qué somos? ¿A dónde vamos? ¿Por qué hasta aquí
venimos?
¿Conocen los secretos del más allá los muertos?
("La respuesta de la tierra", 78)

O en Darío ("Lo fatal", V: 941):

Ser, y no saber nada, y ser sin rumbo cierto.
....
¡y no saber adónde vamos,
ni de dónde venimos...!

Y, en la prosa martiana: "...están todos los hombres de pie sobre la tierra, apretados los labios, desnudo el pecho bravo y vuelto el puño al cielo, demandando a la vida su secreto" ("Prólogo a *El poema del Niágara*", VII: 238).

No nos parece aventurado aunar estas interrogaciones y congojas de la intimidad con las técnicas plásticas del parnasianismo, pero, en este caso, ejecutadas como estrategias de una óptica convexa, o sea, no la pintura de la realidad material, sino su contrapartida: los paisajes vistos a través de un cristal interior, concreciones de la vida espiritual. Como los pintores nabi de la época, los modernistas hispanoamericanos pretendieron captar en sus textos literarios imágenes de lo interior a partir de visiones exteriores. En "Su retrato" (67), dedicado a Carlos Pío Uhrbach, Borrero ensaya esta misma técnica del sondeo de intimidades por medio de exterioridades narradas con una proliferación de imágenes modernistas —*luz del cielo, transparencia del mar, frente marmórea, cáliz purpúreo.* En la primera estrofa leemos:

Sus pupilas no copian la luz del cielo,
Tienen la transparencia del mar tranquilo
Pero como las ondas también ocultan
De insondables tinieblas profundo abismo.

En estos bocetos de la realidad no falta el uso de contrastes imaginísticos, metaforizaciones que signan la visión maniqueísta del mundo tan dilecta de los escritores modernistas —expresión de la lucha entre la vigilia y el sueño. Dos de los más destacados modernistas de Cuba incorporaron esta estrategia discursiva en sus versos: Martí y Casal. En los de Martí la bipolaridad simbólica sugiere las realidades contrapuestas al torno suyo; el bien contra el mal del moralista y del revolucionario —el revolucionario que transforma las estructuras polares, incorporándolas en un proceso asencional que promete un futuro luminoso:[4] "Todo es hermoso y constante, Todo es música y razón,/Y todo, como el diamante,/Antes que luz es carbón (*Ismaelillo, Versos libres, Versos sencillos,* 181). En cambio, la obra de Casal revela una visión dualística "que no admite, sino en instantes raros el contrapeso de la síntesis" (Schulman, 155) —la mirada hacia los horizontes, por ejemplo, de los sonetos de *Mi museo ideal.* Similar visión dualística se descubre en los versos de Borrero quien en un soneto parnasiano —visual y sensual— organiza el universo de forma contrastante:

....
[los cisnes] que, como grupo de nevadas flores,
resbalan por la tersa superficie [del río].
Los oscuros murciélagos resurgen
de sus mil ignorados escondites.
("Crepuscular", 66)

---

[4] Calinescu asocia la Edad Moderna con el espacio de tiempo en que el hombre moderno, habiendo pasado por los periodos históricos de la antigüedad, y el Medioevo, emerge a la etapa moderna (que data a partir del Renacimiento) y despierta a un futuro luminoso (20).

Pero, a diferencia de Casal, y en una expresión próxima al arte de Gutiérrez Nájera, en el verso de Juana Borrero el recuerdo de momentos gratos, la amistad o el amor, constituyen un contrapeso al tedio y hastío de la existencia diaria. También hay momentos de detención en que se esfuma la visión antagónica y agonista —"los ensueños de dicha en mis horas de insomnio" ("Confidencia", 70), o el efecto del trato amistoso, como en los versos de "Vínculo" (80), dedicados a Lola Rodríguez de Tío cuya amistad efectúa la transformación anímica:

Al calor de tu pecho generoso
Como niebla sutil se desvanece
El tedio funeral que me entristece,
Devolviendo a mi espíritu reposo.

En la lectura modernista de los versos de Borrero las analogías de su discurso con lo que al principio de este ensayo tildamos el *estilo modernista modelado,* revela las coincidencias y puentes que hemos ido señalando en forma comparativa en la producción de modernistas coetáneos, tanto en el discurso crítico como en el arte del verso. Entre esas correspondencias quizá la que más me ha impresionado relaciona el arte de Borrero con el de Gutiérrez Nájera quien, como Borrero, colaboró en la revista modernista *Gris y azul.* Se trata de dos poemas de tema, estructura y estilo tan parecidos que podemos acudir en su caracterización al concepto de los vasos comunicantes. Me refiero a "Vorrei morire" (1895, 89) de Juana Borrero y "Para entonces" de Gutiérrez Nájera (1887, II: 129). Son éstos los textos:

Vorrei morire

Quiero morir cuando al nacer la aurora
su clara lumbre sobre el mundo vierte,
cuando por vez postrera me despierte
la caricia del Sol abrasadora.

Quiero, al finalizar la última hora,
cuando me invada el hielo de la muerte,
sentir que doblega el cuerpo inerte

inundado de luz deslumbradora.
¡Morir entonces! Cuando el sol naciente
con su fecundo resplandor ahuyente
de la fúnebre noche la tristeza.

Cuando radiante de hermosura y vida
al cerrarme los ojos, me despida
con un canto de amor ¡Naturaleza!

Para entonces

Quiero morir cuando decline el día,
en alta mar y con la cara al cielo;
donde parezca sueño la agonía,
y el alma, un ave que remonta al vuelo.

No escuchar en los últimos instantes,
ya con el cielo y con el mar a solas,
más voces ni plegarias sollozantes
que el majestuoso tumbo de las olas.

Morir cuando la luz, triste, retira
sus áureas redes de la onda verde,
y ser como ese sol que lento expira:
algo muy luminoso que se pierde.

Morir, y joven: antes que destruya
el tiempo aleve la gentil corona;
cuando la vida dice aún: soy tuya,
aunque sepamos bien ¡que nos traiciona!

Dos voces modernas, dos expresiones íntimas de artistas que buscaban cancelar la oscuridad de su existencia y viajar hacia la luminosidad, la dicha, el espacio ideal, el mundo del espíritu redentor —y antes de sufrir los estragos que marcaron el sino de los artistas decimonónicos asediados por una opresiva cultura materialista.

ESCRITORA/ESCRITURA/NACIÓN

Hay resonancias en los versos de Juana Borrero que amplían la nota de disconformidad hasta comunicarla con el discurso social y político. El proyecto de poder forjar un destino alternativo une los conceptos de narración y nación como en el caso de Martí, o, en grado menor, en la obra de Casal. Fina García Marruz en su estudio/prólogo sobre los versos de Borrero observa, pensando en figuras como Darío o Casal que "cada vez que se produce una gran figura literaria ella crea en torno una atmósfera poética propicia al desenvolvimiento de talentos menores...proliferan una serie de autores que viven, sabiéndolo o no, de esa atmósfera creada por el predecesor magno, toman jirones de su vocabulario...haciendo una especie de acervo común y por lo tanto trillado...(28). No se trata, en el caso de Juana Borrero, a nuestro modo de ver, de la imitación de otros artistas. Y no hemos planteado, ni deseamos sugerir la idea de la copia servil. En su arte hay más bien lo que García Marruz tilda un caso de "precocidad artística singular" que representa "prescindiendo de los frutos ulteriores que pudo habernos dado" una "poesía de anticipación", y al mismo tiempo, un sentimiento de independencia (28) que aunó —o quizá, mejor sería decir, trasladó— la disconformidad del plano íntimo al terreno social y político. El conde Kostia aludió a la cuestión de la dicha y la patria desgraciada en su retrato de Borrero deseando que sea dichosa esta hija de un suelo desgraciado (*Poesías*, 59). Y ella misma en "El Ideal" alude al tema de la nación: "¡Oh patria!.../Tu recuerdo que siempre irá conmigo/Me dará nuevo ardor ante el obstáculo.../...¡Yo lucharé por conquistarte un lauro!" (62-3).

Pero es en "¡Esperad!" (68), poema de innegable timbre modernista, donde se transparenta con nítida especificidad el deseo de la libertad patria y el sentimiento de culpabilidad experimentado por seres pasivos ante la represión, todo en versos comparables con los martianos de "Sueño con claustros de mármol" (*Versos sencillos*). De las cinco estrofas del poema desglosamos dos como muestra de una consanguinidad artística con el arte de Martí y aun con el de Casal, erróneamente juzgado un ser negado a la comprensión de la problemática colonial y las circunstancias opresivas y lastimantes de la colonia española de Cuba. A ella, a los héroes de la oposición política, y a la administración española de la isla, se refiere la "niña musa" en "¡Esperad!" (68):

> ¡Descansan en el seno de la patria
> Que con valor heroico defendieron
> Oponiendo los pechos generosos
> Del enemigo al sanguinario acero!
> ....
> Quizás ¡baldón mortal! nos juzgan cómplices
> Del tirano, vencidos por el miedo,
> Y al hijo espurio, de la mártir Cuba
> Fulminan ya, ¡terrible su desprecio!

Además de estos versos hay otros sueltos que evocan el "gemir" abyecto de los "hermanos cubanos", versos que recuerdan el tono y la intención discursivos de los de "Sueño con claustros de mármol" como: "Dicen [los héroes] que beben tus hijos/Su propia sangre en las copas/Venenosas de sus dueños!"(*Ismaelillo, Versos libres, Versos sencillos,* 209). ¡La asfixia experimentada por Juana Borrero en el limitado recinto paterno, se distiende, por así decirlo, y se inserta en un discurso colectivo cubano. La independencia del ser, la libertad creadora se suma a la libertad patria. El perfume de la lírica íntima, el amor como patria (Vitier, 28), se entrelaza con la política separatista, con la del padre, quien por su actividad revolucionaria se enfrentó con la ineludible necesidad de abandonar la isla en 1895. Buscó el refugio de Cayo Hueso, donde murió esta notable escritora modernista de horizontes interiormente contemplados (Kostia en *Poesías,* 59) y de "Obras fúlgidas" (Martí, VII: 227).

OBRAS CITADAS

Borrero, Juana, *Poesías,* La Habana, Instituto de Literatura y Lingüística, 1966.

Calinescu, Matei, *Five Faces of Modernity,* Durham, Duke University Press, 1987.

Darío, Rubén, *Obras completas,* Madrid, Aguado, 1953, vol. V.

Gutiérrez Nájera, Manuel, *Poesías completas*, ed. Francisco González Guerrero, México, Porrúa, 1953, vol. II.

Lezama Lima, José, *Antología de la poesía cubana*, La Habana, Consejo Nacional de Cultura, 1965, vol. III.

Marruz, Fina García, "Juana Borrero", Juana Borrero, *Poesías*, La Habana, Instituto de Literatura y Lingüística, 1966, pp. 7-56.

Martí, José, *Ismaelillo, Versos libres, Versos sencillos*, ed. Ivan A. Schulman, Madrid, Cátedra, 1982.

Martí, José, "Prólogo a *El poema del Niágara*", *Obras completas*, La Habana, Editorial Nacional, 1963-1973, VII, pp. 221-238.

Saporta Sternbach, Nancy, "The death of a beautiful woman: modernism, the woman writer and the pornographic imagination", *Ideologies and Literature*, (Primavera de 1988), pp. 35-60.

Schulman, Ivan A., *Génesis del modernismo: Martí, Nájera, Silva, Casal*, México, El Colegio de México, 1966.

Silva, José Asunción, *Obras completas*, Buenos Aires, Plus Ultra, 1968, vol. I.

Vitier, Cintio, "Las cartas de amor de Juana Borrero", Juana Borrero, *Epistolario I*, La Habana, Instituto de Literatura y Lingüística, 1966, pp. 7-31.

9. DÍAZ MIRÓN: ¿POETA DE FRONTERAS?

...la humanidad...nunca
recibe bien a la nueva idea...
Díaz Mirón *(Prosa, 114)* *

ACLARACIONES

En la pluralidad de los modernismos hispanoamericanos existen unas genealogías secretas[1] que la crítica tradicional con su ingénita resistencia al revisionismo ha dejado de explorar. Nos referimos en especial a las lagunas críticas en torno a la naturaleza del discurso de una literatura revolucionaria, si no de-volucionaria, de perfiles amplios, generada por la busca angustiada, persistente y prolongada de regiones desconocidas de la experiencia humana; a la pugna dilatada por rechazar moldes prehechos impuestos por religiones organizadas o por prácticas sociales jerárquicas o hegemónicas; y a la lucha por crear narraciones contrahegemónicas que marcan la modernización del discurso en su camino sinuoso desde el esencialismo hacia los existencialismos modernistas, un discurso que prefigura los textos socioculturales y literarios de la cultura fragmentada y caótica de las posmodernidades del siglo XX y las del XXI. Corolario de este concepto es la idea de los modernismos hispánicos visionados en forma de un proteico discurso de liberación; de textos producidos e identifica-

* Cito en forma abreviada textos cuyos detalles bibliográficos se encuentran en la sección de "Obras Citadas". La sigla CL en el cuerpo del texto se refiere a la edición de Castro Leal de las *Poesías completas.* Terminada la primera versión de este ensayo pude adquirir la edición de la poesía completa preparada por Manuel Sol, la cual nos ha proporcionado datos importantes. Para las citas de esta edición, utilizamos la sigla S.

[1] Véase nuestro ensayo "Las genealogías secretas de la narrativa: del modernismo a la vanguardia", *La prosa de vanguardia hispánica,* Madrid, Orígenes, 1986, pp. 29-41.

dos con el proceso de la modernización sociopolítica, económica, y cultural iniciado en América a mediados del siglo XIX, y en cuyos intersticios se debe insertar la obra de Salvador Díaz Mirón.

En años recientes la crítica revisionista ha rescatado la idea del "modernismo visto por los modernistas"[2] con el fin de re-configurar el mapa social y literario de su espacio creador. Ha reconsiderado los pronunciamientos de Juan Ramón Jiménez quien, a mediados del siglo XX, formuló la idea de la existencia de un siglo modernista; ha rectificado concepciones cronológicas inexactas, dándole la razón a Federico de Onís y su idea del modernismo como época de crisis, comparable en variedad, evolución y persistencia con las etapas y los diversos estilos del Renacimiento. También se ha revisionado el discurso del modernismo retomando la idea rubeniana del modernismo como "un movimiento de libertad"; y se ha replanteado el "fenómeno modernista" en términos de una organización textual generada en una Época Moderna cuyos signos pertenecen al flujo vacilante de narraciones estéticas, estilísticas, socioeconómicas, anticoloniales y antimperialistas de la modernidad y la posmodernidad. Y, cuanto más exploramos las dimensiones inéditas de la literatura y la cultura modernas, en especial los nexos entre la literatura y la política, tanto más entendemos que existen paralelismos y nexos entre las promesas del liberalismo económico del novecientos —las que están refractadas en textos rescatados de varios de los modernistas (Darío, Casal, Martí, Gutiérrez Nájera)— y la "globalización" económica y cultural que caracteriza el fin del siglo XX y el comienzo del XXI.

Suscribimos el concepto de un discurso modernista dinámico y metamórfico. Fue José Martí uno de los primeros entre los modernos a plantear y definir el carácter del texto modernista/moderno en su "Prólogo a *El poema del Niágara*". Y, después de él, entre los creadores del modernismo fue José Enrique Rodó quien discernió la naturaleza esencialmente transformista de la vida moderna, o sea, sus evoluciones y modificaciones incesantes.

Este proceso metamórfico no está reñido con la idea de la presencia de una continuidad cultural —una vuelta diría Octavio Paz—

[2] Es la expresión que Ricardo Gullón utilizó en su indispensable antología de ensayos escritos por los prosistas y poetas modernistas sobre la naturaleza de su arte.

hacia el pasado, pero, una vuelta no con el fin de imitar sino de apropiar en renovadas formas. En la evolución del discurso moderno, ¿no fue Darío quien en el poema inicial de los *Cantos de vida y esperanza* describió este proceso como signo de la cultura contemporánea al definir su persona como "*...muy siglo diez y ocho, y muy antiguo/ y muy moderno*; audaz, cosmopolita; con Hugo fuerte y con Verlaine ambiguo/*y una sed de ilusiones infinita*"? (énfasis del autor). ¿No se trata de una anticipación de las prácticas paratextuales de la posmodernidad en las cuales Hutcheon descubre que se formulan dos preguntas claves, análogas a las que descubrimos en la literatura modernista de autorreflexión y exploración del mundo interior del sujeto?: "¿cómo llegamos a conocer el pasado?" y "¿qué sabemos del pasado?".

En pleno periodo modernista, Martí, el más perspicaz teórico entre los escritores de fines del XIX, contestó por adelantado estas interrogaciones recurriendo a la práctica evolutiva de la historia ideológica: "No hay obra permanente, porque las obras de los tiempos de reenquiciamiento y remolde son por esencia mudables e inquietas; no hay caminos constantes..." (*El poema del Niágara,* 7: 225). La mayoría de los artistas finiseculares, frente a las aceleradas transformaciones de la modernización, pese a que percibieron —o intuyeron— la necesidad de un reajuste ontológico, intentaron construir universos alternativos, fundamentalmente esencialistas. Pero, en el proceso revelaron su consternación ante los cambios sociopolíticos y la irritante reubicación del sujeto literario en el mercado económico del capitalismo incipiente. Todo lo cual se manifestó en las expresiones de angustia existencial y la inseguridad ideológica entre los primeros creadores modernistas. "Doctor —se quejó Silva—, un desaliento de la vida/...en lo íntimo de mí se arraiga y nace,/el mal del siglo..." ("El mal del siglo"); o Casal: "haz ¡oh Dios! que no vean mis ojos/la horrible Realidad..." ("Tras una enfermedad"). Y lo que entre estos modernistas primigenios se traduce, siguiendo el esquema de McHale (58-60), en signo epistemológico ("¿qué podemos saber?, "¿quién sabe?", "¿cuáles son los límites del saber?") se va evolucionando, lo mismo que los estilos literarios y el imaginario social, hasta llegar a nuestros días a las preocupaciones posmodernas, o sea, ontológicas ("¿qué es el mundo?, "¿cómo está constituido?"). Sin embargo, las fronteras de lo ontológico y lo espistemológico (o, si se quiere, los límites del modernismo y el posmodernismo) son borrosas, pues si forzamos las cuestiones epistemológicas terminan en el territorio de lo ontológico —y viceversa (McHale, 60).

Obviamente, en estos planteamientos heterodoxos es forzoso liberarnos de las categorías y las nomenclaturas "tradicionales", las que impiden la delimitación de las propiedades y corrientes de la cultura finisecular del novecientos y la de los siglos XX y XXI cuyo universo opera con movimientos circulares y reversibles —los ya sugeridos— con las resonancias, pervivencias, paralelismos o "irrupciones" reincidentes a través del tiempo/espacio del universo moderno. Se trata de la persistencia de un poder generativo cuyo signo fundamental es la metamorfosis, frente a la cual el sujeto unitario y autónomo formula narraciones emancipadoras y revolucionarias. De ahí que, a partir del momento de la modernización burguesa —la que coincide con el desarrollo del estilo moderno/modernista— las creaciones se producen sin patrón o norma fijos —"mi literatura es *mía* en mí", insistió Darío ("Palabras liminares" de *Prosas profanas*)—; el imaginario es multifacético, dialógico; los textos abiertos y con frecuencia inestables.

Se destacan dos narraciones generadas en los textos que se produjeron en América a partir de 1870, las que se perpetúan y perviven en formas evolucionadas hasta hoy: las de una sexualidad expresada en formas abiertas y atrevidas, y las anticolonialistas ligadas a una crítica de las prácticas de la modernización burguesa. Ambas narraciones modernistas confluyeron para expresar lo que Zavala tilda un proyecto moderno que forma parte de la meta dominante de una labor liberada, concebida ésta como una forma de deseo y de satisfacción, como una metaforización de lo que trasciende la vida y es inalcanzable (89). Y ambas recalcan el discurso de crítica que constituye la piedra angular de la revolución modernista. A la vez reflejan una busca por re-definir el papel del ser humano y del creador en un mundo de valores y estructuras fluctuantes, de explorar los intersticios de un nuevo y aterrador universo —la cárcel de la existencia. "Hijo: —exclamó Martí— Espantado de todo, me refugio en ti" (Palabras preliminares de *Ismaelillo*); y Darío: "Huele a podrido en todo el mundo" ("Agencia"). Los modernistas esperaban descifrar los incógnitos de la experiencia humana, a veces vía el reino de los signos eróticos —Darío: "En ella está la lira,/en ella está la rosa,/en ella está la ciencia armoniosa,/ en ella se respira/el perfume vital de toda cosa" ("Carne, ¡celeste carne de la mujer! Arcilla..."). Otras veces, vía la apropiación y reorganización de mitologías clásicas. Al principio del proceso de la modernización la noción de simulacros posmodernistas de la realidad no formaron parte de las narraciones modernistas. Sin embargo, el concepto contemporáneo de la futilidad de las indagaciones ontológicas sí se evidenció: "La tierra, como siempre, displicente y callada,/al gran poeta lírico no le contestó nada" (Silva, "La respuesta de la tierra").

Si revisionamos el modernismo para incluir no sólo los textos más leídos —principalmente los versos— sino las crónicas, los ensayos, las cartas, los cuadernos de trabajo y la novelística, ampliamos la óptica de esta literatura emancipatoria; entenderemos mejor que se trata de un proceso de leer el mundo moderno desde la perspectiva individual del sujeto, proceso iniciado en la segunda mitad del siglo XIX y que continúa hasta nuestros días con calas de ajustes y transformaciones culturales y literarias. Leemos los textos de los modernismos como textos que se caracterizan por el elemento experimental, lúdico, textos de estilística y léxico innovadores, textos que proyectan narraciones contrahegemónicas, anticapitalistas y hasta antimodernas (es decir, contra los paradigmas económicos norteamericanos o europeos), textos que apropian el almacén cultural del Occidente y del Oriente con el fin de afirmar la identidad en términos de una otredad. La literatura contemporánea

> ...tiene sus raíces literarias en el modernismo de Martí, de Darío, López Velarde, la Mistral, [que] mueve hoy a una redefinición de la literatura mundial, cuyo contenido no se agota con la hipotética delimitación de una nueva época, cuya autociencia sería Post. (Rincón, 141)

RELECTURAS

Entre las lamentables tergiversaciones críticas en torno al modernismo, hay una que Fina García Marruz ha señalado y que nos parece particularmente apropiada para la relectura de la obra de Díaz Mirón: es decir, la preponderante tendencia a concebir el modernismo como "un cadáver exquisito más" (8). Es un concepto particularmente apto en el caso de Díaz Mirón por ser la suya una obra disecada en forma arbitraria, y asignada de modo igualmente arbitrario, a múltiples corrientes de la producción literaria del XIX y principios del XX —romanticismo, parnasismo, realismo, realismo poético, realismo idealista, naturalismo, premodernismo, modernismo.[3] En lugar de estos encasillamientos esencialmente caprichosos preferimos hablar de una "concurrencia poética", "...lo cual no supone homogeneidad sino todo lo contrario" (García Marruz, 9); una concurrencia que afirma la presencia de una sed incorporativa (García Marruz, 10), de un discurso multiforme sin segmentos, el cual asociamos en sus múltiples y unidas manifestaciones con una modernidad de perpetuas paradojas, contradicciones, ambigüedades, desintegraciones, reconstrucciones, renovaciones, y, al mismo tiempo, por una lucha social dedicada al mejoramiento del mundo (Berman, 13-15).

La "solución unitiva"[4] de los "ismos" es la que nos guía en nuestra relectura y a ella nos referimos mediante los signos de interrogación del subtítulo de este ensayo. Lo que interrogamos es el fraccionamiento —es decir, la periodización tradicional en tres etapas basada en una cronología veleidosa, división que distorsiona la raigal modernidad diazmironiana y desplaza su escritura a los márgenes de la modernidad, a una frontera imprecisa, si no premodernista. La fragmentación tripartita: 1] orígenes hasta 1892; 2] la producción de *Lascas*; 3] la escasa actividad literaria posterior a *Lascas*,[5] tiende a identificar al creador con estilos literarios o con figuras como Byron y Hugo que anteceden el proyecto modernista o lo alejan del híbrido discurso moderno, porque su obra, al decir de uno de sus críticos, revela un discurso de "vigor" excesivo en lugar de "la delicadeza" y la "suavidad" que se supone que debe caracterizar al modernismo (Monterde, 76) arquetípico y monolítico.

[3] Las etiquetas son múltiples y con frecuencia contradictorias.

[4] Utilizamos el término de Jorge Luis Arcos citado por García Marruz (17).

[5] Seguimos el esquema elaborado por Castro Leal en su edición de las *Poesías completas*. Considera a Díaz Mirón, por su obra de primera época, entre los precursores del modernismo, pero, al mismo tiempo observa que la poesía primigenia revela una sorprendente fuerza de expresión, una novedad imaginística y, por lo tanto, influyó sobre los "mejores poetas modernistas" (75).

Igualmente inaceptable es el concepto trunco de referirse casi exclusivamente a los versos sin tomar en cuenta la producción en prosa[6] que destaca en forma nítida aspectos de su creación ligados a la vida —íntima, febril, violenta en su caso— dimensión vital que Martí, en sus asedios teóricos en torno a la poesía decimonónica, consideró el único asunto legítimo de la poesía moderna (*El poema del Niágara,* 7: 229). Sin servirse de los vocablos *modernismo* o *modernista,* Martí relacionó el nuevo estado social de la época moderna con la "batalla insegura por la existencia personal", incertidumbre que creó incidentes y deberes que cambiaban de forma y vía a cada instante (7: 225). Esta convicción de la inconstancia y permutabilidad de la vida se insertó en los textos de la época en la forma de enunciaciones metafóricas. En los *Versos sencillos* martianos: "Alas nacer vi en lo hombros/ De las mujeres hermosas:/Y salir de los escombros/Volando las mariposas" (16:64). De modo análogo, en los de Díaz Mirón, curiosamente en los de la llamada primera etapa, los que Monterde, entre otros, identifica con la lírica romántica (23), encontramos el idéntico concepto transformista con una imaginería semejante a la martiana: "Soy la larva que procura/en su cárcel azarosa/convertirse en mariposa/y esmaltar el aura pura" ("Preludios", CL: 27). La visión del poeta, aun en su poesía posterior, se eleva hacia las esferas empíreas de la realidad con el fin de alcanzar "la verdad [que] es la vida y la gloria" (*Lascas,* "Epístola joco-seria", 16-17). En un ejercicio de interiorización protomodernista declara que

> Prendas hay en mi espíritu y lo exploro,
> y de buzo trabajo por cogerlas,
> y logro al fin desentrañar las perlas
> y las engarzo en oro. ("Oda mínima", CL: 321)

Transformarse, elevarse, luchar son los signos del nuevo estado social descrito por Martí en su ensayo *El poema del Niágara,* signos que se

---

[6] Pasquel (*Prosa*) se refiere a la prosa de Díaz Mirón en forma despectiva: "Su prosa es de un valor inconstante. Muy rara vez alcanza a moverse cerca de los planos de su poesía" (21). Obviamente Pasquel parte de un concepto crítico enraizado exclusivamente en los valores estéticos del discurso.

transustancian con un alcance ontológico amplio en versos de Díaz Mirón como: "Seres-faros que al lucir/tenéis por fuerza que arder,/ cumplir con vuestro deber; /alumbrar hasta morir" ("Preludios", CL: 30).

Los "seres-faros" o los "seres de montaña" martianos son los visionarios, los seres capaces de pre-ver, seres dedicados a la lucha en una época que el poeta mexicano describió como una "época de derrumbamientos colosales y de advenimientos inmensos" (*Prosa,* 112-13). En "A Gloria" alaba la lucha y alude a "...este valle de lágrimas que abate,/ tú como paloma, para el nido,/y yo, como el león, para el combate" (CL: 53). El poeta evoca un mundo cuyas instituciones se desmoronan en un momento de vertiginosas y radicales metamorfosis socioculturales y en el cual no se avistan con claridad los "altares nuevos"[7] capaces de orientar a los escritores. Modernistas como Díaz Mirón o Martí, conscientes de las injusticias sociales que la modernización socioeconómica creaba, se dedicaron en vida y obra a la lucha necesaria. Sufrían de una agonía espiritual que se refractó en textos en que el escritor expresó su deseo de reubicarse en este ambiente conturbador y perplejo. De José Asunción Silva es el pensamiento angustiado al respecto: "¿Qué somos? ¿A do vamos? ¿Por qué hasta aquí vinimos?" ("La respuesta de la tierra"); o de Rubén Darío: "Ay, triste del que un día en su esfinge interior/ pone los ojos e interroga. Está perdido." ("Ay, triste del que un día..."). De modo similar Díaz Mirón añora el ocaso de la fe y la esperanza:

> Yo voy... ¿Dónde? No sé. Voy arrastrando
> mi fe perdida y mi esperanza trunca,
> sombra de una alma entre la luz temblando
> ¡Y sin poder iluminarse nunca! ("El arroyo", CL: 33)

La duda existencial acosaba a los creadores modernos; los aterraba el proyecto de reinventar el universo y los desesperaba la voz muda de la ciencia contemporánea:

[7] Utilizamos el término de José Martí para representar la ausencia de nuevos principios éticos en el mundo decimonónico de disolución social y política.

¡Nacer, pensar, morir! [exclama Díaz Mirón] Y en la
existencia
divinizada la impotente duda
y en el labio entreabierto de la ciencia
una palabra muda! ("El arroyo", CL: 35)

Las contradicciones de un mundo en transición, sin caminos ciertos, se inscribieron en el discurso de los modernistas, y en el de Díaz Mirón se evidencia en construcciones léxicas bipartitas y antagónicas, con el acento sobre un movimiento metafórico ascensional, el cual traduce el anhelo de reorganizar el universo y de situar al sujeto en él mediante re-elaboraciones cosmológicas de filón idealista. Abundan en su discurso, por lo tanto, imágenes empíreas como "visiones de oro" ("El arroyo", CL: 34) o enunciaciones metafóricas como: "Nadie reprocha a la rastrera oruga/que se convierta en mariposa y vuele!" ("Victor Hugo", CL 41); u oposiciones como "charca x cisnes", "guija x montaña", "oruga x pluma" ("Voces interiores", CL: 69-71). El dualismo a veces se concretiza a través de la visión del bardo/veedor:

Sé de un reptil que persigue
la sombra rauda y aérea
que un ave del paraíso
proyecta sobre la tierra,
desde el azul en que flota,
iris vivo de orlas negras. ("Asonancias", CL: 71)

Otras veces (v. gr., "Asonancias", CL: 71) se une el concepto de la transfiguración y el dinamismo orientado hacia el idealismo con el deseo de justicia social: "nadie tendrá derecho a lo superfluo/ mientras alguien carezca de lo estricto ("Asonancias", CL: 57), o "...a la ley del embudo, que hoy impera,/sucederá la ley del equilibrio"[8] ("Asonancias", CL: 57). Y en "Espuelas":

El hombre de corazón
nunca cede a la malicia.

[8] García Marruz señala que lo americano era un "raro equilibrio". Y anota que Martí habla del equilibro como "ley matriz", "ley estética esencial", y que más tarde, Vallejo aludió a "un equilibrio dinámico" (24).

¡No hay más Dios que la justicia,
ni más ley que la razón!
¡yo no acepto a los tiranos
ni aquí abajo ni allá arriba! (CL: 142)

La idea de la justicia se eleva del plano individual al nacional, textualización que se evidencia en muchas de las producciones primigenias del modernismo, proceso que en otro trabajo[9] designamos con el término "el discurso del deseo", referido éste al concepto de una comunidad nacional sin realizar, de un país del futuro, de una impaciencia por la reelaboración sociopolítica, o el replanteamiento y retextualización de códigos pertenecientes a la historia cultural americana desde la Colonia hasta la Independencia. En la obra de Díaz Mirón se inserta este deseo de mejora nacional dentro de un contexto universal y, por lo tanto, aparecen las figuras de César, Cromwell, Mirabeau y Bolívar junto con la de Hidalgo; y tras visionar "...tierras que han sufrido convulsiones/de cráteres y vómitos de lavas" el poeta percibe la voz de un concierto: "el porvenir que nuestro afán aguarda" ("Voces interiores" CL: 67-70), o sea, la armonía pitagórica del discurso modernista martiano o rubeniano.

El espacio nacional, terreno perpetuamente renegociado o reimaginado entre los modernistas a veces se representa vía la evocación de la naturaleza, y con un estilo fundamentalmente descriptivo, compatible, sin embargo, con las aspiraciones y ensoñaciones que tradicionalmente se adscriben al "estilismo" modernista. En "Umbra" (CL: 135-7), por ejemplo, leemos:

Como un cohete de fulgentes rastros
súbita exhalación arranca y brilla,
y el numen —mariposa de los astros—
despierta y bulle en su prisión de arcilla.

A veces el discurso se interioriza y se manifiesta con efusión romántica:

---

[9] En "Modernismo/Modernidad y el proyecto de alzar la nación", *Journal of Iberian and Latin American Studies,* 2, 1998, pp. 121-131.

Mi vida todo júbilos y encantos,
mi pecho rebosando de pureza,
mi carmen pleno de perfume y cantos
y muy lejos, muy lejos la tristeza. ("Mudanza" CL:163)

La presencia de aspectos del discurso romántico replantea la cuestión de su significado en la obra de Díaz Mirón, y, por extensión, en la de otros creadores modernos de América, sobre todo en los poetas y prosistas de las primeras etapas de la modernidad. Nos preguntamos si no constituye el estilo romántico una parte íntegra del movimiento de libertad —el que señaló Darío— más que un arte imitado —el de Byron o de Hugo en el caso de Díaz Mirón. ¿No es la efusión discursiva algo que los creadores americanos necesitaban para ser?[10] ¿Es decir, no es menos algo de escuela y más una esencia? Y como esencia, ¿no se podría decir que los rasgos románticos se funden con la busca modernista de nuevos códigos lingüísticos y la resemantización del orbe moderno? En "Engarce", por ejemplo, el poeta aúna la nota sentimental y la labor de creación con un pensamiento autorreflexivo, prefigurando las metaficciones de los posmodernistas: "...y en un soneto/monto un suspiro como perla en oro" (*Lascas*, 93). Y en "Oda mínima" medita sobre la naturaleza de dos dimensiones claves de su arte —la estética y la ética—: "Sirvo a deidad que avilantez inmuta,/ que sólo a genio y a virtud convida/al esplendor de mejorar la vida/y embellecer la ruta" (CL: 321). Estos procesos de interiorización, de autorreflexión y de hibridación discursiva subrayan, a nuestro juicio, la idoneidad de abandonar definitivamente la idea de las fronteras[11] en la valoración del arte diazmironiano, pues su aplicación no sólo confunde sino desentona con el revisionado concepto del arte de los modernistas.

---

[10] Glosamos el pensamiento de García Marruz, 29.

[11] Adolfo Castañón es uno de los pocos críticos que maneja el término "frontera" en su análisis de la obra de Díaz Mirón. Habla de su "...condición excepcional fronteriza en más de un sentido pues en él se rompe la regla según la cual nadie es profeta en su tierra....Romántico en la frontera de lo clásico, idealista en el límite del crimen y del cinismo, místico al borde de la disipación, sublime y deleznable, sentimental e impasible, rebelde y cautivo de sus invenciones, egoísta, ascético y sujeto a una servidumbre voluntaria a la más férrea retórica, y generoso y magnánimo liberador de formas, divertido, perverso, irresistible"(11).

Para ellos, prevalecía, por encima de las inquietudes ideológicas, la "...toma de conciencia de que el verdadero campo de acción de la poesía estaba, más que en la efusión romántica de los sentimientos, en el trabajo creador con la palabra" (García Marruz, 30). La palabra para Díaz Mirón, como para José Asunción Silva era santa; el verbo debía reconfortar a los desamparados del mundo: "Santa la poesía/que a los parias anuncia el nuevo día/¡y es tan consoladora!" ("La poesía es santa", CL: 357). La busca de la expresión adecuada, precisa, asediaba a Díaz Mirón:

> Cuando pugno en las bregas del arte
> por verter en trasunto una parte
> del caudal que atesoro por dentro,
> y en las voces hurañas encuentro
> la precisa expresión y el buen giro
> ¡qué alborozo y qué orgullo respiro!
> ¡cual me alegra y ufana el acierto!
> ¡un oasis hallado al desierto!
>
> ("Epístola joco-seria", *Lascas*, 17)

El arte lo identificaba también con el texto social, con el de la patria, ligando de ese modo modernismo/modernidad y el proyecto de alzar la nación. En su "Réplica a Puga y Acal" declara que su Musa

> ...es el siglo, es el pueblo, es la patria. Más aún es la humanidad con sus virtudes y sus vicios, con sus regocijos y sus dolores, con sus energías y sus flaquezas, con sus heroísmos y sus crímenes, con sus ideales y con sus pasiones, con sus pies de monstruo, y sus alas de ángel. (*Prosa*, 109).

Se pronuncia, como José Martí, en contra de la poesía de afeites —"flores de trapo rociadas con esencia de jazmines de China" (*Prosa*, 196)— y experimenta con un lenguaje estilizado y con un discurso eminentemente conciso,[12] sobre todo en *Lascas*, creando así el ideal de los modernistas de ampliar los límites del discurso

[12] La mayoría de los críticos subraya la concisión del arte diazmironiano. Y el poeta mismo se refiere a su "instinto de concisión" (*Prosa*, 111).

decimonónico, sin seguir modelos, para alcanzar lo que Darío llamó la "estética acrática" ("Palabras liminares" de *Prosas profanas*), un arte sin códigos, sin moldes prehechos, arte, en fin antiprescriptivo. Es en el volumen de *Lascas* en el cual logra refinar un discurso que algunos críticos han querido identificar con un realismo poético o con el naturalismo porque en los versos de este tomo desacraliza el lenguaje. En su "Epístola joco-seria" maneja un lenguaje provocador, con palabras que seguramente irritaron en su época: *gallineros, lúbricos tratos, perros, gatos* (*Lascas,* 15). Manuel José Othón llamó los versos de *Lascas* "naturalistas" (citado por Buxó, 6). Otros, confrontados con el ambiente de horror y de fealdad de poemas como "Idilio" o la "Epístola joco-seria" prefirieron caracterizar esta modalidad discursiva como "realismo poético" o "realismo idealista" (Buxó, 6). Aceptaron, sin cuestionar su función, la idea que expresa Díaz Mirón sobre el lenguaje fétido:

> *¿Que la nota poluta y la torva*
> vibran mucho en el son de mi tiorba?
> En el mundo lo dulce y lo claro
> son, por ley de la suerte, lo raro.
> ¿Cómo hacerlos aquí lo frecuente?
> *No: la cámara obscura no miente.*
> ("Epístola joco-seria", *Lascas,* 17; énfasis del autor)

Y tomaron demasiado en serio las palabras "la cámara obscura no miente". Pero, sin duda alguna, sus alusiones deben haber mortificado a los tradicionalistas y académicos de la época:

> ¿Y Sodoma con fieros priapismos
> anegando a los ángeles mismos,
> que se libran merced a un encanto?
> ¿Y las hijas de Lot? Y el Rey Santo,
> Betsabé y el cadáver de Urías?
> ¿Y Tamar con Amnón—¡Fruslerías!
> ("Epístola joco-seria", *Lascas,* 15)

Monterde observa que "la ruta que lleva a Díaz Mirón al "*realismo poético*" "arranca" de las poesías luctuosas —"Duelo", "El muerto"— de 1895, y a través de poemas descriptivos y narrativos, y "de lo anecdótico dolorosamente vivido y sentido". Pero, agrega sagazmente como nota final a esta cuestión, que no se trata tanto del influjo de la escuela de Médan, o del contagio, como de una reacción contra "lo ñoño" y "lo insustancial" de la poesía de la época (35). Es decir, como poeta moderno, enfrentado con las deconstrucciones socioeconómicas del capitalismo incipiente y sus consecuencias culturales, apropió mediante los tabúes lingüísticos los perturbadores desajustes de la sociedad decimonónica. Con una visión parecida a la de Martí, Casal y Silva, insertó tanto los submundos como los espacios idealistas en su prosa y verso. Como Silva en sus *Gotas amargas* incorporó temas "antipoéticos", un lenguaje desacralizado, palabras consideradas inapropiadas: fétido, hosco, poluto ("Idilio", *Lascas,* 101), y un léxico a menudo agresivo. Pero, en la experimentación lingüística, en el cultivo de una imaginería culta, y en la elaboración de una expresión que se aproxima en momentos dados a la densidad discursiva del barroco, alcanza Díaz Mirón la originalidad de un creador eminentemente moderno y original. Confesó (en la "Réplica a Puga y Acal") que "...el estro, en forma de calofrío" le culebreaba por la espina dorsal, y que con un automatismo y el fulgor del rayo descargaba sus versos "sin escribirlos" (*Prosa,* 108). Con todos estos elementos el poeta de cráteres y lavas,[13] de montes y de llanos produjo versos que centellean, que nos recuerdan otros de Leopoldo Lugones o de Julio Herrera y Reissig, y que son de marca inconfundiblemente moderna:

Cabe un lago de múrice, como radial corona,
o escudo excelso y nítido, el Sol occiduo esplende;
y por el claro piélago inflada y sesga lona
resbala, con un ósculo del astro que desciende.
("Claudia", *Lascas,* 126)

[13] Utilizamos el lenguaje de Darío en su "medallón" de 1889 dedicado a Díaz Mirón y su arte.

RESONANCIAS Y PERVIVENCIAS

En su comentario sobre la segunda de las poesías intituladas "Asonancias" cuyas estrofas narran la experiencia personal del poeta, Monterde percibe una relación con los versos de Martí: "La forma en que se inicia cada una de las dos primeras partes del romance —nos dice—, es la que adoptó Martí —¿ósmosis?—, en alguno de sus *Versos sencillos*: "Sé de..." "Conozco un..." (27). Los versos de Martí y de Díaz Mirón a que se refiere Monterde son:

Díaz Mirón
Sé de un reptil que persigue
la sombra rauda y aérea
que un ave del paraíso
proyecta sobre la tierra,
desde el azul en que flota,
iris vivo de orlas negras.

Conozco un voraz gusano
que, perdido en una ciénaga,
acecha una mariposa
que, flora matizada y suelta,
ostenta en un aire de oro
dos pétalos que aletean. (CL: 71)

José Martí
Yo sé del canto del viento
En las ramas vocingleras,
Nadie me diga que miento,
Que lo prefiero de veras.

Yo he visto al águila herida
Volar al azul sereno,
Y morir en su guarida
La víbora del veneno. (7: 65,66)

Los parentescos con la creación martiana se extienden a una imaginería compartida; en especial el uso de las antítesis como águilas/serpientes (CL: 68), oruga/mariposa (CL: 41), charca/cisnes (CL: 69), guija/montaña (CL: 70), o las imágenes como "diamantes sin mancha" (CL: 69), "espada ardiente", "copo de nieve", "zarza encendida", "nube de oro", "águila altiva" (CL: 147-8), metaforizaciones que abundan en la obra martiana como en la de Díaz Mirón. La coincidencia metafórica entre Martí y Díaz Mirón, el empleo de los contrastes antitéticos en la obra de ambos, se debe, a mi juicio, al alto sentido ético que comparten, y al concepto de lucha que priorizaron en su discurso. Por lo tanto no planteamos esta conexión con la intención de sugerir un caso de imitación, sino con la idea de señalar la existencia entre los modernistas de un vocabulario en común, de una consanguinidad ontológica referida a la percepción y la reconstrucción del universo. Sin embargo, es un hecho innegable que Díaz Mirón admiró la obra del cubano. Entre las crónicas escritas para el *Diario Comercial* de Veracruz (24 de mayo de 1887) hay un comentario de Díaz Mirón en torno a la correspondencia publicada por Martí en *El Partido Liberal* sobre la poesía de Walt Whitman. La nota breve del *Diario Comercial* es un elogio lírico del ensayo martiano que el modernista mexicano considera, sirviéndose de un metaforismo canónico y martiano, "un juicio hímnico y resplandeciente sobre la poesía de Walt Whitman...". La identificación de Díaz Mirón con la obra whitmaniana y el discurso martiano produce una prosa cuyo apasionamiento se evidencia en la imaginería arrebatada característica del estilo fervoroso del cubano. Bastarán dos citas breves. En la primera, al comienzo de la nota, se refiere Díaz Mirón a Whitman como el "profeta ardoroso y sobrehumano, que *en versículos ígneos y radiosos propaga, como un incendio por un bosque* (las cursivas son del autor), el amor a la Naturaleza". En la segunda, el tono se eleva todavía más y engendra un metaforismo empíreo de raíz martiana: "La poesía de Whitman...es la suprema razón desleída en maravillosas ternuras, en una fantasía ilimitada e impetuosa; es la luz del sol espléndidamente descompuesta en arcos de las cataratas del Niágara" (S: 562).

La relación Díaz Mirón-Martí no fue exclusivamente "libresca". Recluido el mexicano en la cárcel de Veracruz por el asesinato de Wolter, los dos escritores se conocieron y conversaron en circunstancias penosas para Díaz Mirón. Su encuentro en 1894 lo relata el coronel Florencio Simancas, jefe acreditado del Ejército Libertador de Cuba, en su diario. Lo que relata Simancas revela que los dos modernistas estaban familiarizados con la obra de cada uno y que entre los dos había lazos de amistad y de confianza personal. Escribe Simancas:

> Al encontrarse...se dieron un prolongado abrazo.
>
> Martí le ofreció a Díaz Mirón recabar su indulto para que viniera a tomar parte en la justa de libertad a Cuba....Salvador oyó las elucubraciones de Martí, pero declinó la oferta confiado, decía él, en un recurso de revisión de su causa, que esperaba prosperara.
>
> Después la conversación giró por las últimas producciones poéticas de ambos. *Salvador recitó sus últimos poemas, y Martí recitó también algunas de sus poesías inéditas. Era aquel, en el reducido recinto de la alcaldía, un torneo digno del más elevado congreso literario.*
>
> Salvador acababa de celebrar un contrato con la casa Appleton de Nueva York para la impresión de sus últimos tomos de poesías, *cuyo contrato mostró a Martí, en el cual le autorizaba al mismo tiempo, para que fuera él quien se encargara en Nueva York de corregir las pruebas de imprenta*....él [Díaz Mirón] sabía que después de corregidas por Martí, podían pasar el escalpelo de la más severa crítica, de los Gutiérrez Nájera y otros (las cursivas son del autor; citado por Manuel Sol, S: 66).

Además de las resonancias martianas y los lazos ya señalados con Darío, Casal y Silva,[14] afinidades que confirman el carácter moderno y modernista de la obra diazmironiana, descubrimos en ella pervivencias "futuras", o sea, una futuridad moderna que se comunica con los posmodernismos literarios. Castañón, por ejemplo, tras llamar a Díaz Mirón un "precursor y maestro del modernismo" (13), reconoce "su estirpe perfeccionista y provocadora" (11) en Jorge Cuesta, Alí Chumacero, Rubén Bonifaz Nuño y Gerardo Deniz. Reconocer lazos con poetas y prosistas posteriores, a la manera de García Marruz, con la irrupción y presencia de Martí en la obra de José Lezama Lima, constituye una confirmación de que al revalorar la literatura mexica-

---

[14] Castañón afirma que el poeta es el "último hijo de la estirpe romántica; [y] es pariente en el color del patético Julián del Casal y en la música del armónico José Asunción Silva" (11).

na, y al reconstruir la historia literaria del siglo XIX no se puede olvidar la figura de Díaz Mirón, que no podemos ponerla en segundo término (Reyes Nevares, 11), y que no se debe insistir sobre su condición fronteriza, aplicando a su obra en verso y prosa criterios anquilosados o calificaciones múltiples y conflictivas. Díaz Mirón no es un poeta de fronteras; es un escritor de la cofradía modernista cuya obra pertenece al inacabado proyecto de la modernidad hispanoamericana.

OBRAS CITADAS

Berman, Marshall, *All that is solid melts into air*, Nueva York, Simon and Schuster, 1982.

Castañón, Adolfo, "Las tres palabras de Salvador Díaz Mirón", *Vuelta,* XXI (noviembre de 1997), pp. 11-14.

Buxó, José Pascual, "Díaz Mirón o los artificios de la realidad", *Texto Crítico,* XII (36-37, 1987), pp. 4-11.

Díaz Mirón, Salvador, *Poesías completas,* ed. Antonio Castro Leal, México, Editorial Porrúa, 1947.

________, *Poesía completa,* ed. Manuel Sol, México, FCE, 1997.

________, *Lascas,* Xalapa, Tipografía del Gobierno del Estado, 1901.

________, *Prosa,* ed. Leonardo Pasquel, México, Talleres Gráficos de la Nación, 1954.

García Marruz, Fina, *La familia de Orígenes,* La Habana, Ediciones Unión, 1997.

Gullón, Ricardo, *El modernismo visto por los modernistas,* Barcelona, Labor, 1980.

Hutcheon, Linda, "Postmodern Paratextuality and History", *Texte,* 5-6, (1986-1987), pp. 301-312.

Martí, José, *Obras completas,* La Habana, Editorial Nacional, 1963-1965.

McHale, Brian, "Change of Dominant from Modernist to Postmodernist Writing", *Postmodern Fiction in Europe and the Americas,* Amsterdam, Rodopi, 1988, pp. 53-79.

Monterde, Francisco, *Díaz Mirón, El hombre, La obra,* México, Studium, 1956.

Reyes Nevares, Salvador, "Díaz Mirón", Suplemento de *El Nacional,* 13 de diciembre de 1953, p. 11.

Rincón, Carlos, "Entre nuevas propuestas teóricas y nuevos interrogantes: el Modernismo en el momento de la discusión de lo postmoderno", *Recreaciones*, ed. I. A. Schulman, Hannover, Ediciones del Norte, 1992, pp. 106-146.

Zavala, Iris M., *Colonialism and Culture; Hispanic Modernism and the Social Imaginary*, Bloomington, Indiana University Press, 1992.

10. EL OTRO MODERNISMO: EL CASO DE DARÍO HERRERA

"Hoy Panamá con el Canal acrece
El progreso del mundo, a quien ofrece
Toda la magnitud de su Océano..."
Darío Herrera (Lejanías, 97)

Hace años[1] aludimos a la existencia de unas genealogías secretas del modernismo, postulación revisionista formulada para modificar la predominante teoría monolítica que priorizaba ciertas características discursivas del modernismo —arte escapista, manía estilística, desaire de códigos sociopolíticos—, conceptualizaciones exageradas e inexactas si no espejismos enunciados por la crítica tradicional con el fin de describir y justificar las a menudo inexistentes cadencias y sucesiones cronológicas y estilísticas de una compleja y heterogénea etapa de la historiografía literaria americana.

En dicha etapa, la del modernismo, las manifestaciones textuales son múltiples y heterológicas. Y, por lo tanto es, a nuestro juicio, imprescindible evadir la práctica tradicional de reducir el arte modernista a una serie de generalizaciones fundamentalmente esencialistas y de exclusiva naturaleza ideológica, historiográfica, estética o estilística. Todo lo contrario; urge acentuar la diversidad, apertura e inestabilidad de las textualizaciones modernistas y la interconectividad entre éstas y las metamórficas instituciones sociopolíticas del mundo moderno. De hecho lo que proponemos es la idea de la pluralidad modernista, concepto afín al de la(s) filosofía(s) existencialista(s), o sea el concepto de varios modernismos que dejaron sus huellas no sólo en las producciones de una literatura elitista sino en espacios diversos de la cultura popular.

[1] En una conferencia magistral dictada en 1985 en una sesión del congreso sobre prosa de la vanguardia organizado por Fernando Burgos en la Universidad de Memphis (Tennessee, EU).

Se lee tradicionalmente el modernismo desde la perspectiva del texto individual, y desde el punto de vista fundamentalmente antihistórico, con énfasis sobre las micro más que sobre las macro dimensiones. O, dicho de otra manera, el discurso crítico ha revelado una preferencia por la descripción del sistema normativo del modernismo en términos de la autorreferencia, la fragmentación, los conceptos elitistas o escapistas, y las nociones subjetivas de la autenticidad cultural y estética. La busca eptistemológica de los escritores modernistas a menudo ha sido caracterizada —no sin razón— en términos de gritos o ansias existenciales o teleológicas condicionados más por la desesperación emotiva que por el deseo de entender en forma racional los signos de la naturaleza o la organización del universo. El credo revolucionario de un Martí basado en la conciencia y dedicación sociales, y en una tentativa de racionalizar el universo, constituye una notable excepción entre la mayoría de los escritores modernistas. Pero la carencia de orden en el ideario modernista no impide la descripción de los códigos de esta literatura en forma sistemática.

Una de las fallas mayores de los que han intentado elaborar un sistema normativo ha sido la concentración en el análisis del texto individual, sacrificando el análisis de las dimensiones sociales y sus nexos con el espectro amplio de la escritura moderna cuya etapa de iniciación abarca el periodo de los tres últimos decenios del siglo XIX. De este modelo resulta un concepto trunco y monolítico cuyos códigos se identifican fácilmente con la literatura de la deconstrucción posmoderna. Es decir, la supremacía del lenguaje y la conflictualidad del texto revelan tensiones desde la superficie hacia el centro, y el texto viene a ser la única unidad de conocimiento estructurado. Tales tensiones exponen y deconstruyen las fibras del texto.

Un deslinde más comprensivo tomaría en cuenta la confluencia de códigos, visualizados éstos en forma de dos círculos que se intersectan, representando *un* círculo el texto individual, y *otro* el texto social. Las lecturas plurivalentes que resultarían podrían aunar y sistematizar los códigos sociales y subjetivos de la escritura moderna, patentes ambos en las construcciones textuales de los modernistas si se examinan todos los registros de su expresión. Tanto los códigos sociales como los estéticos de un sistema normativo, construido de este modo, podrán generar nuevas lecturas de una literatura que a la postre debe concebirse como una ruptura crítica, una escritura cuyas subestructuras, tanto las inmanentes como las sociales, existen y perviven a través del tiempo en tanto componentes perennemente dinámicos, abiertos hacia un proceso metamórfico.

Una de las consecuencias de no operar con un sistema analítico basado en la heterogeneidad es la tendencia a perfilar y perpetuar un modernismo homogéneo, distorsionado y limitado. Del modernismo "limitado" deseamos señalar en primer lugar la desafortunada exclusón del canon de figuras y obras primordialmente de literaturas pertenecientes a regiones o países situados al margen del proceso desarrollista del capitalismo iniciado en América a partir de la segunda mitad del siglo XIX, proceso modernizador, iniciación de la globalización socioeconómica y cultural comentado por muchos modernistas en textos normalmente ausentes de las antologías y ediciones de esta literatura.[2] ¿En cuántas de estas recopilaciones encontramos textos de la producción de Costa Rica, Guatemala, Ecuador o Panamá? ¿En cuántas abundan las voces de aguda alarma y de alienación características de los textos sociales y políticos del periodo —poemas, crónicas, ensayos? Y, ya que de omisiones canónicas hablamos, ¿en cuántas hay textos en prosa y verso de mujeres cuya obra dispersa en periódicos y revistas queda todavía por rescatar?

---

[2] Las historias del modernismo han tratado de ser más inclusivistas, debido quizá al hecho de que la narración del canon de la literatura hispanoamericana nunca ha prestado atención a la admonición de Alfonso Reyes de que "el fárrago es lo que nos mata" concepto que expresó en su ensayo "Valor de la literatura hispanoamericana" (76). De ahí las enumeraciones casi infinitas y exhaustivas que descubrimos en tantas historias de la literatura americana, verdaderos "catálogos de semilla para pájaros" según el comentario irónico de hace años de Isaac Goldberg. Y, en la historia clásica del modernismo, la de Max Henríquez Ureña, *Breve historia del modernismo* hay un ejemplo admirable del inclusivismo a que hemos aludido, un ejemplo, por otra parte, admirable, pues el crítico dominicano conoció personalmente a muchas figuras del modernismo. Las antologías, sin embargo, han tendido a ser no sólo exclusivistas sino a revelar una incapacidad casi ingénita por ajustar la selección de los textos a las evoluciones del discurso crítico. O en otras palabras, han seguido la ruta tradicional del antirevisionismo. En *Poesía modernista hispanoamericana y española* los antologistas han hecho un esfuerzo por ampliar el canon de la poesía y de incluir la producción de países que suelen no figurar en la mayoría de las antologías —el caso, por ejemplo, de Puerto Rico.

Con el fin de iniciar el rescate imprescindible de textos y figuras del modernismo, exploraremos la obra de tres figuras modernistas consignadas por distintas razones a los distanciados espacios fronterizos del discurso crítico o que sufren de inmerecidas distorsiones en la historia literaria canónica. Me refiero a Juana Borrero de Cuba, Rafael Angel Troyo de Costa Rica y Darío Herrera de Panamá.

LA ESCRITURA DE UNA MUJER: JUANA BORRERO

Amiga, y según algunos, discípula de Julián del Casal, la biografía de Juana Borrero ha ocupado más a los críticos que su obra de creación. Tal enfoque no es nada atípico en el discurso patriarcal tratándose de una mujer/escritora, pues similar ha sido el caso de su compatriota, Gertrudis Gómez de Avellaneda. Pero a la luz de la narración revisionista del modernismo, más significativo nos parece estudiar cómo y en qué medida su discurso poético se inserta en el del modernismo hispanoamericano, buscando en su arte no los nexos entre vida y verso sino la voz del sujeto *fin de siècle*, la del artista atormentado y aislado, víctima de las incertidumbres del mundo moderno; el ser asediado por los cuatro estigmas descritos por su contemporáneo, José Martí: "la Intranquilidad, la Inseguridad, la Vaga Esperanza, la Visión Secreta" (VII: 229), en fin, la escritora hostigada por "lo desconocido, eco de lo sobrenatural, espejo de las luces eternas, copia más o menos acabada del mundo en que vive" (VII: 229), todo lo cual se transparenta en el discurso de ella y es la nota característica del artista de la incipiente modernidad social y cultural de América. Sin embargo, un artista tan perspicaz como Darío, al comentar la obra de Borrero parte de premisas patriarcales cuyo primer signo referido a la poeta es la equiparación de su persona artística con lo "virginal" y lo "misterioso"; la llama "extraña virgen hoy difunta" (*Poesías*, 175). Pero antes de formular la loa de la "extraña virgen", en el mismo ensayo, marcó el terreno de las diferencias genéricas referidas a la creación artística al acudir a metáforas entresacadas de la naturaleza para caracterizar a la mujer y a su capacidad creadora, enraizada ésta en conceptos alusivos a la reproducción y la fertilidad: "es de llorar —escribió Darío— con gran desolación por esas desaparecidas flores que se creerían imposibles entre la común vegetación femenina" (énfasis del autor; *Poesías,* 177). Y en el mismo venero el nicaragüense formula las siguientes generalizaciones sobre lo femenino:

> Esas almas femeninas tienen en sí una a manera de naturaleza angélica que en ocasiones se demuestra con manifestaciones visibles; son iguales en lo íntimo a los hombres elegidos del ensueño, y se elevan tanto más maravillosamente cuanto sus compañeras terrenales, inconscientes, uterinas, o instrumentos de las potencias ocultas del mal, son los principales enemigos de todo soñador (*Poesías,* 177).

Pese a las alabanzas que hace Darío del vuelo poético de Borrero, los conceptos que expresa sobre el tema de las mujeres y las escritoras no constituyen una excepción de la ideología hegemónica de aquella época, sino una norma, como lo demuestra la siguiente enunciación entresacada de una entrega de la revista *El mundo del arte* de 1894:

> Una mujer excesivamente ilustrada es tan peligrosa como la mujer ignorante, porque la excesiva ilustración, como la ignorancia inicial la separan de su grande arte, que es el sentimiento, de su gran ciencia, que es el hombre, de su segunda religión que es el hijo (Saporta, 40).

Juana Borrero fue una mujer ilustrada y de un talento artístico nada común. La relectura contemporánea y cuidadosa de sus textos revela cierta tensión entre la distancia psicológica, la frialdad, la línea esculpida y el filón instrospectivo, la queja personal, la expresión del hastío, signos ineludibles del poeta moderno, del poeta, según Martí que "ya no ve en sus ojos las estrellas del cielo, [y] los vuelve a las de su alma" (VII: 224). Entre sus composiciones modernistas —agónicas como las de Darío, Martí, o Silva— encontramos las que interrogan al cielo, a Dios, en busca prototípica de las contestaciones y aclaraciones que nunca reciben los poetas modernistas asediados por la fe perdida. En su afán de captar imágenes de lo interior se sirve de visiones exteriores estructuradas en forma característica del discurso modernista: es decir, mediante metaforizaciones que signan la visión maniqueísta del mundo, expresión de la lucha entre la vigilia y el sueño. La nota disconforme de quejas y congojas se amplía en el caso de Borrero de una manera similar a la de otros modernistas, con resonancias relacionadas con el discurso social y político —nexo que sólo recientemente se ha logrado incorporar al discurso crítico sobre los textos de los modernistas hispanoamericanos. En su poema "El Ideal" Borrero alude al tema de la nación, a la patria, que dice que "siempre irá conmigo" y que "me dará ardor ante el obstáculo" (62-3). Y, en "Esperad" (68), poema de innegable timbre modernista, se transparenta con nítida especificidad el deseo de la libertad patria y el sentimiento de culpabilidad experimentado por seres pasivos ante la represión. En estos y otros versos se transparenta un "gemir" asociado con la oposición política, y la administración española de la isla. Su lectura recuerda el tono y la intención de "Sueño con claustros de mármol" (*Versos libres*) de Martí, y en ellos se transparenta la asfixia que Borrero experimentó en el limitado recinto paterno. La independencia de su ser, su aspiración a la libertad creadora se suma al deseo de la libertad patria. El perfume de la lírica íntima, el amor como patria se entrelazan con la política separatista del padre, y generan versos modernistas de horizontes contemplados desde la orilla interior.

LA ESTRATEGIA DEL REVÉS: RAFAEL ÁNGEL TROYO

La crítica, mínima e insuficiente, en torno a Rafael Angel Troyo ha preferido examinar y comentar las texturas y apariencias de su obra desde el ángulo del costumbrismo y del nacionalismo tradicionales. Pero frente a la "preceptiva" costumbrista de una sociedad burguesa y pacata, Troyo y otros artistas como Ricardo Fernández Guardia, Ernesto Martén y Alejandro Alvarado Quirós, que no eran antinacionalistas, defendieron el principio de la libertad del artista, quien, según Fernández Guardia "tiene un temperamento especial, que lo lleva con fuerza irresistible hacia determinados ideales" ("Polémica...", 292). Los nacionalistas rechazaron las innovaciones, rupturas, invenciones y experimentos del estilo moderno; repudiaron lo que Darío llamó el movimiento de libertad artística. Y los "liberales" —los modernistas en Costa Rica— buscaban innovar frente a la modernidad burguesa que anhelaban reemplazar con una modernidad estética, alternativa. En resumidas cuentas reaccionaron en contra de la soledad espiritual, el tedio, la esterilidad artística y la chabacanería del progreso material.

Troyo, autor de seis libros de prosa,[3] prefería evocar los paisajes gélidos, estériles, blancos, sugeridores de la muerte, la tragedia o la tristeza —como Darío Herrera. Y estos paisajes los alternaba con sus opuestos: los risueños, diáfanos, levemente melancólicos y azules, portadores de la dicha ensoñada, aunque fugaz. Es frecuente que aparezcan ambos paisajes o espacios poéticos en la misma prosa breve; su presencia en construcciones contrapuestas, enunciaciones del revés, simbolizaba la lucha y la alternancia de las fuerzas vitales de la existencia con el sino mayormente sombrío del hombre moderno. O en otros textos, el concepto del revés se manifiesta con las características del cuadro parnasiano o de la miniatura decorativa. En tales formulaciones se verifica el desplazamiento del universo material hacia la contemplación de los objetos de belleza y lujo del Segundo Imperio, reunidos a veces bajo el signo de la cultura oriental (como en "Marfil" de *Terracotas*).

La percepción y creación de la "otra" realidad y la técnica del contraste, ambos recursos iterados y recurrentes en la obra de Troyo, están ligados a la inestabilidad metafísica, la inseguridad sociocultural, el desequilibrio temible de la sociedad en trance de modernizarse. El artista, con su sensibilidad ofendida por el materialismo reinante, testigo y víctima de esta transformación, percibirá en el ambiente que le rodea un malestar general cuya existencia no textualiza en términos nacionales, sino en un espacio más bien universal. Y frente a este malestar, aislado o marginado por él, construirá otra realidad que no es, a mi modo de ver, el signo de un discurso torreburneista, sino un modo de ocultarse sin huir de la realidad, una forma de "replantear la batalla en otro terreno" (Vitier, 297). De ahí, como en Ricardo Jaimes Freyre, en conformidad con una ingénita tristeza, la visión de una realidad contrapuntal ceñida casi exclusivamente a la estepa, la nieve, el blanco. Hay además en

[3] *Terracotas*, 1900; *Ortos*, 1903; *Corazón joven*, 1904; *Poemas del alma*, 1906; *Topacios*, 1906; *Ortos*, 1907.

su obra un aire de desquiciamiento, el de un universo que ha perdido su norte y, descentrado, gira vertiginosamente con penosa decadencia hacia fronteras no conocidas sino apocalípticas. Es en el fondo una literatura de valores invertidos, inesperados y hasta transgredidos, de un código sociocultural que corresponde a un mundo en crisis, carente de base racional. Es la escritura del revés, concebida desde la dinámica contrapuntal —una segunda realidad cuyos objetos a veces se insertan en un discurso de valores idealizados. Y, sin embargo, al mismo tiempo, como en la obra de Darío Herrera, se descubre una constante preocupación por el ser humano, por el hambre y la pobreza, por el individuo enfermo, solo, ciego, inválido, huérfano o desamparado. Le atormentan a Troyo el desconsuelo del amante, las separaciones, el amor no correspondido, los trágicos desenlaces sentimentales. Troyo comprendió los signos negativos de su época —los de la vida moderna primigenia— y frente a las disyuntivas creadas por ella, buscó "armar su batalla" en otros terrenos —mediante la estrategia del revés.

DARÍO HERRERA: UN ESCRITOR IGNORADO

Así caracteriza Rodrigo Miró a Darío Herrera (*Horas lejanas y otros cuentos,* 5) en dos ocasiones y, en una de ellas, se refiere a Herrera como el escritor inexistente para los panameños.[4] De ser así su lugar en la literatura nacional de Panamá no debe ser motivo de sorpresa que sea una figura desconocida en el resto de América y un escritor excluido del canon de la literatura modernista. Yo recuerdo haber escuchado su nombre por primera vez como alumno de posgrado en la Universidad de California, en un curso sobre el modernismo hispanoamericano que impartió Max Henríquez-Ureña, profesor visitante durante un verano en esa universidad. Pero Henríquez-Ureña quien trató mucho a Herrera y lo ayudó en La Habana cuando Herrera tuvo que internarse en un sanatorio para curar uno de sus muchos ataques de neurosis, no se detuvo en el análisis de la obra del escritor paname-

[4] En el prólogo a *Horas lejanas y otros cuentos* dice "...Herrera es hoy un escritor ignorado" (5), y en "Darío Herrera en el centenario de su nacimiento" insiste de manera tajante sobre esta caracterización: "Darío Herrera [es] la figura más conspicua del Modernismo en Panamá...No obstante ello, escritor *inexistente* para la mayoría de los panameños" (11; el énfasis es del autor).

ño, ni insistió en la lectura de sus textos. Más tarde, en la misma Universidad de California Manuel Pedro González, en el momento en que iniciamos la revisión de la cronología modernista —entre 1956 y 57— me indicó la importancia de una enunciación crítica de Darío Herrera, lector dedicado de la literatura contemporánea y conocedor profundo de los textos de los modernistas americanos. Decía Herrera:

> Para mí Darío y Casal han sido los propagadores del Modernismo, pero no los iniciadores. Este título corresponde más propiamente a José Martí y a Manuel Gutiérrez Nájera...[5]

Estas palabras de Herrera escritas en 1895, prefiguran la revisión de la historia de la literatura modernista. Pero desgraciadamente no contribuyeron a re-orientar a los estudiosos del Modernismo en las primeras décadas del siglo XX. Todo lo contrario. Quedaron sepultadas —lo mismo que su prosa y verso— hasta que varios investigadores iniciaron el proceso de rectificar el concepto del Modernismo y el proceso de su evolución. Y hasta ese momento —segunda mitad del siglo XX— las palabras de Herrera junto con sus textos y los de otros creadores del periodo, formaron parte de lo que hoy en día podríamos denominar la historia del modernismo sin historia.[6]

No formaron parte de la historia literaria, por ejemplo, los textos de Herrera que revelan una capacidad comparable en intensidad creadora y maestría descriptiva con la labor acualerista de figuras del modernismo como José Asunción Silva o Rubén Darío. Pensamos en la conclusión de unas impresiones de viaje, género cultivado mucho por Herrera, en que el panameño pinta un paisaje visto desde un barco anclado en Punta Arenas, Chile (1904):

> La tarde declina. El vapor traza su última curva y entra en un ensanche del estrecho. Las orillas se dilatan: un vasto lago reemplaza los canales. Más serena, más cerúlea, el agua parece dormir un divino sueño de her-

[5] Se trata de un artículo publicado en Panamá en 1895 que Gloria Luz Mosquera de Martínez cita en su libro sobre Herrera (100).

[6] Apropio el término que Juan Pérez de la Riva dio a la gente sin historia en Cuba —negros y chinos— en la historiografía mutilada y astigmática del proceso de la formación de la nación. Véase por ejemplo su libro, *El barracón y otros ensayos*, La Habana, Editorial de Ciencias Sociales, 1975.

> mosura. El sol viaja ya detrás de las cumbres, las penumbras vespertinas empalidecen la nieve; fundidas en una sola, las dos costas cierran el horizonte dentro de un círculo hermético. Así los Andes, siempre soberbios, ahora de nuevo lejanos, con sus moles blancas, escalonadas en colosal gradería, traen a la mente la idea de un portentoso coliseo tallado en mármol por la naturaleza creadora para luchas de cíclopes y dioses...... (*Horas lejanas y otros cuentos*, 214).

En éste y otros textos de Herrera abundan los vocablos y las imágenes referentes a movimiento, desplazamientos, viajes, contactos humanos furtivos, en fin, las separaciones y lejanías típicas de los textos de Herrera, las que se enlazan con el discurso modernista, o de los registros de él en que se refracta un sentimiento colectivo de enajenamiento a nivel íntimo y a nivel social. La imaginería glacial y la del distanciamiento traen a la memoria el metaforismo paralelo de Casal en el cual Cintio Vitier descubre un soterrado sentimiento de vacío generado por el cerrado ambiente colonial de La Habana. De Herrera sin que se trate necesariamente de una causa idéntica, descubrimos, tanto en su prosa como en sus versos, una imaginería paralela de tardes distantes, de una "atmósfera glacial" captadas entre "presagios de amarguras" con figuras pálidas, níveas e inmóviles" (*Lejanías*, 25, 26, 28). ¿Responde este metaforismo a un deseo de fugarse de una realidad nacional?; ¿revela una preferencia por los escenarios extraños, distantes?; o, es, que, como en el caso de otros modernistas —Darío, Casal, Rebolledo, Tablada— debemos buscar por debajo de las palabras del discurso un significado más profundo, un significado que sugiere un replanteamiento de la lucha contra el materialismo y las estrecheces de la vida nacional en sus incipientes etapas de la modernización burguesa. Para llegar al plano de la realidad de este metaforismo de Herrera, no nos satisface, sobre todo a la luz de las revisadas conceptualizaciones en torno al modernismo americano, la crítica inspirada en un concepto estrecho del nacionalismo. No nos parece acertado sugerir que debido al hecho de que sus cuentos "están impregnados de exotismo ... [que] quizá por esto y por su poca intervención en los asuntos políticos del Istmo se ha llegado a decir que es el escritor 'menos panameño' que tiene la historia de Panamá" (Mosquera, 100-101). Creo que, como en el caso de Rafael Angel Troyo, en el de Herrera tenemos que superar la tendencia tradicional de medir la calidad de la obra de los escritores en términos de una metonimia discursiva de raíz nacional. Y menos en un escritor que con ternura y afecto en una carta destinada a su amigo Rubén Darío alude a "Mi Panamá", y, luego agrega:

> ...cual Ud. bien lo sabe, lo mismo cuando estaba unida a Colombia que ahora [Panamá] ha tenido siempre, por su situación geográfica, modalidad especial, y la ciudad capitalina más parecida es a pequeñas ciudades de los E. E. U. U. i (sic) francesas que a los que componen la República de Colombia" (Mosquera, 109).

Y qué decir de poemas como "Colón", "Balboa", "Ayacucho" y "Canal" en cuyos versos se evidencia el amor por "el esplendor oceánico" de su patria ("Balboa") y la entrañable pasión de Herrera por el continente americano (*Lejanías,* 94-7).[7]

Pero no es por revelar su obra un nexo con la nación en formación, ni por la presencia en su escritura de códigos nacionales que insistimos en la inserción de Herrera en el canon modernista. No. Es que descubrimos en sus textos a un artista consumado, a un poeta en prosa que, por ejemplo, supo describir con la técnica de un pintor las llamas de un paisaje que

> ...adquirían las más caprichosas figuras, y se diseminaban, radiantes, por la atmósfera incendiada. Sobre la extremidad izquierda de la línea de occidente, un castillo de ónix, del período medioeval...amplio lago violeta, ceñido por playas de oro (*Horas lejanas y otros cuentos,* 17).

Parecería que estas y otras descripciones análogas, las que abundan en la prosa de Herrera, son de carácter fundamentalmente metonímicas. Sin embargo, su iteración continua sugiere valores metafóricos referentes al escrutinio de los espacios en busca de horizontes alternativos, de otros mundos, más en armonía con las ansiedades y los anhelos del escritor modernista. Es el caso de los horizontes registrados por Julián del Casal en los sonetos de "Mi museo ideal". Y es el

---

[7] En prosa "Nuevas savias" alude al canal: "Pero la canalización prosigue con pasmosa rapidez, anulando todos los obstáculos de la tierra abrupta. Y puede tenerse ya fe en el no distante, magno consorcio de los océanos" (*Horas lejanas y otros cuentos,* 219).

caso, a mi juicio, de las crónicas de viaje, de los cuentos y hasta de algunos de los versos de Herrera. De hecho, en un poema titulado "Visionaria" la joven soñadora frente a la "jovial y fresca aurora" que "su luminosa púrpura descoge en el jardín" intenta visionar lo que existe más allá de la realidad concreta; pero desgraciadamente sólo logra percibir los "ritmos" y las rimas de una "pálida visión". Curiosamente, Herrera inicia los versos con la cita de unos versos de Julián del Casal. La figura de la mujer es estática, diríase glacial; su buceo epistemológico, en esencia frustrado, sugiere una dimensión paralela del discurso del poeta, el del tedio o de la penumbra nacidos de la frustración, del sentimiento del vacío espiritual que experimentan los personajes o los hablantes de sus creaciones. Un presentimiento de derrumbe informa sus creaciones, y como en los textos de Lugones, se asocia con una inevitable ruptura del enlace amoroso: "Íbamos visitando en el vacío./ Templos de nuestro amor dichas pasadas,/ Vimos aparecer en las miradas/ Un pálido crepúsculo de hastío..." ("Instantes" en *Lejanías,* 67). El vacío de la experiencia humana, su carácter enigmático y triste, representan, en un plano metafórico, la periférica posición existencial de los creadores modernistas. Una visión antihegemónica y contracultural, es la que se transparenta, por ejemplo, en "el lila desfalleciente", de "las ruinas de un palacio corintio", con "grandes témpanos de hielo" ("Meditación, en *Horas lejanas y otros cuentos,* 83) que se perciben en el horizonte distante captado por el angustiado poeta/creador de Panamá.

Las enunciaciones contraculturales asociadas con el inconformismo frente a los materialismos del proceso de la modernización burguesa son de índole variada pero con algunos paralelismos notables con Darío o Martí. En los textos de Herrera se evidencian en observaciones como la siguiente de naturaleza síquico-personal en que los conceptos antifeministas que planteamos en relación con la obra de Borrero operan en el ámbito de las costumbres y de la vida familiar:

> "La civilización ha roto el molde psíquico de la mujer antigua; hoy le es preciso ser la ayuda eficaz del hombre en la lucha por la vida, hasta donde pueda abarcar su imperfecta mentalidad." ...El modernismo de la esposa consistía en una permanencia continua fuera de su casa, en ocupaciones frívolas...(*Lejanías,* 105).

O, en apreciaciones abiertamente antimodernas, es decir antiutilitarias generadas por el ejemplo de la cultura norteamericana:

> Me abruman —a mí, latino por esencia— sus maquinarias, sus puentes, sus edificios, sus diarios, sus réclames, todas sus creaciones enormes y desproporcionadas: ellas evidencian un don especial para lo inarmónico, para lo inartístico[8] (*Lejanías*, 43).

Los artistas del modernismo, frente al materialismo que empezaba a caracterizar las sociedades hispanoamericanas de fin de siglo, optaron por los desplazamientos espaciales y lingüísticos de signo estético. Apropiaron elementos de otros culturas, se situaron en otros climas, pero no necesariamente para dar la espalda a su realidad, sino más bien como estrategia de disconformidad, y con el fin de reconstituir su mundo desde una modernidad alternativa, distinta de la del capitalismo en formación de la época. En la obra de Herrera, ¿cómo se transparenta esta posición contracultural? Pues, en los infinitos poemas de prosa insertados en sus cuentos y crónicas, en el escrutinio de los horizontes, en la captación de visiones de otros mundos vistos a través del hipnotismo o de estados de ánimo considerados socialmente anormales, en metaforizaciones expresionistas similares a las que abundan en la obra de Julio Herrera y Reissig, o de Leopoldo Lugones, las que en un plano de realidad ensoñada reorganizan el mundo. Nos referimos a construcciones como "la tarde [que] se adormece en la llanura", el horizonte "que distante/Describe su parábola azulina", (*Lejanías*, 63). O las escultóricas creaciones parnasianas y clásicas inspiradas en apropiadas fuentes mitológicas del mundo grecolatino, las que Herrera inserta en los siguientes versos del poema "Báquico" del "Grupo escultórico":

> El sacro bosque vibra en la alegría
> Del levante del sol. Rasgan, dardeantes,
> Sus rayos luminosos las flotantes
> Sombras en que la noche se envolvía.

---

[8] A continuación agrega: "Pero, en cambio, poseen algo encantador, algo de que guarda mi espíritu un recuerdo imborrable. ¡Ah, sus mujeres!" (43).

Y en la desnuda y mágica armonía
De sus cálidos cuerpos, dos bacantes
Junto al busto del dios surgen triunfantes
En el glorioso despertar del día (*Lejanías*, 83).

Hay, además, en la obra de Herrera, intertextualidades discursivas que contextualizan sus creaciones en el ámbito literario hispanoamericano; relacionan su arte con el de figuras consagradas del canon como Herrera y Reissig, José Asunción Silva o Leopoldo Lugones. El arte de su prosa y verso impone la necesidad de revisionar su producción en forma sistemática y completa, revisión que situará al modernista panameño en el lugar que merece en el canon del modernismo, revisión que lo sacará —a él y a otras figuras del modernismo panameño como Salomón Ponce Aguilera, Guillermo Andreve o Ricardo Miró— del injusto olvido no sólo en los anales de la literatura panameña sino en la historia de las letras del continente americano.

OBRAS CITADAS

Borrero, Juana, *Poesías*, La Habana, Instituto de Literatura y Lingüística, 1996.

Darío, Rubén, *Obras completas*, Madrid, Aguado, 1953, v.

Henríquez-Ureña, Max, *Breve historia del modernismo*, 2a. ed., México, Fondo de Cultura Económica, 1962.

Herrera, Darío, *Horas lejanas y otros cuentos*, Panamá, Ediciones de la Lotería de Beneficencia, 1971.

Miró, Rodrigo, Prólogo a *Horas lejanas y otros cuentos*, Panamá, Ediciones de la Lotería de Beneficencia, 1971, pp. 5-8.

________, "Darío, Herrera, en el centenario de su nacimiento", *Boletín de la Academia Panameña de la Lengua*, 3a. época, octubre, 1970, pp. 11-24.

Martí, José, "Prólogo al poema del Niágara", *Obras completas*, La Habana, Editorial Nacional, 1963-73, VII, pp. 221-238.

Mosquera de Martínez, Gloria Luz, *Darío Herrera. Modernista panameño*, Madrid, Imprenta Aguirre, 1964.

"Polémica entre nacionalismo y literatura", *Letras*, 8-9, Costa Rica, Herdia, 1981-1982, p. 292.

Schulman, Ivan A. y Evelyn Picon Garfield (eds.), *Poesía modernista hispanoamericana y española,* 2a. ed., San Juan, Editorial de la Universidad de Puerto Rico, 1999.

Reyes, Alfonso, *Páginas escogidas,* La Habana, Casa de las Américas, 1978.

Saporta Sternbach, Nancy, "The death of a beautiful woman: modernismo, the woman writer and the pornographic imagination", *Ideologies and Literature,* Spring, 1988, pp. 35-60.

Schulman, Ivan A., "Las genealogías secretas de la narrativa: del modernismo a la vanguardia", *Prosa de vanguardia hispánica,* Madrid, Orígenes, 1986, pp. 29-41.

Troyo, Rafael Ángel, *Terracotas,* San José, Imprenta Lines, 1900.

________, *Ortos,* San José, Imprenta de A. Alsina, 1903.

________, *Corazón joven,* San José, Establecimiento Tipográfico de A. Alsina, 1904.

________, *Poema del alma,* San José, Imprenta de A. Alsina, 1906.

________, *Topacio,* San José, Imprenta de A. Alsina, 1907.

Vitier, Cintio, *Lo cubano en la poesía,* La Habana, Instituto del Libro, 1970.

11. *EL ORO DE MALLORCA*: ¿NOVELA INCONCLUSA?

A Allen W. Phillips,
amigo y crítico[1]

HISTORIA MISTERIOSA DE UNA NOVELA

Novela de orígenes, narración de memorias, de dudas metafísicas y de conflictos síquicos del sujeto moderno —Benjamín Itaspes— artista que busca afirmarse, o al menos situarse en el universo metamórfico decimonónico, novela, en fin, cuyos códigos se generan y se inscriben en otros textos de la vanguardia del modernismo hispanoamericano,[2] textos que tienen una proyección, vía las "genealogías secretas",[3] en narraciones experimentales posteriores de Vicente Huidobro, Hans Arp, Pablo Neruda, Pablo Palacios o el Vizconde de Lazcano y Tegui cuyo texto *De la elegancia mientras se duerme*, editado hace poco por Celina Manzoni, es, como *El oro de Mallorca*, "un diario íntimo [que] podría ser leído también como una autobiografía ficticia o una novela de los orígenes" (Manzoni 10). Narración considerada trunca o inconclusa por los pocos críticos que le han dedicado un estudio. Novela fragmentada en que, sin embargo, podemos leer los

[1] Todos los estudiosos de la obra de Rubén Darío estamos en deuda con el profesor Phillips, pues fue él quien recopiló los seis capítulos de *El oro de Mallorca* y los publicó en forma completa junto con un estudio preliminar de valor inestimable (véase "Obras citadas"). Muchos de los datos históricos y bibliográficos que incluimos en este libro proceden de su ensayo. Y cuando llegó a mis manos el capítulo de la "Tercera Parte" de la novela rubeniana, consulté mis dudas y preocupaciones con él.

[2] Véase Yurkievich, sobre el concepto de las vanguardias en relación al modernismo, p. 7.

[3] Véase nuestro estudio para una explicación más detallada de este concepto en relación con las etapas de desarrollo de la literatura de la modernidad, en especial pp. 31-36.

signos irruptivos de una primigenia vanguardia enunciada en las estrategias del discurso: la inestabilidad narrativa, los cambios abruptos de escenario, la movilidad del protagonista y la hibridación de técnicas fictivas que ensanchan los límites narrativos. Por espacios ampliados, mediante procesos textuales reservados históricamente para el diario, el tratado filosófico, el ensayo de especulación religiosa, el documento médico o la crónica de viaje, se filtra, racionalizada, la experiencia del sujeto traumatizado y alienado por las contradicciones y los estigmas de la experiencia moderna. Novela orquestada en tres partes, de las cuales sólo hemos podido conocer la primera hasta la fecha; narración heterodoxa, anárquica, en consonancia con la caótica vida finisecular: cortes, suspensiones, superposiciones e incursiones intertextuales.[4] "[F]iel relato —si nos fiamos de la afirmación del novelista— de mi vida y de mis entusiasmos en esa inolvidable joya mediterránea",[5] o sea, la isla de Mallorca.

La evocación rubeniana de la isla dorada del Mediterráneo hace referencia al periodo de su vida, mayormente el de 1913, cuando con su salud debilitada, y sufriendo de una de las muchas y persistentes crisis espirituales[6] que lo asediaron durante su existencia, el escritor nicaragüense se refugió en Mallorca, buscando serenidad y paz. Los seis capítulos de la Primera Parte de esta obra, son los que empezó a redactar en Mallorca y luego, terminó en París. Se publicaron en forma de entregas en *La Nación* de Buenos Aires entre el 4 de diciembre de 1913 y el 13 de marzo de 1914. Y, en 1967 Allen W. Phillips, para marcar el centenario del nacimiento de Darío, los recogió de las columnas de *La Nación*, y los dio a la estampa en su conjunto por primera vez en la sección de "Documentos" de la *Revista Iberoamericana*.

Phillips, en estudio preliminar al texto de la Primera Parte, insiste sobre su naturaleza trunca: "novela autobiográfica —afirma— probablemente inconclusa" (449); pero al mismo tiempo especula que "si llegaron a publicarse otros capítulos de *El oro de Mallorca*, no

[4] Véase el capítulo III de la Primera Parte sobre George Sand y Chopin como ejemplo de esta estrategia narrativa.

[5] En *La vida de Rubén Darío escrita por él mismo* (282).

[6] Ghiraldo, sobre este tema nos remite a las cartas de Darío a Julio Piquet, secretario de Redacción en *La Nación*, en las cuales Darío habla de sus complicaciones nefrítico-nerviosas (286).

los conocemos" (451). Deja abierta la posibilidad de que el escritor nicaragüense hubiera remitido capítulos a otro sitio, concluyendo, sin embargo, respecto a *La Nación* que, "[d]e manera provisional, puede afirmarse...que el poeta no continuó la publicación de su novela en las páginas del diario bonaerense" (451).

Sobre el misterio de esta narración hay varios testimonios contemporáneos, todos, sin embargo, conflictivos si no falibles. En carta a Julio Piquet (19 de octubre de 1913) Darío habla de su novela, "especie de novela" (Ghiraldo, 296), como él dice, la que piensa enviar al diario de Buenos Aires en cuatro partes mensuales, sistema de entregas que había utilizado antes con otra novela suya, *La isla de oro* (Ghiraldo, 296). En su carta del 24 de noviembre del mismo año, el poeta le habla a Piquet de la posibilidad de trasladarse a Barcelona donde terminaría su novela para *La Nación*, a pesar de sus dolencias y tristezas: "El estado moral, o cerebral mío —lamenta—, es tal, que me veo en una soledad abrumadora sobre el mundo. Todo el mundo tiene una patria, una familia, un pariente, algo que le toque de cerca y que le consuele. Yo nada" (Ghiraldo, 299).

Guiándonos por declaraciones autorreferidas como éstas, no sería aventurado concluir que debido a las crisis espirituales, los achaques físicos, la intensa actividad profesional y los viajes de esta etapa de su vida, que Darío no encontró el tiempo, las fuerzas o la voluntad para terminar *El oro de Mallorca.* Esto es lo que tradicionalmente se había sostenido respecto a este texto. Sin embargo, hay testimonios que parecen minar esta línea de razonamiento. Osvaldo Bazil, por ejemplo, recuerda que la novela tenía unas páginas dedicadas a analizar la dipsomanía (Bazil, 174), las cuales no figuran en las páginas del texto publicadas hasta ahora. ¿Y qué pasó, debemos preguntarnos, con los papeles que según Carmen Conde viajaron siempre con el escritor, y que supuestamente terminaron en manos de Rosario Murillo (117)? [7] O, ¿qué pensar de la observación de Francisco Huezo, quien en su diario íntimo reproduce un diálogo con Rubén, el cual parece indicar la existencia de una obra com-

---

[7] Phillips, sobre este particular, especula que a lo mejor Rosario, "al verse maltratada en la novela y molesta por las obvias indiscreciones del autor, decidió destruir esos originales" (454).

pleta, no trunca?: "Un poco tranquilo ya, hablamos de literatura —rememora Huezo—, de su última obra: *El oro de Mallorca.* En otra ocasión vas a buscarla entre mis papeles [respondió Darío]. Allí tengo el original. Refleja cosas íntimas de mi vida" (18).[8]

UN CAPÍTULO INÉDITO

Hemos revisionado los datos fundamentales de la historia de esta novela con el propósito de preparar el terreno para afirmar que *El oro de Mallorca* no es una novela inconclusa. Pero, dicho esto, nos apresuramos a agregar que desgraciadamente, en este momento no tenemos el texto completo pero sí los elementos necesarios para insistir sobre la integridad de esta narración rubeniana. ¿En qué basamos nuestra hipótesis? La basamos en el hecho de que obra en nuestro poder un manuscrito de puño y letra de Darío, que dice así:

El oro de Mallorca
Tercera Parte
I

La primera hoja del capítulo de esta Tercera Parte lleva un sello gomífero en forma ovalada que reza:

La Nación
30 Jun. 1914
ADMINISTRACIÓN

El capítulo consta de 19 hojas manuscritas, la última firmada: Rubén Darío. Llegó a la Sección de Raros de la Biblioteca de la Universidad de Illinois con la siguiente dedicatoria escrita a mano:

---

[8] Huezo, en otra ocasión, se refiere a la novela, dando la misma impresión de tratarse de una obra concluida: "Minuto después me pidió [Darío] los originales de su novela *El oro de Mallorca* que días antes me diera para conocerla. Y se los devolví. Es una novela original, de trascendencia, del género romántico con su bravo héroe Benjamín Itaspes, artista genial y de sangre" (44).

Regalo de Rubén Darío a su amigo Martiniano
Leguizamón para su hija Marita.
"El oro de Mallorca"
Rubén Darío

La existencia de este capítulo nos obliga a (re)plantear varias cuestiones, pero a la vez nos enfrenta con una serie de incógnitos:

1. Si el capítulo en nuestro poder pertenece a la Tercera Parte, entonces, Darío debe haber escrito una Segunda Parte cuyas páginas han desaparecido para siempre, se encuentran todavía en los archivos de *La Nación*, están en manos de algún coleccionista, o, quizá, se encuentran traspapeladas en una biblioteca pública o privada —en Buenos Aires o en la patria de Darío.
2. El hecho de que las páginas llevan el sello gomífero de *La Nación*, y la fecha de 1914, indica que Darío, después de terminar la Primera Parte siguió enviando los capítulos de esta obra al diario bonaerense.
3. Si llegaron los capítulos de la Segunda Parte a *La Nación*—suposición nuestra basada en la existencia en los archivos del diario de un capítulo perteneciente a la Tercera Parte—, ¿por qué no se publicaron en el periódico? Francisco Contreras afirma que Darío siguió escribiendo la novela, es decir, después de producir la Primera Parte, "pero no sabía ya cómo terminarla, pues siendo el protagonista transposición de su propia personalidad, no osaba llevarlo a su único fin lógico: la muerte" (154). ¿Perdieron interés los lectores del diario en esta obra de poca acción, de ritmo lento, de estructura y contextura contraculturales, o es que los dueños del periódico, de ideas muy conservadoras, optaron por suprimir las entregas de la Segunda y Tercera Parte porque en ellas Benjamín Itaspes, el agonista de la novela y alter ego del creador, da rienda suelta a sus dudas sobre la religión, y formula conceptos poco ortodoxos sobre la relación entre música, las artes, Dios y el ser humano?
4. Y, por último, además de estos originales de la Tercera Parte, enviados a la *Nación* por Darío, y regalados después a Leguizamón, ¿existen otros de la Segunda o de la Tercera Parte entre los papeles de la familia?

Por el momento no podemos aclarar todas estas cuestiones. Es posible que, traspapelados en los archivos de *La Nación*, todavía se encuentren otros capítulos de esta novela, la que tan pocos elogios ha merecido por parte de los críticos. El desaire de Phillips, por ejemplo, es contundente: "Es forzoso admitir —escribe—, desde un principio, que esas páginas de Darío *no valen casi nada literariamente* y que corresponden a un bajo punto de tensión estilística. Sólo en determinados momentos descriptivos se revela, fugazmente, el conocido talento del Darío prosista" (455; énfasis del autor). La lectura de esta obra por Carlos Meneses es igualmente negativa: la considera una narración de "momentos desiguales, vacilantes, y, a veces, hasta...*poco entretenida*, y sólo se salva gracias al ingrediente de la sinceridad (15; énfasis del autor).

¿No será que en lugar de fijarse en la naturaleza del discurso crítico cultural de ésta como de otras narraciones modernistas, estos y otros críticos se hayan dejado guiar, no por el concepto de renovación —ideológica y artística—, por la voz contestataria, por el fundamental sentido de ruptura que constituye la base de las creaciones modernistas concebidas como textos de vanguardia, y, confrontados con narraciones tanto heterodoxas como contrahegemónicas, hayan valorado el texto en términos de un modelo truncado del modernismo, con énfasis sobre el estilo preciocista y los registros estéticos? Phillips, a este respecto, observa que "la narración [es decir la de la Primera Parte] termina precisamente en el momento en que por fin la obra empieza a tener algún interés novelesco y sentimental" (451), afirmación que refleja la operación de normas narrativas premodernas y conceptualizaciones fictivas tradicionales. Semejante codificación de fronteras limitadas caracteriza el discurso crítico sobre las novelas modernistas, las cuales, según un crítico contemporáneo,

> ...comparten todas el uso de lo que he llamado la "escritura modernista"; ésta se manifiesta, ante todo, en una evidente preocupación por la perfección formal, desde el nivel de la frase hasta la estructura de la novela en su conjunto...el modelo de la famosa "prosa artística" que introdujo Martí y que años después intentaría sistematizar Gómez Carrillo... (González, 235).

A nuestro modo de ver, la escritura modernista no puede ni debe limitarse a las creaciones de prosa artística. El concepto de su naturaleza, generalmente aceptado hoy en día, es mucho más amplio. Y, por consiguiente, no nos parece exagerado insistir que *El oro de Mallorca* es una novela modernista. Y lo es no porque su prosa sea "artística" —aunque tiene pasajes de prosa metafórica— sino porque en su discurso se refracta el caótico y metamórfico proceso de la modernización del universo finisecular, el asedio metafísico de la época, sus contradicciones culturales, y el asolador vacío que sentían los artistas e intelectuales del período como Martí, Darío, Silva, y luego, las figuras de relieve de la vanguardia de principios del siglo XX. En *El oro de Mallorca* el lector suspicaz, de texturas y contextos, encontrará en el Benjamín Itaspes de la Primera Parte y el del Capítulo I de la Tercera, el reflejo y la simbolización de los reajustes, contradicciones, irrupciones, alienaciones y replanteamientos característicos de las narraciones de la modernidad hispanoamericana.

OBRAS CITADAS

Bazil, Osvaldo, "Biografía de Rubén Darío", en Emilio Rodríguez Demorizi, *Rubén Darío y sus amigos dominicanos*, Bogotá, Espiral, 1948.

Conde, Carmen, *Acompañando a Francisca Sánchez*, Managua, Cardoza y Compañía, 1964.

Darío, Rubén, *El oro de Mallorca*, ed. Carlos Meneses, Madrid, Devenir/El Otro, 1991.

______, *La vida de Rubén Darío escrita por él mismo*, Barcelona, Maucci, 1914.

Ghiraldo, Alberto, *El archivo de Rubén Darío*, Buenos Aires, Losada, 1943.

González, Aníbal, *La novela modernista hispanoamericana*, Madrid, Gredos, 1987.

Huezo, Francisco, *Los últimos días de Rubén Darío*, Managua, Ediciones Lengua, 1925.

Manzoni, Celina, "El Vizconde de Lascano Tegui y De la elegancia mientras se duerme: los márgenes de una poética", en Vizconde de Lascano Tegui, *De la elegancia mientras se duerme*, Buenos Aires, Ediciones Simurg, 1955, pp. 7-15.

Meneses, Carlos, "Introducción" a *El oro de Mallorca*, Madrid, Devenir, 1991.

Phillips, Allen W., *El oro de Mallorca*, *Revista Iberoamericana*, XXXIII, 1967, pp. 449-492.

Schulman, Ivan A., "Las genealogías secretas de la narrativa: Del modernismo a la vanguardia", *Prosa hispánica de vanguardia*, ed. Fernando Burgos, Madrid, Orígenes, 1986, pp. 29-41.
Yurkievich, Saúl, *Celebración del modernismo*, Barcelona, Tusquets, 1976.

APÉNDICE

Ofrecemos a continuación la transcripción del manuscrito de la Tercera Parte de *El Oro de Mallorca.* El original se encuentra en la Sección de Raros y Manuscritos de la Biblioteca de la Universidad de Illinois, Urbana-Champaign.

EL ORO DE MALLORCA

TERCERA PARTE

I

Los días que siguieron fueron para Benjamín de relativo reposo. Casi todo el tiempo lo dedicaba a la música. Hacía sus paseos ya a los conocidos miradores de Miramar, ya por las callejuelas empinadas de la población. Se entretenía en observar a los valledemosinos en sus faenas cotidianas, a través de las redes de pesca que les sirven de cortinas en las puertas de las casas que un poco les son útiles para evitar la invasión de las pululantes moscas y otro poco para contener la curiosidad de los transeúntes: las atlotas y aun las niñas bien desarrolladas y fuertes, con sus faldas cortas que conspiran con las provocadoras piernas, sus senos nacientes y las caras meridionales o morunas en que los ojos paganizantes están casi siempre subrayados por insinuadoras ojeras, no eran lo que menos le atraía. Algunas se ocupan en el trabajo de confeccionar, a tenacilla y soplete, bolsillos de plata, que luego se ven expuestos en los mostradores y vitrinas de venta y cambalache que tienen los chuetas de Palma en su calle de la Platería. Se detenía también en las pocas tiendas de ultramarinos, en que hay viejas latas de manteca suiza, de conservas de Francia, y las incontable[s] cadenas de butifarras y butifarrones, sobreasados, y demás embutidos de la cocina autóctona. La cual habíale causado una exacerbación en su crónica gastritis, con las sopas mayorquinas hechas de pan moreno, y legumbres nadantes en grasa, con las múltiples raciones de cerdo —una de las riquezas de la isla, que ya había llamado la atención y la malevolencia de la impaciente Sand— y otros platos oleosos y tan solo resistibles para estómagos tradicionalmente potentes. Se desquitaba en cambio con riquísimos tordos, sabios pasteles de pollo preparados por Francisquina, la del castillo, suculentos asados de cordero, incomparables becasinas, y toda suerte de regalías de harinas y azúcares combinados y perfumados como para satisfacer paladares canonicales y monjiles. Después de sus caminatas se entregaba al piano, en la soledad de aquella fábrica histórica y religiosa que habitaba. O iba a la capilla y allí el armonium era el confidente y el conductorio de sus dilecciones.

Un día tuvo la sorpresa de encontrarse, en el camino que conduce a una de tantas propiedades del príncipe de Iliria, con el padre Merz, que había vuelto de uno de sus viajes al continente. Se saludaron con demostraciones de mutuo afecto, y el sacerdote manifestó desde luego su sorpresa grata por el aspecto de salud que notaba en Benjamín.

—Hijo mío, es usted otro. Le noto más animado, como rejuvenecido.

Prosiguieron juntos el paseo.

La palabra del sacerdote sentía él que le hacía bien, que le daba una íntima esperanza de consolación. Le creía en gran parte comprendido. Era la voz del médico del alma. Desde el primer día había sentido su influjo y su terapia benéfica.

—Padre —le dijo— estoy harto inquieto.

—Tengo toda la consolación para usted, hijo mío.

—¿Me consiguió el permiso de Burgos?

—Al contrario... Pero no se desconsuele. Nuestro padre San Francisco que es el maestro de los maestros en la disciplina de la vida, nos ha dicho que podemos servir a nuestro señor Jesucristo de muchas maneras que no son las del claustro y las de la penitencia. Así es que cumpliendo con la voluntad de Dios, si está usted llamado para ser también de los escogidos, lo será. Sé que le digo casi una cosa poco ortodoxa porque los jansenistas apoyándose en doctrinas heréticas, sostenían estos modos de pensar.

—Padre —repuso— yo le agradezco mucho lo que me dice, porque ello es un consuelo; pero no es un remedio. Acuérdese Vd. de aquel don especial que yo he pedido siempre, y que todos los escogidos han tenido: la gracia. Sin ella, padre, no será posible la felicidad de mi espíritu, la tranquilidad de mi conciencia.

En el ancho y hermoso camino se oyó el ruido de un cencerro.

Era un gran grupo de cabras con un pastor fantasmal. El padre se descubrió. Benjamín lo mismo, sin comprender el motivo. Era que estaban en frente del cementerio. Luego pidió el padre al cabrero un vaso de leche. De las pesadas ubres se ordeñó una leche fresca y jugosa.

Prosiguieron el paseo, despacio. Un gran aliento de vida brotaba de la tierra. El sacerdote alentaba al artista, le indicaba, con discurso mesurado y convincente, la senda de la vida, en las luchas del siglo. El había nacido para eso. Sus condiciones espirituales no se avenían con la especial condición del recogimiento monacal. Era en el movimiento de la república, entre los ruidos del mundo, que podía llenar sus aspiraciones de servir al Señor, no por medio de la oración constante y de las horas contemplativas, sino por medio de los elementos que la Providencia había puesto en su espíritu: su arte. ¿No tenía el ejemplo de San Gregorio, de Santa Cecilia, de San Francisco Solano, —y en nuestra época profana y bajo una luz distinta— el del padre Perosi?...Y en los primitivos tiempos bíblicos, no servían a Dios los que cantaban sus alabanzas *in tubae,... in organum,... in tympanum...?* Se despidieron a la puerta de la Cartuja.

—Ya volveremos a reanudar nuestra conversación.

—Lo más pronto, y lo más frecuentemente, padre. Ya sabe usted que ello es, se puede decir, mi medicina.

Llegó a su cuarto y luego pasó a la biblioteca. Distraídamente tomó un libro, al azar... ¿Pero existe la casualidad?... Es el caso que era un viejo volumen de Lizardi, en el cual, y en la página por donde abriera, leyó:... —Muy bien me parece ese deseo —dijo el provincial— pero qué, ¿no se puede servir a Su Majestad en el mundo? No todos los justos ni todos los santos le han servido en los monasterios. Las mansiones del padre celestial son muchas y muchos los caminos por donde llama a sus escogidos. En correspondiendo a los auxilios de la gracia, todos los estados y todos los lugares de la tierra son a propósito para servir a Dios. Santos ha habido casados, santos célibes, santos viudos, santos anacoretas, santos palaciegos, santos idiotas, santos letrados, santos médicos, abogados, artesanos, mendigos, soldados, ricos; y en una palabra, santos en todas clases del estado. Conque de aquí se sigue que para servir a Dios no es condición precisa el ser fraile, sino el guardar su santa ley, y ésta se puede guardar en los palacios, en las oficinas, en las calles, en los talleres, en las tiendas, en los campos, en las ciudades, en los cuarteles, en los navíos, y aun en medio de las sinagogas de los judíos y las mezquitas de los moros. La profesión de la vida religiosa es la más perfecta; pero si no se abraza con verdadera vocación, no es la más segura. Muchos se han condenado en los claustros, que quizás se hubieron salvado en el siglo. No está el caso en empezar bien, es menester la constancia. Nadie logra la corona del triunfo, sino el que pelea varonilmente hasta el fin. En la edad de usted es preciso desconfiar mucho de esos ímpetus o fervores espirituales que ordinariamente no pasan de unas llamaradas de "zacate", que tan pronto se levantan como se apagan; y así sucede que muchos, o no profesan, o si profesan es por la vergüenza que les causa el *qué dirán*; y estos tales profesos, como que lo son sin su voluntad, son unos malos religiosos, desobedientes y libertinos, que con sus vicios y apostasías dan que hacer a sus superiores, escandalizan a los seculares, y de camino quitan el crédito a las religiones; porque como dice Santa Teresa, y es constante: el mundo quiere que los que siguen la virtud sean muy perfectos; nada les dispensa, todo les nota, les advierte y moteja con el mayor escrúpulo, y de aquí es que los mundanos fácilmente disculpan los vicios mas groseros de los otros mundanos; pero se escandalizan grandemente si advierten algunos de este o el otro religioso, o alma dedicada a la virtud. Levantan el grito hasta el cielo, y hablan, no solo contra aquel fraile que los escandaliza, sino contra el honor de toda la religión, sin pesar en la balanza de la justicia los muchos valores justos arreglados que ven en la misma religión, y aun en el mismo convento. Para evitar que los jóvenes se pierdan abrazando sin vocación un estado que ciertamente no debe ser de holgura, sino de un trabajo continuo, para cumplir los prelados con nuestra obligación y no dar lugar a que las religiones se desacrediten por sus malos hijos, debemos examinar con mucha prudencia y eficacia el espíritu de los pretendientes, aun antes de que entren de novicios. En virtud de esto, usted que desea servir a Dios en la religión, ¿ya sabe que aquí, de lo primero que ha de renunciar es la voluntad; porque no ha de tener más voluntad que la de los superiores, a quienes ha de obedecer ciegamente?..."

Claro, se dijo: esto no es una "casualidad". Esto es una manifiesta advertencia de lo invisible. Estaré, pues, condenado a volver a la lucha de las miserias entre las manadas de lobos sociales. Habré de seguir soportando el contacto de viscosas alimañas. Tendré que defenderme de mis propios nervios con la habitual droga funesta, que a su vez continuará siendo la más temible de las enfermedades. Sufriré el horror de la muchedumbre, la "tiranía del rostro humano," los efluvios hostiles que se desprenden de cada bípedo lobo que pase cerca de mí. Atacará mi sensibilidad olfativa el demoniaco *odor di femina*, y seguiré obsesionado por toda suerte de fantasías carnales y pecaminosas, yo que a cada instante estoy tentado a creer en la no existencia del pecado. Y seguía en sus reflexiones que en el fondo le infundían una inmensa tristeza. Y lo más terrible para él era que a medida que el tiempo pasaba iba sintiendo una flojedad de fe que le inquietaba. Juzgaba demasiado. Él, que había despreciado tanto y tantas veces el predominio de la razón, no buscaba ahora sino las evidencias. No podía pensar, o negar a Jesucristo y a su Madre, sin hacer, casi contra su volición, la evocación material, y hasta la anatomía de ellos, y de allí resultaban inauditas profanaciones imaginativas.

Pensó en el arte, en su arte, como un supremo recurso. Había recibido un ensayo de Ricciotto Canudo que trataba de *La música como una religión del futuro*. Allí había leído que "las tradiciones de nuestra raza nos han transmitido formas religiosas de la gran belleza, y hemos heredado esas ceremonias e ideales que desde la primavera de Helas hasta el otoño de la Cristiandad se aproximan más a los principios estéticos en la fundación de toda religión; que "la religión es siempre la estética de una época, o serie de épocas, y en el reflejo de una nueva era hemos visto formas religiosas de la más pura tradición, deshacerse hasta los más finos tintes marfilinos del universo"...; que "las cosas preciosas son en su mayoría las menos tangibles, si la forma de la religión cristiana se divide, es necesario un nuevo desarrollo religioso para satisfacer los sublimes esfuerzos del idealista." Era un estudio trascendente, un tanto confuso, pero que hacía vibrar su inteligencia, en conclusiones como ésta: "Es, pues, la Estética, la música que puede alcanzar este indefinido engrandecimiento, sin el cual el Pensamiento se mezcla con la idea religiosa, y la sensación se transforma en sentimiento, y solamente ello nos parece ser capaz de dirigir las vagas tendencias de nuestros días en una definitiva fe religiosa. La fe religiosa es el principio gobernante, la dirección única otorgada a la vida doblemente mental y sentimental de una colectividad y unánimamente aceptada por ella, y tal fe es la única capaz de imponer estilo a la vida total de cualquiera época." Luego: "la religión es siempre una manifestación de Arte, aun cuando a menudo haya sido lo contrario erróneamente creído, ya que el mito se deriva del Arte, y lo crea. La facultad del Arte, al ser la expresión de las facultades abstractas, el aspecto religioso del Universo es necesariamente un aspecto del Arte. Este aspecto es particularmente gobernado por el concepto del futuro, que debe siempre para nosotros permanecer como una pura abstracción, conociendo, como conocemos, una sola realidad del Pasado". Entraba en brumas. Tampoco por ese rumbo encontraría salida al oasis deseado. *A insula, blandula, vagula...*

Oyó que abajo se pronunciaba su nombre. Bajó precipitadamente la estrecha escalera. Un mensajero de la oficina del telégrafo le traía un parte urgente. Lo abrió con precipitación y leyó: "Úrgeme verle. Estoy en el hotel Colón. Espero su venida en el inmediato vapor. Margarita". El telegrama venía de Barcelona.

En seguida manifestó a sus hospedadores que tenía que ir esa misma noche al continente. Mandó buscar un carrito, arregló una pequeña valija, y al amanecer del siguiente día desembarcaba en la ciudad condal. En el muelle le esperaba la amiga exquisita, y juntos se dirigieron al hotel.

12. LOS REGISTROS ALTERNATIVOS EN LA OBRA DE DARÍO

"Es pues, el hombre quien forma el arte; son las sociedades quienes crean las escuelas..."
Pedro Balmaceda Toro (69)

ARTE MONOLÍTICO, ARTE HETEROGÉNEO

En la etapa incipiente de la labor revisionista del modernismo canónico Ricardo Gullón afirmó (1971) que el modernismo no era, como pretendían los tradicionalistas, un arte monolítico (7), exótico y evasionista, ni una escritura caracterizada exclusivamente por la "vaga música de cisnes y libélulas, princesas y nelumbios..." (8) Desde entonces, la crítica moderna, superando un distorsionado concepto unidimensional y esteticista, ha aprendido a leer los códigos y discursos retóricos de los textos modernistas de un modo más abierto y creador; y, relacionando la producción social con la estética, ha descubierto en el estilo modernista un arte heterogéneo con voces dialógicas en lugar de la expresión monolítica que primaba desde 1900 hasta 1960.

El arco evolutivo del discurso crítico sobre el modernismo hispanoamericano debe mucho al ascendiente de las teorías literarias de los últimos quince años y a la subsiguiente relectura minuciosa de los textos a la luz de sus descubrimientos, con atención particular a la revaloración del concepto de un arte acrático y subjetivo producido por la modernización decimonónica de la cultura y la sociedad americanas. Cuando la crítica, después de la muerte de Darío, identificó el modernismo con Rubén y el arte preciocista, aprendido en los modelos franceses del XIX, estableció las normas de un discurso crítico en términos fundamentalmente monolíticos. Y, en el proceso, pasó por alto las retóricas alternativas de la modernización artística. Éstas se patentizaron no sólo en los textos sino en las ideas teóricas de los escritores modernistas que con perspicacia comentaron la naturaleza, según ellos, heterogénea del estilo modernista,[1] defendido por uno de sus exponentes como "la cabellera de Valle-Inclán...los cuplés del Salón Rouge...los cigarrillos turcos o ...los muebles de Lissárraga" (Gullón, *El modernismo visto...*, 129). La tradición crítica de principios del siglo XX consignó ésta y otras conceptualizaciones al olvido, inclusive la declaración clave rubeniana alusiva a la heterogeneidad: "mi literatura es *mía* en mí" (V: 762).[2]

Secuela de estos limitadores acercamientos teóricos fue que al analizar el primer texto trascendente del modernismo dariano no se tomaron en cuenta las expresiones contemporáneas sobre el arte absorbidas por Darío en la época chilena cuando el nicaragüense maduraba las creaciones experimentales de *Azul...*, empapándose de lecturas (tanto francesas como hispanoamericanas), y de las ideas que ocuparon a los artistas reunidos en casa de Pedro Balmaceda Toro. De A. de Gilbert, "el buen hermano" chileno, tan admirado por Darío, se conservan conceptos sobre lo subjetivo del arte (1888) que seguramente fueron el objeto de debates acalorados en las tertulias del Palacio de la Moneda:

> ...nosotros sentimos el arte de un modo enteramente personal —asentó A. de Gilbert— desligado de todo precepto absurdo, de todo canon que imponga, de todo lazo que amarre, sin más lei que las leyes físicas de la naturaleza...sin más reserva que el criterio personal, sin más guía que la propia emoción, que el sentimiento que llevamos en nosotros mismos...pues el hombre lleva en sí la causa i el efecto de sus propias sensaciones (67).

Y, aunque A. de Gilbert subrayó que, "el hombre, i solo el hombre, es quien forma en su mente, el *ideal*, el término abstracto de comparación para todas sus obras" (68), el joven Darío estaba consciente de otras fuerzas —sociales— pertenecientes a la naciente modernidad

[1] Se trata de Manuel Machado. Véase al respecto el libro de Ricardo Gullón, *El modernismo visto por los modernistas*.

[2] "Palabras liminares" de *Prosas profanas y otros poemas*. Las citas de la obra de Darío serán de las *Obras completas* (edición Aguado) y de las *Obras desconocidas* (edición de Raúl Silva Castro), citadas ambas al final. En el texto citaremos por estas ediciones con las siglas A (Aguado) y OD (*Obras desconocidas*).

americana, las cuales, según Darío, indudablemente contribuyeron a moldear los códigos de su producción literaria. En 1886 observó que:

> las musas se van porque vinieron las máquinas y apagan el eco de las liras. Idos, ¡adiós, poetas inspirados!...los que sobreviven han dejado la floresta primitiva de su Arcadia al ruido ensordecedor de la edad nueva...(OD, 11)

No se trata de una alusión aislada al huracán socioeconómico que iba modificando las estructuras de las sociedades americanas.[3] En otro escrito de la época, al enjuiciar la obra de Pedro Nolasco Préndez, alude a una *revolución*, aúna el proceso de la modernización con la creación artística, en oposición al concepto autónomo del arte sentado por Balmaceda Toro, y de ciertos conceptos que Darío mismo inserta en el discurso de *Azul...*: "Malhadada revolución, la que quiere llenar el Parnaso de laboratorios y museos, sin curar si el fuego que calienta las retortas es dañoso a los lindos vergeles de las Gracias..."[4]

La visión canónica de la obra rubeniana como arte de artífice separado de toda referencia social es la que la crítica ha perpetuado. A esta concepción monolítica se han agregado de vez en cuando los códigos inestables referentes a su "americanismo", principalmente desde *Cantos de vida y esperanza* en adelante. Por eso, en la literatura crítica sobre Darío y el modernismo apenas hoy se empieza a repensar los coordenados de los trastornos sociales de la modernidad y los nexos de éstos con la escritura modernista. El axioma "la crítica literaria transmite como verdades inatacables nociones muy discutibles" (Gullón, 7) parece haber operado en la elaboración de un sistema de valores ofuscados, determinantes de lecturas incompletas del modernismo y de las desparramadas ideas teóricas rubenianas. Frente a un discurso teórico de registros variados, se

---

[3] Nos limitamos a las alusiones del período de *Azul...* Posteriormente hay otras, siendo las más conocidas las del "Canto a la Argentina" (1910).

[4] Citado por Raúl Silva Castro en *Rubén Darío a los veinte años*, 71. En 1886, en "¡Al trabajo!" (OD, 61-64) leemos: "sobre su riel de acero/la audaz locomotora/corre como un relámpago, y el mundo/saluda triunfadora". De 1887, véase "El rey Krupp" (OD, 102-105), crónica en que se describe "el hormigueo de trabajadores", el movimiento y el ruido de la fábrica. Y, en 1889, en "Al obrero", poema leído ante La Liga Obrera de Valparaíso, Darío crea un "canto al obrero" que "gana el oro, padre del pan". (OD, 266).

han priorizado los enraizados en un concepto esteticista y acrático: "Mi órgano es un viejo clavicordio pompadour..." (A, V, 762); o las expresiones de una literatura producida desde la torre de marfil, "La gritería de trescientas ocas no te impedirá, silvano, tocar tu encantadora flauta" (A, V, 764).

El reino interior, metaforización del aludido arte subjetivo, es fundamental para la elaboración del discurso de Darío. No es nuestro propósito negarlo. Pero, lo que quizá no se ha visto con suficiente lucidez es que a este reino llegan y se absorben múltiples mensajes, en apariencia contradictorios, y en ese sentido el "reino" se constituye como receptor abierto a todos los signos contemporáneos y muchos del pasado. Y al decir esto no me refiero al sistema de posibles e improbables exploraciones sin límites como el de Marasso,[5] sino a un complejo de signos condicionados por la recepción tanto intelectual como emocional de un artista asediado por el proceso metamórfico de la modernización. Françoise Pérus explicaría estos signos contradictorios en términos de la presencia de una sociedad clasista, pues, según los conceptos que ella desarrolla alusivos a las transformaciones socioeconómicas americanas, "quien dice sociedad de clases, dice necesariamente sociedad preñada de contradicciones, las que mal pueden dejar de reflejarse en todos los órdenes, incluido el de la cultura" (17). Hay otras estrategias, divergentes y complementarias, para aproximarse a esta cuestión de la multisignificación como veremos más adelante.

Baste decir por el momento que entre los volátiles mensajes que contribuyen a estructurar el discurso rubeniano del periodo de *Azul...* se destacan, antes del viaje a Chile, pero, sobre todo a partir del contacto con la biblioteca de A. de Gilbert, los que se derivan de la lectura deslumbradora de los textos franceses de Hugo, los parnasianos y los simbolistas. Esto, a pesar de que, según Silva Castro, Darío no dominaba el francés en la época de *Azul...*(201), y pese a los reparos de A. de Gilbert sobre la obra de figuras literarias cuyas novedades experimentales idealizó Rubén mientras que Balmaceda los miraba con recelo y rechazaba su jerarquía. Darío recordó al respecto la desilusión del amigo chileno:

---

[5] Arturo Marasso, *Rubén Darío y su creación poética*, Buenos Aires, Kapelusz, 1954.

> "¡Basta de novelitas de Mendès, de frases coloreadas, de hojarasca de color de rosa! El fondo, la base, Rubén: eso es lo que hay que ver ahora....Caro, el francés, y Valera, el español, servirán de mucho. Déjate de pájaros azules". (A, II, 182).

Pero, a Darío, según su propia confesión, le atraía sobremanera lo que en el estilo del mismo Balmaceda Toro se revelaba mediante la evocación imaginística del "manto de príncipe oriental y las empuñaduras de pedrería de sus armas de oro" (A, II, 183). Es decir, lo seducía lo aristocrático, versallesco, pompadour y parnasiano.

LA SOMBRA DEL OTRO REGISTRO

En las creaciones de Darío —*Azul...* en especial— se percibe una sombra que empaña un metaforizado ambiente de luz, claridad y oro, la sombra de la perturbadora presencia de la sociedad burguesa y mercantil. Algo de esta preocupación que ya se patentiza en la época chilena, la formula de modo discursivo (1890) poco después de la publicación de *Azul*.... Consciente del limitado mercado artístico para el escritor moderno, se expresa en una carta a Vicente Acosta sobre un "asunto que hace tiempo ...[le] interesa...respecto a los hombres de letras en general, y a los que escriben versos en particular":

> Se tienen ideas falsas sobre los poetas. Los engrandecen o los empequeñecen. Los juzgan o videntes o enfermos, o divertidos, o inútiles. Y ante todo, *es preciso que estemos alerta siempre contra el odio burgués. No creo que pueda hacerse la reconciliación apetecida por Jules Valles.* Todo hombre de arte es aborrecido o despreciado o visto con indiferencia por los que se dedican a negocios. Se nos considera a los hombres de pluma como consumidores que nada producimos. En lo tocante al trabajo, somos seres que no hacemos nada. ¡Ay! y no se calculan nuestras tisis, nuestras consunciones, nuestros reblandecimientos cerebrales. No oyen cómo martilla sobre nuestro cráneo el implacable forjador (Sequeira 315, el énfasis es del autor).

No era ociosa la observación de que hacía mucho tiempo que este asunto le preocupaba, pues, ya desde 1887 se evidencia este registro del discurso alusivo a la modernización económica de América, registro que a nuestro modo de ver es simbionte con el "reino interior", repositorio del "sol". En "Aviso del porvenir", con sorna se evoca un futuro poco halagüeño, caracterizado por la conciencia de los cambios traumáticos que sentían y rechazaban los modernistas. Se trata de la percepción de un proceso en sus inicios cuyos signos son el incentivo mercantil, el ritmo veloz, y el revés del mundo fabril: "...se abre una fábrica/de buenos sentimientos..."; o, "Pueden hacerse los bandidos ángeles/como se hacen tortillas con jamón,/y se dan pasaportes baratísimos/para ir al reino celestial, *by God!*" (OD, 98).

Los registros de un código alternativo del "reino interior" pueden leerse en el mismo año al comienzo del poema "El Arte" (OD, 107), expresados en el lenguaje metaforizado de los "versos acorazados de oro", "los cascos de plata en brillante escuadrón", y la "luz del arte", representaciones del mundo idealizado y jerarquizado del arte.

Los dos registros lingüísticos, en apariencia opuestos, uno al otro, nos remiten al pensamiento de Pérus sobre las expresiones contradictorias de sociedades conflictivas, o "clasistas". Recientemente, otros investigadores, Achugar, Blanco Aguinaga y Zavala han estudiado aspectos de estas formas escriturales divergentes y el modo de caracterizarlas en los textos de Darío y en los de otros modernistas.

Blanco, por ejemplo, quien en un ensayo que empieza con uno de los cuentos de *Azul...* ("El rey burgués"), y luego explora las obras posteriores, insiste sobre una visión dariana fundamentalmente anticapitalista. Pero, dentro de ella discierne dos vertientes que podrían caracterizarse como lo moderno y lo anti-moderno:

> El *acratismo*, lo *pompadour*, lo *marqués*, y lo *monje*, forman una unidad de sentido cuya coherencia se sustenta en la noción de *artífice*, cuyo significado histórico Darío expresa con toda lucidez al explicar que *su obra es suya en sí*, donde se rechaza un sistema caracterizado, precisamente, por la destrucción de la artesanía, por el maquinismo y por la enajenación de los medios de producción, del trabajo, de la mercancía producida y, por lo tanto, del productor mismo. Sin embargo, *hemos visto sobradamente cómo Darío parece aceptar y proponer también el modelo de desarrollo capitalista* (553; el énfasis es del autor).

La percepción de dos visiones —la moderna, la antimoderna— también orienta el análisis de Achugar de los códigos rubenianos y de sus receptores armónicos y heterogéneos. Este deslinde propone el estudio de la anomalía o excepción vis a vis otros textos de *Azul...* que representa "El fardo" (*Azul...*) cuyos lectores constituían los receptores heterogéneos en contraste con los armoniosos, los "miembros de la redacción de *La Época*, intelectuales como De la Barra o asiduos visitantes de las tertulias en el Palacio de la Moneda" (869). Frente a esta bifurcación de receptores, se podría argüir, centrándose en las estrategias del creador/emisor en lugar del receptor, que existe una unidad lingüística cuyos mecanismos esconden las texturas metafóricas y los cuales no pertenecen necesariamente a los múltiples significantes de los registros del "reino interior". Esta posición, la que intentaremos explorar, se aproxima a la de Zavala, quien descubre en la lírica hispánica de fin de siglo la presencia de "motivos y léxico sobre-codificados (hadas, princesas, cisnes, fuentes)" (180), operantes como parte de un código —la unidad escritural— "cuyo propósito es incitar a desconstruir un mundo estratificado y normativo" (186).

Pero, a diferencia de Zavala, no pretendemos examinar la unidad escritural desde la perspectiva de los códigos de la democratización y la carnavalización, sino estudiar dos registros ligados a los códigos de la modernidad literaria y social.

LAS DOS MODERNIDADES

Calinescu, sin referirse a la evolución sociocultural de América,[6] distingue en el proceso de la modernización dos actitudes o modalidades que para él son polares. Una es de raíz socioeconómica y tecnológica, mientras que la otra es fundamentalmente estética. La desviación entre las dos se produjo, según su análisis, en la cultura europea en algún momento no especificado del siglo XIX:

> ...at some point during the first half of the nineteenth century an irreversible split ocurred between modernity as a stage in the history of Western

[6] Calinescu no estudia la cultura hispanoamericana, pero sí incluye una discusión breve del modernismo hispanoamericano, y en sus discusiones del modernismo y el posmodernismo menciona la obra de figuras como Darío y Borges.

> civilization —a product of scientific and technological progress, of the industrial revolution, of the sweeping economic and social changes brought about by capitalism— and modernity as an aesthetic concept. Since then, the relations between the two modernities have been irreducibly hostile, but not without allowing and even stimulating a variety of mutual influences in their rage for each other's destruction (41).

Grosso modo las notas características de la modernidad social podrían resumirse de la manera siguiente: la defensa de la doctrina del progreso, la confianza en la eficacia de la ciencia y la tecnología, la preocupación con el tiempo cronológico o "astronómico", el culto a la razón, la primacía de ciertos valores colectivos e individuales como la acción, o las soluciones basadas en los principios pragmáticos (Calinescu, 41-42).[7] La modernidad estética o artística en cambio, está vinculada con la producción de una literatura rebelde, y antiburguesa, desde el romanticismo europeo y la irrupción de la literatura vanguardista hasta nuestros días. Esta segunda modernidad constituye una expresión fundamentalmente contestataria, antimercantil, anti-burguesa, antiracional y lúdica, centrada en la entronización de lo subjetivo, es decir, con las características identificadas con aquello que ya hemos asociado con el reino interior rubeniano cuyos valores no están exentos de la modernidad social.[8]

Dentro de la modernidad literaria el arte modernista es arrítmico, caracterizado por tensiones, antítesis, paradojas, ironías, el experimentalismo, y semejante y desemejante en sus expresiones individuales, o sea antimonolítico respecto al arte de sus productores. En el fondo, como toda concretización, la del modernismo resiste una definición escueta. Es más bien una sensibilidad, una actitud crítica, un desafío de lo normativo (Garfield, Schulman, 25-26).

---

[7] Véanse también los capítulos I-III del libro de Garfield y Schulman sobre la modernidad hispanoamericana.

[8] Es importante tener este aspecto en mente pues, como ya lo hemos sugerido, cuando se tiende a pensar en la primigenia literatura modernista/moderna del mundo hispánico, prima todavía, como nos recuerda Zavala, el concepto de una lírica "del yo, falsamente —creo— interpretada como negación o anulación de lo referencial y de cara vuelta a la historia" (179).

¿DOS REGISTROS O UNO?

El que la crítica se haya inclinado a subrayar el carácter lírico, subjetivo, afrancesado, y no referencial al mundo moderno en sus estudios sobre *Azul...* se debe a varios factores, entre ellos dos de relevancia: una visión distorsionada del modernismo por un lado, y por otro, la aceptación *verbatim et literatim* de ciertas declaraciones astigmáticas sobre su propia escritura emitidas por Darío mismo. Cuando en la *Historia de mis libros* (1909), por ejemplo, se pregunta "¿Cuál fue el origen de la novedad [de *Azul...*]?", contesta que en esta obra incorporó "el reciente conocimiento de autores franceses del Parnaso, pues a la sazón la lucha simbolista apenas comenzaba en Francia y no era conocida en el extranjero, y menos en nuestra América". (A, 1, 196). En la constelación de influyentes autores franceses incluye a Zola (al referirse a "El fardo"), pero, al mismo tiempo confiesa que "no correspondiendo tal modo [naturalista] a mi temperamento ni a mi fantasía, no volví a incurrir en tales *desvíos*" (A, 1, 199; el énfasis es del autor). Y, entre sus comentarios finales sobre *Azul...* insiste que el libro "es una producción de arte puro, sin que tenga nada de docente ni de propósito moralizador..." (A, 1, 203).

El concepto de *desvío* expresado por Darío constituye lo que en un nivel consciente podría denominarse el anverso de la preferencia por las creaciones experimentales y estéticas de Gautier, Mendès y St. Victor entre otros, y una defensa de lo que él en algunos de sus comentarios considera el *sumum* de la expresión literaria: el arte puro del artífice. Pero, la relectura de *Azul...* a la luz de la creciente preocupación por definir el sentido hispanoamericano de la modernidad revela la operación de los dos códigos formulados por Calinescu, el burgués y el estético, cuyos signos alternan en esta obra a tal punto que, como veremos, constituyen uno solo. O, expresado de otra manera, pueden discernirse en *Azul...* dos registros cuya alternancia en las modulaciones del lenguaje discursivo e imaginístico representan un solo código de dos registros: la concretización de los divergentes signos de la modernidad cuyos elementos en pugna, según Calinescu, a veces producen una fertilización mutua (41).

La alondra del texto de Darío, "El sátiro sordo" puntualiza la naturaleza de estos dos signos: "existen dos potencias: la real y la ideal" cuyas encarnaciones ilustra con las alusiones mitológicas: "Lo que Hércules haría con sus muñecas, Orfeo lo hace con su inspiración. El dios robusto despedazaría de un puñetazo al mismo Athos. Orfeo les amansaría con la eficacia de su voz triunfante... (A, 5, 637). Y, a continuación, en una alternancia antitética de los registros agrega una ilustración humana:

> De los hombres, unos han nacido para forjar los metales, otros para arrancar del suelo fértil las espigas del trigal, otros para combatir en las sangrientas guerras, y otros para enseñar, glorificar y cantar (A, 5, 637-638).

En el "canto" de *Azul...* he estado mucho más atento al registro del la modernidad estética, la que se traduce en un lenguaje refinado, sensual y de adorno preciocista. El registro alternativo, sin embargo, es persistente a pesar de que la crítica no se ha fijado en él por una o ambas de las razones arriba señaladas. Y, si subrayamos la irrupción constante de las dimensiones sociales del mundo moderno en este texto, es con el fin de proponer una revisión del canon con lecturas más abiertas de este y otros textos del modernismo.

EL CASO DE *"AZUL..."*

En el análisis de la serie de numerados bocetos denominados "En Chile" se ha insistido sobre los valores traslaticios de las técnicas plásticas a la escritura literaria, y, por consiguiente, ha predominado un énfasis sobre los valores del "arte puro". Sin embargo, se descubre en estos textos cortos una alternancia insinuante de la sombra y la claridad cuyos valores consideramos que están relacionados con los registros de la modernidad. Al código de la modernidad pertenecen la velocidad mecánica y el elemento fabril de estos ejercicios o "estudios" experimentales:

> Sin pinceles, sin paleta, sin papel, sin lápiz, Ricardo, poeta lírico incorregible, huyendo las agitaciones y turbulencias, de las máquinas y los fardos, del ruido monótono de los tranvías...del tropel de los comerciantes... [subió al Cerro Alegre] (A, 5, 693).

Estructurando el texto sobre una serie de antítesis entre las cuales la luz y la sombra aludidas constituyen signos constantes, el narrador alterna las pinceladas oscuras con las brillantes; o, en otro nivel de significantes, lo bucólico ("Paisaje", III), con la escena de labor de una forja ("Aguafuerte", IV); o el ruido y calor que salían de una casa de trabajo con las "paredes llenas de hollín, negras, muy negras" (A, 5, 698). Y, en un contraste plástico con la negrura de la caverna "a la entrada de la forja, como en un marco oscuro, una muchacha blanca ...[come] uvas" (A, 5, 699) De modo análogo, en "Al Carbón" se contrasta la "luz alba" el "polvo de nieve", y "la claridad celeste" con la "sombra" y la "oscuridad" (A, 5, 706); o en "Paisaje", el amante moreno con "ella", la rubia.

Estos elementos lingüísticos organizados en forma polar podrían sugerir un afán contrastativo puramente plástico, derivado del modelo del arte parnasiano, o simplemente una serie de "trasposiciones pictóricas" (Lida, 40, n. 1) desligadas de la realidad social. Pero, en vista de los antecedentes ya aducidos de otro registro alusivo al trabajo, la forja, la fábrica y el mercado, no sería aventurado postular que en estas construcciones polares se patentiza una realidad social, cuya presencia perturbadora está subvertida dentro de un sistema que convierte en objeto estético los elementos fabriles de la modernidad mediante el poder artístico —el único al servicio del escritor modernista. Su transformación —aún la "estetización" de estos objetos— no invalida su pertenencia al código de la modernidad.

Examinemos primero las construcciones polares de "En Chile", porque en estas piezas cortas se propone un sistema experimental de leer el mundo. En los cuentos, escritura más próxima a las normas estructurales, el asedio bipolar se patentiza de manera distinta. Pero su presencia confirma, a nuestro modo de ver, la representación insistente de las dos modernidades.

Incluso en aquellos cuentos que parecen pertenecer al "reino interior", carente, a primera vista, de una dimensión referencial, con frases como "La reina Mab, en su carro hecho de una perla, tirado por cuatro coleópteros de petos dorados y alas de pedrería, caminando sobre un rayo de sol.." (A, 5, 652), aun en estos cuentos no se produce la lejanía social. Las quejas de los artistas ante la reina se refieren a los emblemas de una cultura burguesa moderna y al hecho de que ellos no han recibido su parte de lo que se valoriza en una sociedad modernizada: la varita que llena las cajas del comercio de oro, la riqueza, las piedras preciosas, el vigor físico para el trabajo del fogón o las "rápidas caballerías" (A, 5, 652). La magia de la Reina anula las ansiedades, quejas y alienaciones de los creadores (que, a propósito, son flacos, barbudos y desdichados) al quitarles la *tristeza,* metaforización de la sombra, de la opresión del mundo burgués y del espíritu mercantil. El velo hizo que los creadores vieran el mundo con esperanza —la transformación vía el poder artístico—, es decir que entrara en "su cabeza el sol" (A, 5, 656), imagen cuyo significado apunta hacia los signos relacionados con la luz.[9] Si se piensa en los "tristes" de *Azul...*, en Berta, en el poeta de "El rey burgués", en "El pájaro azul", se verá que son los marginados, los desplazados, los inadaptados del mundo moderno.

Cuando los signos lingüísticos se inclinan hacia la oscuridad, nos movemos en el ambiente de desolación identificada con las consecuencias destructivas de la modernización, o sea con la burguesa. Hay alusiones específicas —discursivas— como las de "El canto del oro" cuando el mendigo, oprimido y miserable, canta. Es el himno al oro; la visión de los mendigos, de los suicidas, los borrachos, de los que viven "en perpetua noche" (A, 5, 658). Al comienzo de "El fardo", cuando se describe el muelle: "se iba hundiendo el sol, con sus polvos de oro y sus torbellinos de chispas purpuradas, como un gran disco de hierro candente" (A 5, 645). O, en el mismo cuento, el aire asoleado con funciones plásticas e imaginísticas sirve de contraste para subrayar la tragedia de la muerte del hijo (A, 5, 649). En el comienzo y la conclusión de "El rey burgués" aparecen lo apagado y lo gris. Se inicia con la invocación de un cuento alegre para disipar "el cielo...opaco, el aire, frío; el día, triste...para distraer las hermosas y grises melancolías..." (A, 5: 625). Y concluye con la muerte del poeta, destrozado por la rutina impuesta por la sociedad burguesa, el cielo "...está opaco; el aire, frío; el día, triste" (A, 5, 632).

El "otro" registro, el de la modernidad burguesa, es, por lo tanto, una dimensión perenne aun en una obra que Darío y la mayoría

[9] Cf. "El palacio del sol": "Un minuto en el palacio del sol deja en los cuerpos y en las almas años de fuego, niña mía" (A, 5, 675).

de los críticos[10] han considerado de "arte puro". Pero, en este texto, en medio de los nácares, los ébanos, las lunas venecianas, el bronce chino, o el tapiz purpurado y lleno de oro (A, 5, 657), aparecen los flacos, los barbudos, los desdichados (A, 5, 652), o las alusiones al oro que "mueve las máquinas" (A, 5, 659). El lujo y la belleza, pintados con sensualismo, no necesariamente apuntan hacia el "reino interior", concebido éste como el repositorio de lo ideal. Revelan signos que permite la lectura de un código de modernización: "¡Japonerías! ¡Chinerías! Por *lujo y nada más*" (A, 5, 627).

Los objetos de lujo leídos de modo exocéntrico —el "lujo y nada más"—, como decoración fastuosa o muestrario del "oro" acumulado, en contraste con su interiorización ("...penetró en su...cabeza el sol alegre...", A, 5, 656) pertenecen al código de la modernización burguesa. El "lujo y nada más" crítico y deconstructivo del narrador, los desincorpora de un código moderno exclusivamente estético; y los dota de valores tanto burgueses como ideales (estéticos). Por medio de un proceso similar, los objetos subjetivizados, de valores endocéntricos o sea las hadas, las princesas, los cisnes, las fuentes, los dioses de la mitología grecolatina, los motivos e imágenes de lo que Zavala asocia con un léxico-sobrecodificado (180), pertenecen a un código de la modernidad de registros alternantes. En el fondo, podría decirse que este léxico poblado de objetos "exóticos" desempeña una función antiinstitucional, anuladora mediante la carnavalización (Zavala, 183-189). Procesado el lujo de esta forma, según Zavala, el léxico subvierte la sociedad de clases buscando una salida hacia la democratización decimonónica (186).

Una forma análoga pero alternativa de ordenar una lectura contracultural se logra mediante la percepción de un proceso lingüístico de apoderación en que el léxico de las princesas y las hadas, más el de los desharrapados, miserables, tristes y alienados, rodeados de lujo, pero también de los trapos mercantiles, o de los objetos "pastiches" de las fábricas, pertenece a un solo código en que el

---

[10] Lida observa a este respecto que "es significativo que un distinguido historiador de las letras hispanoamericanas se refiera a los cuentos de *Azul...* diciendo que narran 'los sufrimientos y sueños de un poeta pobre entre burgueses ricos'. El tema es, en efecto, tan insistente y característico que ha llegado a borrar, en la memoria del lector, los otros temas de la misma obra" (XXVI, n. 3).

mercantilismo, las ensoñaciones estéticas y los exóticos desplazamientos geográficos co-construyen la dimensión referencial de un libro equívocamente tildado, sobre una base exclusiva, de escapista y de arte puro. Es más, las figuras del léxico "super-codificado", en especial las asociadas con los espacios olímpicos de la cultura grecolatina o la corte versallesca, pertenecen a un proceso de apoderación y por lo tanto no constituyen un acto de escapismo. Mediante estos objetos, referentes a una tradición cultural consagrada, el artista alienado del mundo moderno descubrió los soportes tanto ideológicos como emocionales de que carecía el inestable universo contemporáneo. Las "manos de marqués", y las "princesas, reyes, cosas imperiales, visiones de países lejanos o imposibles" (A, 5, 762-63) son, como nos dice Darío en sus "Palabras liminares", "sueños", pero éstos están incorporados desde un mundo desconstruido por la visión crítica —es decir, moderna— del creador. En un acto contracultural el modernista opone lo burgués a lo aristocrático, lo alienante a lo estable, pasándolo todo por el prisma de la libertad creadora y la estrategia de la unidad de su "reino interior".

OBRAS CITADAS

Achugar, Hugo, "El fardo de Rubén Darío: receptor armonioso y receptor heterogéneo", *Revista Iberoamericana* 137, 1986, pp. 857-874.

Balmaceda Toro, Pedro, *Estudios i ensayos literarios*, Santiago, Imprenta Cervantes, 1889.

Blanco Aguinaga, Carlos, "La ideología de la clase dominante en la obra de Rubén Darío", *Nueva Revista de Filología Hispánica*, XXIX, 1980, pp. 520-555.

Calinescu, Matei, *Five faces of modernity*, Durham, Duke University Press, 1987.

Darío, Rubén, *Obras completas*, Madrid, Aguado, 1950-1953, 5 vols.

_______, *Obras desconocidas*, Santiago, Prensas de la Universidad de Chile, 1934.

Garfield, Evelyn P. e Ivan A. Schulman. *"Las entrañas del Vacío": ensayos sobre la modernidad hispanoamericana*, México, Cuadernos Americanos, 1984.

Gullón, Ricardo, *Direcciones del modernismo*, Madrid, Gredos, 1971.

_______, *El modernismo visto por los modernistas*, Barcelona, Guadarrama, 1980.

Lida, Raimundo, "Estudio preliminar" de *Cuentos completos de Rubén Darío*, México, FCE, 1950.

Pérus, Françoise, *Literatura y sociedad en América Latina: el modernismo*, Habana, Casa de las Américas, 1976.

Sequeira, Diego, Manuel, *Rubén Darío criollo en El Salvador*, León, Nicaragua, Editorial Hospicio, 1964.

Silva Castro, Raúl, *Rubén Darío a los veinte años*, Madrid, Gredos, 1956.

Zavala, Iris M., "Lírica y fin de siglo: Rubén Darío bajo el signo del cisne", *Eutopías. Teoría/Historia/Discurso*, 3, 1987, pp. 179-196.

13. LOS ORIENTALISMOS DEL MODERNISMO HISPANOAMERICANO*

Entre las muchas notas sugerentes e incisivas de Martí, hay una alusiva a Oriente que refracta y complementa la modalidad europea del orientalismo definida por Michelet. Dice Martí: "el Oriente invade el Occidente" (19: 359), enunciación paralela a la de Michelet: "el Oriente avanza, invencible, fatal a los dioses de la claridad, en virtud del encanto de sus sueños, en virtud de la magia de su chiaroscuro" (citado por Said, 73).[1] El comentario del historiador francés y la nota de Martí son, a nuestro modo de ver, planteamientos fundacionales que esclarecen facetas relevantes del discurso oriental decimonónico, en especial, respecto a la cultura hispanoamericana, el carácter híbrido de sus manifestaciones.

El hibridismo se evidencia en los textos modernistas de América pertenecientes al periodo entre 1880 y 1930, textos en que se reinscribió lo que, *grosso modo*, la crítica ha designado con el término elusivo: *el orientalismo.* Respecto a estos textos lo que en este ensayo me propongo es cuestionar las posiciones críticas tradicionales en torno a ellos con el fin de aclarar el sentido de los orientalismos, y, a la vez, re-delimitar sus fronteras. Estamos convencidos que el proyecto de apropiar los orientalismos en la literatura modernista implica la existencia entre los escritores del periodo

* Cuando empecé la investigación de este tema descubrí que sus dimensiones eran vastas. Para hacer un estudio exhaustivo sería preciso escribir un libro. Mi intención en este ensayo es señalar algunas de las normas y características fundamentales de los orientalismos hispanoamericanos con el fin de superar las ideas tradicionales sobre el tema que atribuyen su presencia al exotismo.

[1] Todas las traducciones del inglés dentro del texto del ensayo son del autor.

de una revaloración cultural dinámica en que el deseo de insertar el Otro oriental debe verse no como un sencillo fenómeno intertextual sino como un fenómeno social (Behdad, 136). En otras palabras, los orientalismos discursivos constituyen una red de representaciones heterogéneas de la cultura, generadas éstas por la fuerza de la autoridad social y las prácticas estéticas de la época.

Hablaré de orientalismos en lugar del orientalismo debido al hecho de que, como veremos, lo oriental entre los modernistas constituye un discurso heterogéneo y polifónico cuyos registros diversos se refieren tanto al Lejano como al Cercano Oriente —razón por la cual adoptamos la concepción operacional de Eduardo Said, el primer ensayista a sentar una base teórica para el análisis del orientalismo en la cultura y la política. Para Said "el orientalismo es la disciplina mediante la cual nos acercamos en el pasado y en el presente al Oriente de un modo sistemático, como motivo de estudio, descubrimiento y práctica" (73).

Los artistas del modernismo hispanoamericano, cuando se iniciaron en el proceso señalado por Said de *estudio, descubrimiento* y *práctica,* se inspiraron, sobre todo al principio, en textos clásicos —es decir, grecorromanos— y en los del siglo XIX, principalmente franceses. Podemos formar un concepto del archivo de sus lecturas en *Hojas de bambú,* novela corta del mexicano Efrén Rebolledo. El protagonista, Abel Morán, revela la extensión de su biblioteca oriental cuando dice que había leído

> ...el *Libro de las maravillas,* en que Maese Marco Polo habló por primera vez del distante Cipango, aguijoneando, con sus vívidas descripciones, la aplicación de los sabios a la par que la codicia de los conquistadores, y produciendo, ésta es la verdad, el descubrimiento del Nuevo Mundo; los estudios sobre el *Arte japonés* de Edmundo de Goncourt y de Gonse, que promovieron la boga de las japonerías; las novelas de Loti, que, con el señuelo de su prosa, atrajo al imperio del Sol Naciente tropeles de trotamundos en busca de jardines de miniatura y de Señoras Crisantemas; las *Historias japonesas,* cada una de cuyas líneas es una joya de literatura del magnífico Lafcadio Hearns que, con su arte espléndido y profundo, supo encontrar un alma en esas breves criaturas en las que el rebaño de escritores superficiales no ve sino pergeñadas muñecas, y soñador empedernido, idólatra de la novedad y un si es no es aventurero, por las gotas de

> sangre española que corrían por sus venas, púrpura hirviente de Pedro de Alvarado y de Hernando Cortés, en vez de soñar con los sobados hechizos de la vieja Europa, donde se dirigen en migratoria parvada, la bola terrena a contrapelo, e ir a mirar con sus propios ojos las jaulas de grillos y los pinos enanos, las casas de papel, los templos de laca roja, la cumbre esbelta del Fujiyama y la naturaleza nipona, compuesta de cielo azul y de árboles resortijados (178).

Inspirado por éstas y otras lecturas culturales, en lugar de dirigirse a los países europeos, como solían hacerlo los artistas e intelectuales hispanoamericanos del XIX, el joven de la novela prefirió conocer de primera mano las culturas de Oriente. Se trataba, por supuesto, del acicate de lo exótico, generado por la conciencia de que quedaban pocos años para conocer el Oriente auténtico, pues ya en pleno siglo XIX el turismo y el colonialismo europeos habían convertido lo que en una época fue exótico en algo familiar, si no vulgar.[2] Por lo tanto, como lo anota Ali Behdad, los cronistas de viajes y los artistas literarios del siglo pasado, llenos todos con el deseo de explorar horizontes alternativos y otros sistemas cognitivos, frustrados además en su deseo de captar el Otro fidedigno, crearon discursos melancólicos, discursos que signaban una ausencia, tomando como presente lo que de hecho ya había desaparecido (Behdad, 92).

La pérdida del pasado se transparenta en formas múltiples en los textos modernistas: la encontramos por ejemplo en los *Versos sencillos* de Martí (XLII, 16, 120), expresada en la busca simbólica de Agar de su perla extraviada. La encontramos en la visión polarizada del Damasco de Enrique Gómez Carrillo, quien, muy a su pesar descubre en sus viajes por el Oriente que Damasco es una ciudad moderna, tan moderna como las ciudades de su conocimiento en el Occidente. Sin embargo, una visita que hace al barrio antiguo de Damasco lo reconforta, pues en él descubre lo que anhelaba: casas herméticas, hostiles, misteriosas, o sea, las visiones ensoñadas de un

---

[2] Oscar Wilde, al comentar sobre la naturaleza de la realidad retextualizada en el discurso de los últimos décenios del XIX expresó lo siguiente en relación con Japón: "There is no such country, there are no such people" (citado por Smith, 7). Y señaló que el verdadero Japón de 1880 "...was erecting factories and assembling steamships, conscripting an army and preparing a parliament. There were universities, offices, department stores, banks" (Smith, 7).

Oriente paradigmático que ya había desaparecido. Hay en su escritura, como consecuencia de su deseo de captar lo pretérito, una división, diríase una difracción, de la autoridad discursiva orientalista, es decir, una ambivalencia e incertidumbre que se evidencian en su búsqueda por un lado del *verdadero* Oriente, y por otro, el descubrimiento de su *desaparición*, polarización que lo lleva a darse cuenta que el pasado no es rescatable. A pesar de estas contradicciones, características del discurso oriental hegemónico, o quizá debido a ellas, los orientalismos de estos escritores carecen en ciertos momentos de un signo imaginario. Revelan lo que Said denomina una formulación *natural* y poco representativa (21) en comparación con el discurso mayoritario de los escritores atraídos por ensoñadas visiones de Oriente.

Esta modalidad *natural* se evidencia en textos de Gómez Carrillo en los cuales observa, por ejemplo, que China se balancea entre la tradición y la modernización, o que China ya es un país industrializado. Y, a medida que el guatemalteco viaja del Medio Oriente al Oriente Lejano, su mirada se afina y se ajusta; no es la del colonizador sino la de un hombre de Occidente que hace la crónica de un Oriente en pleno proceso de modernización económica. De ahí que anota que Shanghai es el más occidental de los puertos chinos (178); eso en un país que sólo unos cuantos años antes no producía más que la seda, el marfil y la porcelana (176-7). Y como otros modernistas, frente al desplazamiento de lo tradicional y lo consagrado de la cultura decimonónica, Gómez Carrillo emprende la búsqueda de "nuevos" valores capaces de reemplazar los que se van perdiendo en el mundo occidental con la instauración de la racionalización, la secularización social y la implantación de un sistema económico basado en el mercado.

Las sociedades tradicionales con estructuras socioeconómicas fijas y jerárquicas no necesitan ir en busca de "valores". La cuestión de "valores" cobra significación social sólo en el momento en que los consagrados empiezan a decaer, o sea, en el caso de Hispanoamérica, con la iniciación de la modernización económica y cultural. Y "al pasar de lo tradicional a lo racionalizado —señala Chris Bongie— el valor se pierde como realidad y cobra vida como abstracción" (8). De ahí que Gómez Carrillo, lo mismo que otros modernistas, cultiva una estrategia exotizante, la que se basa en la selección y en la focalización de visiones orientales como la de la misteriosa *musmé* que entrevé en el momento de salir de una estación de tren en Tokio, visión que le parece la encarnación de la figura oriental orientalizada por los intelectuales y escritores de Occidente, es decir, la reconstrucción estereotipada, sensual, seductora, excéntrica, impenetrable y fatalista visionada en medio de los vacíos culturales del presente occidental.[3] Los ojos de la *musmé* no eran, escribe,

> ...grandes [sino] largos, muy estrechos y muy largos, tienen una dulzura voluptuosa que explica el entusiasmo de aquellos antiguos poetas nipones que compusieron las tankas en que las pupilas femeninas son comparadas con filtros de encantamiento....Y esta aparición no lleva el traje gris sin adornos de mis compañeras de viaje, sino un kimono amarillo pálido, cubierto de lirios blancos, que la hacen aparecer como una Primavera de esta tierra, más menuda y menos espléndida que la de Boticelli, pero no menos seductora. Yo la contemplo absorto (185).

Rubén Darío aludió a esta fascinación en su prólogo al libro de Carrillo *De Marsella a Tokio*: "Para mí —escribió— un hombre que vuelve del Japón es siempre interesante...Este poeta, me digo, viene del país de los dragones, de las cosas raras, de los paisajes milagrosos y de las gentes que parecen caídas de la luna..." (Tanabe, 27, n. 37). Todo lo extraño y desconocido resultó atractivo; Carrillo demostró una seducción virulenta por una joven que nada sabía de las naciones occidentales ni de otras —es decir, diferentes— maneras de pensar (Tanabe, 27). Seducido por el mismo patrón cultural, Darío en su cuento "La emperatriz de la China" describe a un artista, Recaredo, cuya afición son las japonerías y las chinerías. "No sé —dice— qué habría dado por hablar chino o japonés" (139). Y el nicaragüense nos cuenta la

[3] Kabbani observa que el viajero de la literatura de viajes "viaja para ejercer el poder sobre la tierra, las mujeres, las poblaciones. Es un lugar común del orientalismo que el Occidente sabe más en relación con el Este que el Este sabe de sí mismo; esto implica la existencia de un discurso predeterminado, el que, sin embargo, limita, y de diversos modos, victimiza al observador occidental. Es como si la imaginación del viajero, para poder funcionar, necesitara del apoyo de una larga tradición de erudición occidental y de los textos que ha producido" (10). De esta forma, Oriente a menudo está reducido a un cliché.

historia de un envío que recibe el escultor de Hong Kong, la estatua de una mujer hecha de fina porcelana en cuya base "tenía tres inscripciones, una en caracteres chinescos, otra en inglés y otra en francés: La emperatriz de la China (141) —una estatua hechicera que crea un ambiente de celos y de hostilidad para con su esposa quien al final del cuento rompe la estatua para terminar con el encanto devocionario de Recaredo".

¿Por qué esta transfixión constante con los orientales orientalizados en el discurso modernista? ¿Se trata de un mecanismo contradiscursivo para hacer frente a una sociedad mercantilista cuyas instituciones estaban en conflicto con las aspiraciones y los ideales de los escritores decimonónicos de América? O, ¿es la expresión de una protesta por parte de estos escritores que descubren que en la nueva sociedad modernizada el arte queda marginado y sin el papel que antes tenía de representar la verdad y la espiritualidad? (Azougarth, 13-14). Para hacer frente a esta situación, ¿prefirieron los modernistas, en vista de su relación conflictiva con la modernidad, el camino de la evasión y el desplazamiento geográfico que Oriente les ofreció con sus abundantes visiones de sultanes, peris, scherazadas, aladinos, pagodas, templos, kimonos y cerezos en flor? Iris Zavala, al meditar sobre estas incógnitas, teoriza que entre los modernistas el utilitarismo y la desintegración de los establecidos paradigmas sociales abrieron el camino hacia la creación de supernaturalismos y la exploración de espacios esotéricos. Al mismo tiempo intensificaron la subjetividad de estos creadores, impulsando su imaginación más allá de las fronteras de la razón y "actu[aron] como un mecanismo para enfrentar o mediatizar las contradicciones sociales..." (127). Said defiende la idea de una determinante autoridad hegemónica, o sea, el orientalismo concebido como "...un signo del poder europeo-Atlántico [en lugar de]...un discurso *verídico* en torno al Oriente" (6; el énfasis es del autor). Pero para Julia Kushigian los orientalismos hispánicos, a diferencia de los modelos franceses o ingleses, y a diferencia del concepto de Said, no evidencian características represivas o manipuladoras; se trata más bien de una operación abierta utilizada para explorar la subjetividad mediante una mirada dirigida al Otro (12).

Sería difícil si no imposible aunar estas conceptualizaciones divergentes. Pero quizás la ejemplificación ayudará a entender los espacios alternativos de los orientalismos modernistas y, a la vez, resolver las dudas respecto a su naturaleza.

Odalisca
Para hechizarme, hurí de maravillas,
Me sorprendiste en pompas orientales,
De aros, pantuflas, velos y corales,
Con ajorcas y astrales gargantillas...

Sobre alcatifas regias, en cuclillas,
Gustaste el narguilé de opios rituales,
Mientras al son de guzlas y timbales
Ardieron aromáticas pastillas.

Tu cuerpo, ondeando a la manera turca,
Se insinuó en una mística mazurka...
Luego en un vals de giros extranjeros

Te evaneciste en milagroso esfumo,
Arrebatada por quimeras de humo,
Sobre la gloria de los pebeteros.

(Julio Herrera y Reissig, *Las clepsidras*, 1910, 280)

La exploración de la belleza plástica en este poema constituye un desplazamiento en el espacio en que el narrador se siente hechizado y subyugado por la embelesadora hurí. En lo que podría tildarse una enunciación prototípica, la mirada de Herrera se centra en el cuerpo femenino, el cual, en el terceto final del poema se disuelve entre el humo de los pebeteros.

Para el análisis de la naturaleza del exotismo de Julio Herrera —amén del de otros modernistas— dos mecanismos metodológicos de Said son eminentemente apropiados: *la ubicación estratégica*, es decir, "la posición del autor dentro del texto con respecto a la materia oriental de su escritura", y *la formación estratégica*, o sea, la relación entre textos y la manera en que grupos de textos, tipos de textos, y hasta los géneros textuales, adquieren masa, densidad, y poder referencial entre sí y después a través de la cultura"

(20). En "Odalisca" como en otros poemas orientales escritos por Herrera y Reissig ("Oleo Indostánico", "Unción Islamita") el poeta reinscribe el Oriente como parte de un proceso de descripción y definición del ser y del universo. El énfasis cae sobre lo visual mediante metáforas experimentales. El cuerpo femenino, el centro de la visión del poeta, adquiere la función de una metáfora de Oriente; la figura de la mujer sugiere una formación estratégica que no sólo es auto-referencial sino socialmente mediatizada —es decir, una reconceptualización formada de modo dinámico y con frecuencia de-formada. La representación de la mujer en posiciones incitadoras e idealistas —inscripción prototípica de la enunciación modernista estereotipada del cuerpo femenino— no es una concreción inocente "de la belleza de gente exótica sino un pretexto ("alibi") etnográfico generado por el deseo de crear un discurso sexual capaz de ser manipulado, interpretado e intercambiado entre el artista, los sujetos exóticos y los espectadores (Charnon-Deutsch, 252).[4] El exotismo del poeta no deja de ser un sencillo ejercicio estético; se relaciona con su papel de *voyeur*; refleja puntos de vista jerárquicos generados social y culturalmente en torno a los valores masculinos y femeninos. Y al privilegiar "las diferencias" de género sirve para explorar lo que al mismo tiempo es amenazante y necesario a la subjetividad masculina (Charnon-Deutsch, 254). Parecería que opera en este caso una progresión de factores generativos basados en un esquema de Mario Praz: a saber, que la curiosidad y el deseo de bucear en el fondo de lo desconocido lleva al creador al exotismo; y el deseo de relacionarse con culturas distantes produce una fuga del sujeto de sí mismo, y, a la postre lo encamina hacia el erotismo (Tanabe, 43). En sus implicaciones sociales más latas, el Oriente, metaforizado en el cuerpo femenino, es percibido como un inestable, misterioso e impenetrable espacio sexual, y como tal, sus representaciones no sólo son culturales o estéticas sino políticas. Rana Kabbani nos dice al respecto que la insistencia sobre el retrato de la mujer se relaciona con los valores patriarcales de la cultura dominante y su racismo. El Otro femenino de Oriente

---

[4] Charnon-Deutsch toma prestado el término "ethnic alibi" (pretexto étnico) a Mark Alloula, *The colonial harem*, Minneapolis, University of Minnesota Press, 1986, p. 28.

tiende a representarse como un miembro de un subgrupo de la sociedad patriarcal, y las mujeres suelen ser doblemente degradadas —como mujeres y como orientales— mientras que a la vez se les sublima (67). Por lo tanto, no basta con decir, como se ha dicho en el discurso modernista tradicional, que el retrato de las mujeres es nada más ni menos que una manifestación del arte escapista y exótico.

Hemos aprendido a analizar con mayor cautela el llamado discurso modernista "escapista", el de signo orientalista o el de otros espacios y climas. Porque examinados los registros de este discurso lo que se pone en evidencia es que la estrategia de desplazamiento cultural o geográfico que en él se evidencia constituye un texto social a pesar de que a primera vista parece un texto de enunciaciones puramente estéticas. Una estrategia binaria de lectura, o sea artística y sociocultural, debe aplicarse a los artefactos estereotipados de "Odalisca": a las pantuflas, los aretes y los velos de la hurí. El velo en particular atrae el ojo y nos obliga a especular sobre su sentido más profundo. Esconde a la mujer pero enaltece el deseo del *voyeur* de penetración y de mayor conocimiento. La inscripción del velo hace que la mujer oriental, una figura sinécdoque de la cultura oriental, sea un enigma. La imagen del velo oriental trae a la memoria a la Salomé de Julián del Casal, la bailadora sensual, cubierta de joyas y de telas lujosas, la que gira al compás de una música incitante con un loto blanco en la mano ("Salomé", 173). "Ante los ojos del Occidente el Oriente siempre es más y distinto de lo que aparece, pues siempre y por todas partes se manifiesta de un modo cubierto, desfigurado, o engañador" (Yegenoglu, 48). Y el velo no sólo cubre; des-cubre. Viajeros, escritores o poetas establecen, mediante el velo, un ancla imaginaria que determina la subjetividad y la autoridad (Yegenoglu, 48). La autoridad para los autores hispanoamericanos, nos dice Zavala, se diferenciaba de las figuraciones europeas que buscaban construir el Oriente como el Otro y, al mismo tiempo como una identidad nacional. En cambio, los autores latinoamericanos, en la elaboración de sus orientalismos, rehuyeron los discursos de poder que incorporaban o controlaban los espacios orientales; buscaban más bien afirmar su identidad mediante discursos *contra* el poder (85), construidos éstos con visiones híbridas y criollizadas de estrategias polifónicas. En el poema de Herrera esta pluralidad cultural se evidencia por medio de la hurí quien baila la *mazurka* y el *vals*, y, según el narrador, un vals de extraños, es decir, foráneos giros. La orquestación y yuxtaposición de los objetos y artefactos no orientales se relaciona con una estrategia de apropiación y de reinscripción cuyo fin deseado es la afirmación del sujeto y la liberación de la comunidad social de sistemas culturales y sociopolíticos impuestos por el centro durante el periodo de las culturas nacionales emergentes en el siglo XIX latinoamericano.

El proceso de la reinscripción oriental no tiene que seguir necesariamente el modelo contrapuesto del *ser* versus el *otro* como en el poema de Herrera. Puede realizarse desde adentro, ya sea mediante enunciaciones *naturales* [5] como las de Martí en sus crónicas, o en formulaciones de carácter estético como las de los apropiados *haikus* de José Juan Tablada. En el caso de la escritura martiana se evidencia la presencia del revolucionario en crónicas y ensayos que describen los alborotos y las rebeliones en Egipto en el decenio del 80, sublevaciones engendradas por el deseo de los egipcios de liberarse de la presencia de los ingleses y de las amenazas de los franceses: "Egipto —escribe— halla que ha pagado demasiado caro la civilización y el apoyo que pidió a los europeos, y quiere lanzar de sí a los civilizadores" (23, 158). Indochina tiene aspiraciones similares. En uno de los cuentos para niños publicado en *La Edad de Oro* la voz del cubano se funde con la del indochino:

> Usamos moño, y sombrero de pico, y calzones anchos, y blusón de color, y somos amarillos, chatos, canijos y feos; pero trabajamos a la vez el bronce y la seda: y cuando los franceses nos han venido a quitar nuestro Hanoi, nuestro Hue, nuestras ciudades de palacios de madera, nuestros puertos llenos de casas de bambú y de barcos de junco, nuestros almacenes de pescado y arroz, todavía, con estos ojos de almendra, hemos sabido morir, miles sobre miles, para cerrarles el camino. Ahora son nuestros amos; pero mañana ¡quién sabe! (18, 461-62).

El discurso oriental de Martí es un discurso interiorizado, el discurso de los colonizados, un discurso generado no por la autoridad

---

[5] Es decir, la representación "natural" propuesta por Said (21).

hegemónica, sino por la autoridad de una comunidad sociopolítica reinscrita, liberada y reconstruida. Es, además, un discurso que ejemplifica la elaboración de un discurso abierto *hacia* los valores de Oriente (Kushigian, 11-12). En él descubrimos que a menudo se inspira en la cultura oriental buscando en ella el consejo y la sabiduría tradicional de Oriente: "Del árabe se han de tomar dos cosas a lo menos: su oración de todos los días, en que pide a Allah que le haga ir por el camino recto, —y el proverbio aquel que dice que no llegará al final de su jornada el que vuelva la cabeza a los perros que le salgan al camino" (3, 117). La apropiación de estos proverbios orientales y su integración en los discursos políticos y revolucionarios constituye una articulación paralela de su proyecto de liberación colonial. Pero también hallamos en la obra vasta de Martí motivos orientales de índole decorativa como las construcciones metafóricas de *Lucía Jerez* (18, 205), el empleo frecuente del símbolo "caballo árabe" (v. gr. 17, 270), la alusión a la "mushma" [sic] de los *Versos sencillos*, o los versos siguientes de filiación erótica similar a la de los grabados *ukiyo-e*[6] —pese a la metáfora de raíz china del final:

> Mucho, señora, daría
> Por tender sobre tu espalda
> Tu cabellera bravía,
> Tu cabellera de gualda:
> Despacio la tendería,
> Callado la besaría.
>
> Por sobre la oreja fina
> Baja lujoso el cabello,
> Lo mismo que una cortina
> Que se levanta hacia el cuello.
> La oreja es obra divina
> De porcelana de China. (16,121)

Pero no es Martí el modernista más identificado con Oriente, sino el mexicano José Juan Tablada. Tablada sin embargo no inició el culto

---

[6] Se trata de estampas sensuales que representan escenas sexuales, con el órgano masculino frecuentemente exagerado y los rostros femeninos con expresiones extáticas.

oriental de los modernistas. La primacía en la reinscripción de los motivos orientales pertenece a Casal, sobre todo en sus poemas antológicos "Sourimono" y "Kakemono", cuyo título original fue "Pastel Japonés", título que indica el papel cardinal de la pintura, la cerámica y la escultura en la creación de un discurso literario oriental en el siglo XIX.[7] Se ha dicho que el orientalismo de Tablada, formada de lecturas literarias francesas y del estudio de la plástica, nutrido luego por sus andanzas por países del Oriente, no pasa de ser "...una contorsión formalista, carente de fusión, correlación o afinidad sentimental", un ejercicio formalista sin hibridez, sin sensibilidad nacional ni regional (Schneider en Rebolledo, OC, 9). Los que así culpan a Tablada de no tener una identidad nacional señalan, como el defecto principal de su arte, la futilidad de tratar de trasladar una forma poética oriental —el *hai-kai*, por ejemplo— y fundirla con las prácticas y normas de un idioma occidental (Schneider en Rebolledo, OC, 9). Tablada, sin embargo, estaba consciente de las tensiones de sus preferencias culturales y las contradicciones entre éstas y su identidad nacional. En el poema "Exégesis" elucida la naturaleza bifurcada de su discurso:

> Es de México y de Asia mi alma un jeroglífico.
> ....
> ¡Quizás mi madre cuando me llevó en sus entrañas
> Miró mucho los budas, los lotos, el magnífico
> Arte nipón y todo cuanto las naos extrañas
> Volcaron en las playas natales del Pacífico.
>
> Por eso amo los jades, la piedra esmaragdina,
> El verdegay chalchíhuitl, por su doble misterio,
> Pues ornó a los monarcas de Anáhuac y de China
> Y sólo nace en México y en el Celeste Imperio.
>
> Envuelto en los suntuosos brocados de la Sérica
> Y exornado de jades, mi numen es de América,

[7] De raíz francesa, el culto oriental está inscrito en las obras literarias y plásticas de Manet, Pissaro, Dégas, los hermanos Goncourt, Loti, Mendès, Chateaubriand, Lamartine, Flaubert y Nerval por mencionar sólo unos cuantos creadores decimonónicos.

Y en el vaso de ónix que es mi corazón,
Infundiendo a mi sangre su virtud esotérica,
¡Florece un milagroso
Cerezo de Japón!

(*Los mejores poemas,* 69)

El poeta mexicano quien se autocaracterizó como "un siervo de tu Mikado" y "el bonzo de tus pagodas" ("Japón", *El florilegio,* 1904, 121), fue un devoto de la cultura oriental, sobre todo de la japonesa. Esta apetencia oriental es particularmente notable en su escritura a partir de la primera edición de *El florilegio* (1899), y más todavía en la segunda edición (1904), a la cual agregó una sección de versos titulada "Poemas exóticos". Esta edición también incluye traducciones de *utas* y un apartado de "Cantos de amor y de otoño", versiones de textos cortos del *Kokinshifu,* una colección de odas japonesas, tanto antiguas como modernas. De su prosa de contenido oriental lo que más se conoce y se cita son sus piezas periodísticas basadas en sus impresiones de viaje escritas durante su estancia en Japón y reunidas después bajo el título *El país del sol* (1919).

En el primer periodo de su obra (1890-1900) se evidencia una abundante presencia de temas exóticos, inspirados principalmente por lecturas francesas; en el segundo periodo (1900-1902), se percibe un movimiento hacia la autenticidad en lugar del exotismo del periodo anterior. La última etapa de su obra (1911-1920) corresponde a su viaje a Francia donde expande sus conocimientos orientales, a su estancia en Nueva York donde internacionaliza sus percepciones culturales, traba amistad con Frederick Starr, un erudito de la cultura japonesa, y publica un ensayo fundamental que versa sobre el arte del pintor japonés Hiroshigué, quien ejerció una influencia avasalladora sobre el arte de Tablada, en especial sobre sus experimentos de aunar el ritmo y los espacios en su poesía.

El primer paso en estos experimentos de fusión occidental-oriental fueron los poemas cortos, los *hai-kais*:

Trozos de barro,
Por la senda en penumbra
Saltan los sapos...

(*Los mejores poemas,* 82)

Después vinieron las atrevidas innovaciones inspiradas por la caligrafía, en las cuales experimentó con la transferencia de técnicas pertenecientes originalmente al arte del grabado, en especial el de Hiroshigué. Mediante estos experimentos Tablada logró crear un ritmo visual tipográfico —mucho antes que Vicente Huidobro en Chile u Octavio Paz en México. En la caligrafía descubrió Tablada técnicas utilizables en el verso que le permitieron simplificar, simbolizar y sintetizar voces e impresiones. Pero no sólo con el objetivo de crear un arte puramente exótico. En su ensayo sobre Hiroshigué, Tablada reveló que utilizó "el japonismo como una palanca" para despertar entre los artistas mexicanos el interés por un arte popular y nacional (Tanabe, 138).

Tarea difícil la de separar y evaluar el orientalismo, occidentalismo, exotismo y nacionalismo del arte de Tablada. Pero, lo que es patente, sin lugar a dudas, es la trascendencia de la plástica en la formación y evolución de su arte. Y no sólo en el de Tablada sino en los textos de otros escritores modernistas, lo cual indica la necesidad de re-visionar las posiciones críticas en torno a los orientalismos hispanoamericanos, pues tradicionalmente la crítica ha priorizado el papel de las lecturas literarias —en especial las francesas— en la creación de los discursos orientales hispánicos.

Respecto a la cuestión de la influencia preponderante de lecturas *versus* pinturas, Tablada confesó que *antes* de su viaje a Japón empezó a coleccionar reproducciones de pinturas japonesas, incluyendo el "Fugaku Hiakei" de Hokusai. Y su interés en la poesía erótica fue generado por la contemplación de los grabados llamados *ukiyo-e*, con sus exageradas escenas sexuales. Curiosamente, los nexos de Tablada con la plástica oriental eran visuales *y* literarios: leyó los textos de los Goncourt sobre los pintores Utamaro (1891) y Hokusai (1896) (Tanabe, 37), y admiró las creaciones de ambos artistas. La influencia de Utamaro fue particularmente significativa, en particular en el caso de textualizaciones basadas en transposiciones pictóricas de Oriente incorporadas dentro de sistemas imaginísticos occidentales.

En general, la obra de los modernistas revela la influencia de un estilo plástico que en Oriente se consideraba heterodoxo si no decadente, el del arte de los artistas que pintaron cuadros con mujeres similares a las que aparecen en tantos textos hispanomericanos:

cara blanca, ojos apretados, bocas pequeñitas —mujeres inexpresivas, con frecuencia indolentes, pero retratadas de una manera que sugiere que detrás de su pasividad late una pasión insaciable.[8] Otros modernistas, sin estar tan familiarizados como Tablada con Japón o China, se inspiraron en fuentes muy diversas de la cultura oriental. Sabemos que Casal, en el caso de los sonetos de su "Museo ideal", apropió temas bíblicos de las reproducciones de cuadros de Gustavo Moreau; que la elaboración de "Japonerías" se debió a la emoción que sintió al ver una cerámica oriental,[9] y que Martí quedó fascinado por Oriente, lo suficiente para traducir un ensayo por Bergerat en torno a la pintura japonesa en el cual describió las múltiples formas artísticas cultivadas por los japoneses a través de su historia (19, 321-26).

Todo lo cual nos lleva a concluir que las fuentes de los orientalismos modernistas de Hispanoamérica a fines del XIX y principios del XX son los textos literarios franceses; la crítica francesa en torno a la plástica; la pintura, los grabados y las artes decorativas de Oriente que los poetas y prosistas conocieron de primera mano o a través de reproducciones. El exotismo, sin duda, fue uno de los motivos fundamentales en la construcción de sus orientalismos. Pero los registros orientales de su discurso también contienen proyecciones emancipadoras y preocupaciones epistemológicas. Mediante la exploración de los imaginarios espacios alternativos de Oriente, vía una geografía simbólica, los modernistas lograron narrar su ansiado y predilecto proyecto: la reconstrucción del sujeto, la de la nación y la del universo.

CODA

El floreciemiento del orientalismo como fuente de saber, como institución o como expresión literaria coincidió con la expansión del co-

---

[8] Tengo una deuda contraída con Tanabe tratándose de la información sobre Tablada y sus nexos con las artes plásticas.

[9] En su poema en prosa "Japonerías" dedicado a María Cay, Casal escribió: "...he visto esta mañana, al salir de paseo, un búcaro japonés digno de figurar en tu alcoba blanca ¡oh espiritual María! donde no se han oído nunca las pisadas de tus admiradores o el eco sonoro de los besos sensuales" (145).

lonialismo occidental y el imperialismo en el "periodo que va de 1815 a 1914 cuando el dominio europeo colonial se hizo extensivo al 85 por ciento de la superficie del mundo" (Dallmayr, xvi). Las retextualizaciones orientales de los escritores modernistas ofrecen visiones muy variadas, y en muchos casos incitadoras, de jardines orientales, porcelanas finas, bibelots, harenes, guzlas u ondulantes huríes. Pero, la lectura de los textos también demuestra una clara preferencia por la cultura literaria y plástica de Japón.

¿Cómo interpretar este fenómeno? ¿Los hechos históricos explicarán este atractivo preponderante? Quizás. Sabemos que la apertura de Japón a Occidente en 1853, en comparación con la de China, constituyó un paso relativamente llevadero para los japoneses, pues existía en la nación una tradición enraizada de aprender de los extranjeros.[10] De hecho durante siglos los japoneses adoptaron y transformaron muchos elementos de la civilización china. Por lo tanto, la incursión de la cultura y economía occidentales tuvo una aceptación menos perturbadora que en China. Y debido a este hibridismo de la cultura japonesa y del orientalismo hispanoamericano, es posible conjeturar que los occidentales —viajeros, lectores, y creadores— se sentían más cómodos o más identificados con el Oriente japonés. Otro factor significativo en el examen de las reinscripciones japonesas es que la popularidad del chinismo en Europa a principios del XIX fue reemplazado hacia mediados del siglo por el japonismo —transferencia cultural que se manifestó en Europa después de la apertura de Japón a Occidente, y coetáneamente en los países hispanoamericanos con la instauración del proceso de su modernización socioeconómica. Japón y su cultura representaron una novedad cultural, y el principio de "lo nuevo" definió los experimentos y las transformaciones

---

[10] Sobre la adaptabilidad de los japoneses véase Reischauer (123): "The Japanese also had another advantage over the Chinese, whose age-old assumption that theirs was the only land of true civilization made it extremely difficult for China to adapt herself to outside ideas. The Japanese, because of their old pattern of borrowing from China and their continuing awareness that things could usefully be learned from abroad, had no difficulty in realizing that the strong nations of the West offered valuable economic and political models. They quickly seized on the idea that the best way to make their country secure from the West was to modernize it along Western lines, and they were willing to do anything necessary to achieve this goal".

de la cultura modernista americana. Oscar Wilde, observando la escena europea, la cual dejó su estampa en la hispanomericana de ese momento, sentenció que la imagen de Japón en el siglo XIX fue una creación de los japoneses. Y llamó a los japoneses "la creación deliberada y auto-consciente" de artistas plásticos como Hokusai, cuyos grabados estuvieron de moda durante el auge del japonismo europeo (Smith, 9). También en América hacia fines del XIX —época en que el continente se iba incorporando al mercado internacional cuyas refracciones culturales terminaron por perfilarse en el discurso literario (Azougarth, 20). Pensemos en el caso de Tablada quien leyó los textos de los Goncourt sobre Utamaro y Hokusai (Tanabe, 37) y creó textos fundacionales de inspiración japonesa. Pero Tablada como los demás orientalistas hispanoamericanos del modernismo escribieron bajo el signo de un orientalismo ligado al concepto de reconstrucciones sociales e individuales. Y sus textos constituyen re-presentaciones culturales que Occidente elaboró *para* sí mismo *vía* un apartamiento, y *a través* del Otro (Yegenoglu, 1).

OBRAS CITADAS

Azougarth, Abdeslam, "Martí orientalista", *Casa de las Américas,* 210, 1998, pp. 12-20.

Behdad, Ali, *Belated Travelers, Orientalism in the Age of Colonial Dissolution,* Durham, Duke University Press, 1994.

Bongie, Chris, *Exotic Memories: Literature, Colonialism, and the Fin de Siècle,* Stanford, University of Stanford Press, 1991.

Casal, Julián de, *Poesías completas y pequeños poemas en prosa en orden cronológico,* Miami, Ediciones Universal, 1993.

Charnon-Deutsch, Lou, "Exoticism and the Politics of Differences in Late Nineteenth-Century Spanish Periodicals", Charnon-Deutsch, L. *Culture and Gender in Nineteenth Century Spain,* Oxford, Clarendon, 1995.

Dallmayr, Fred R., *Beyond Orientalism: essays on cross-cultural encounter,* Albany, State University of New York Press, 1996.

Darío, Rubén, "Narciso Tondreau", *Obras completas,* Madrid, Aguado, 1950, II, pp. 47-64.

________, *Azul…, Cantos de vida y esperanza*, Madrid, Espasa-Calpe, 1992.

Gómez Carrillo, Enrique, *Páginas escogidas*, Guatemala, Biblioteca de la Cultura Popular, 1954, II.

Herrera y Reissig, Julio, *Poesías completas*, Buenos Aires, Losada, 1942

Hout, Syrene-Chafic. *Viewing Europe from the Outside: Cultural Encounters and Critiques in the Eighteenth Century Pseudo-Oriental Travelogue and the Nineteenth-Century 'Voyage en Orient'*, New York, Lang, 1997.

Kabbani, Rana, *Europe's Myths of the Orient*, Bloomington, Indiana University Press, 1986.

Kushigian, Julia Alexis, *Orientalism in the Hispanic Literary Tradition: In Dialogue with Borges, Paz and Sarduy*, Albuquerque, University of New Mexico Press, 1991.

Latourette, Kenneth Scott, *The Chinese and Culture*, 4ª ed., Nueva York, Knopf, 1970.

Lugones, Leopoldo, *Obras poéticas completas*, Madrid, Aguilar, 1959.

Martí, José, *Obras completa*, La Habana, Editorial Nacional, 1963-1973, 28 vols.

Nervo, Amado, *Obras completas*, Madrid, Aguilar, 1962, I.

Paz, Octavio, "Estela de José Juan Tablada", *Las peras del olmo*, México, UNAM, 1965, pp. 80-89.

Rebolledo, *Obras completas*, ed. Luis Mario Schneider, México, Edciones de Bellas Artes, 1968.

Reischauer, Edwin O., *Japan: the Story of a Nation*, Nueva York, Knopf, 1970.

Said, Edward W., *Orientalism*, Nueva York, Pantheon Books, 1978.

Sinor, Denis, *Orientalism and History*, Cambridge, Inglaterra, W. Heffer, 1954.

Smith, Patrick, *Japan: A Reinterpretation*, Nueva York, Pantheon Books, 1997.

Tablada, José Juan, *Obras I*, México, UNAM, 1971.

________, *Obras III*, México, UNAM, 1988.

________, *El florilegio*, México, Imprenta de Ignacio Escalante, 1899.

________, *El florilegio*, México, Introducción de Jesús E. Valenzuela, Librería de la Viuda de Ch. Bouret, 1904.

________, *Los mejores poemas de José Juan Tablada*, Selección y prólogo de J. M. González de Mendoza, México, Editorial Surco, 1953.

Turner, Bryan S., *Orientalism, postmodernism, and globalism*, Londres, Routledge, 1994.

Yegenoglu, Meyda, *Colonial Fantasies; Towards a Feminist Reading of Orientalism*, Cambridge, Cambridge University Press, 1998.

Young, Robert, *White Mythologies: Writing History and the West*, Nueva York, Routledge, 1990.

Zavala, Iris M., *Colonialism and Culture; Hispanic Modernisms and the Social Imaginary*, Bloomington, Indiana University Press, 1992.

ÍNDICE DE NOMBRES

Impreso en serviciofototipográfico, s. a.,
francisco landino núm. 44, tláhuac, d. f.
dos mil ejemplares y sobrantes.
junio de 2002.